Alteração do Estatuto Patrimonial dos Cônjuges e a Responsabilidade por Dívidas

Alteração do Estatuto Patrimonial dos Cônjuges e a Responsabilidade por Dívidas

2018 · Reimpressão

Cristina M. Araújo Dias
Professora Auxiliar da Escola de Direito da Universidade do Minho

ALTERAÇÃO DO ESTATUTO PATRIMONIAL DOS CÔNJUGES E A RESPONSABILIDADE POR DÍVIDAS

AUTOR
Cristina M. Araújo Dias
EDITOR
EDIÇÕES ALMEDINA, S.A.
Rua Fernandes Tomás, nºs 76, 78, 80
3000-167 Coimbra
Tel.: 239 851 904 · Fax: 239 851 901
www.almedina.net · editora@almedina.net
DESIGN DE CAPA
FBA.
PRÉ-IMPRESSÃO
EDIÇÕES ALMEDINA, S.A.
IMPRESSÃO E ACABAMENTO
DPS - DIGITAL PRINTING SERVICES, LDA

Outubro, 2018
DEPÓSITO LEGAL
345968/12

Apesar do cuidado e rigor colocados na elaboração da presente obra, devem os diplomas legais dela constantes ser sempre objeto de confirmação com as publicações oficiais.
Toda a reprodução desta obra, por fotocópia ou outro qualquer processo, sem prévia autorização escrita do Editor, é ilícita e passível de procedimento judicial contra o infractor.

BIBLIOTECA NACIONAL DE PORTUGAL – CATALOGAÇÃO NA PUBLICAÇÃO
DIAS, Cristina M. Araújo
Alteração do estatuto patrimonial dos cônjuges
e a responsabilidade por dívidas. - (Monografias)
ISBN 978-972-40-4858-1
CDU 347

NOTA PRÉVIA

No decurso da nossa investigação para preparação da tese de doutoramento deparamo-nos com vários assuntos e problemas que tocavam no regime da responsabilidade por dívidas dos cônjuges. Como era nosso propósito analisar o regime da responsabilidade por dívidas do casal, objeto de regulamentação legal, no Código Civil, e a sua articulação com problemas conexos que se colocam no domínio das relações patrimoniais entre os cônjuges e face a terceiros, fora do seu âmbito, ainda que, pontualmente, e dada a interpenetração das matérias, a elas tenhamos feito algumas referências, ficaram questões como a das dívidas face à banca (e o problema das contas bancárias). De igual modo, não nos debruçámos sobre o princípio da imutabilidade do regime de bens, a admissibilidade de contratos entre os cônjuges e as suas repercussões nas relações patrimoniais entre estes.

Ora, estas questões, relevantes no domínio das relações patrimoniais entre os cônjuges e com terceiros, abrem um universo de estudo autónomo. A sua importância e complexidade exigem uma reflexão independente e específica. Decidimos, por isso, aprofundar o nosso estudo nesta matéria dada também a sua relevância e a frequência com que estes problemas são colocados nos nossos tribunais.

PRINCIPAIS ABREVIATURAS

AAFDL	Associação Académica da Faculdade de Direito de Lisboa
ac.	acórdão/acórdãos
al.	alínea
art.	artigo
arts.	artigos
BGB	Bürgerliches Gesetzbuch
BMJ	Boletim do Ministério da Justiça
Cass.	Cour de Cassation
cfr.	confira
cit.	citada
Cód.	Código
Col. Jurisp.	Coletânea de Jurisprudência
CRP	Constituição da República Portuguesa
Dec.	Decreto
Dec.-Lei	Decreto-Lei
ed.	edição
FamRZ	Zeitschrift für das gesamte Familienrecht
Giur. It.	Giurisprudenza Italiana
JCP	Juris-Classeur Périodique
MünchKomm	Münchener Kommentar zum Bürgerlichen Gesetzbuch
nº	número
ob.	obra
p.	página
pp.	páginas
p. ex.	por exemplo
RC	Relação de Coimbra
RDES	Revista de Direito e Estudos Sociais

Rdn. Randnummer
RL Relação de Lisboa
RLJ Revista de Legislação e de Jurisprudência
RP Relação do Porto
RTDC Revue Trimestrielle de Droit Civil
segs. seguintes
STJ Supremo Tribunal de Justiça
v. ver
vol. volume

dades entre os cônjuges e as contas bancárias, sempre numa perspetiva das dívidas contraídas nesse domínio.

Impõe-se, todavia, uma breve análise do regime da responsabilidade por dívidas do ponto de vista do regime de bens. De facto, só se compreende uma eventual crítica ao princípio da imutabilidade e a existência de vantagens na mudança do regime de bens no decurso do casamento se o regime da responsabilidade por dívidas, se bem que regulado independentemente do regime de bens (integrando o chamado regime patrimonial primário ou de base), apresentar algumas diferenças consoante o regime de bens em que os cônjuges contraíram casamento.

I. INTRODUÇÃO

Relacionado com o princípio da imutabilidade, um problema que importa analisar decorre da possibilidade de a contração de dívidas por um dos cônjuges, ou pelos dois, poder alterar as regras relativas ao estatuto patrimonial dos cônjuges e, em ligação a isso, afetar o referido princípio, por via da celebração de certos negócios.

Com efeito, podendo qualquer um dos cônjuges contrair dívidas que podem responsabilizar os patrimónios comum e próprios dos cônjuges, por uma dívida comum pode responder o património próprio de um dos cônjuges e por uma dívida própria responder o património comum. O desequilíbrio patrimonial daqui decorrente, e corrigido pelas compensações previstas no art. 1697º, pode implicar uma alteração, por vezes intencional, no decurso do casamento, do património de cada um dos cônjuges e, nos regimes de comunhão, do património comum, afetando com isso o princípio da imutabilidade. Trata-se de uma eventual alteração indireta do estatuto patrimonial dos cônjuges, decorrente da celebração de certos contratos, que aparentemente poderá pôr em causa o princípio da imutabilidade, mas cujo desequilíbrio será corrigido pelas compensações patrimoniais.

Analisaremos, assim, o princípio da imutabilidade e o seu âmbito numa análise crítica e a possibilidade de alteração do estatuto patrimonial dos cônjuges por via indireta. Não é nosso objetivo analisar os contratos entre os cônjuges que podem afetar o referido estatuto, mas apenas aquelas relações que os cônjuges realizam, entre si ou com terceiros, e que, por força das dívidas contraídas, podem afetar o estatuto patrimonial inicial. Por isso, analisaremos o problema das socie-

---

Sucessões, de acordo com as lições de Pires de Lima, Coimbra, Casa do Castelo, 1931, p. 242), defendendo a nulidade da convenção sob condição. Porém, mais tarde considera válida a convenção sob condição ou a termo (Pires de Lima/Braga da Cruz, *Direitos de Família*, vol. II, 3ª ed., Coimbra, Coimbra Editora, 1953, p. 87). Mas continua a afirmar que se alguma fosse de excluir seria a realizada sob condição por não ficarem devidamente acautelados os interesses de terceiros.
A discussão sobre a admissibilidade de uma convenção a termo ou sob condição era também discutida na doutrina francesa (v., Planiol/Ripert, *Traité élémentaire de Droit Civil*, tomo III, 10ª ed., Paris, LGDJ, 1927, pp. 32 e 33, e Aubry/Rau, *Droit Civil français. Régimes matrimoniaux*, vol. VIII, 7ª ed., Paris, Libraires Techniques, 1973, p. 205).
Para Cunha Gonçalves, *ob. cit.*, p. 300, por outro lado, a proibição das compras e vendas entre cônjuges era uma aplicação especial do princípio da imutabilidade, dado que se se admitissem produziriam inevitavelmente uma alteração da convenção antenupcial.
O problema da alteração indireta do regime matrimonial colocava-se também em relação à renúncia ao regime dotal. De facto, era frequente os cônjuges, que pretendiam alienar um bem dotal, recorrerem a um processo fraudulento, ou seja, divorciavam-se, vendiam o bem e voltavam a casar-se. Por isso, a Reforma de 1930, no art. 1156º, pretendeu terminar com isto, estabelecendo que o ónus da inalienabilidade subsistia mesmo depois do divórcio, só terminando com a morte dos cônjuges. V., Pires de Lima/Braga da Cruz, *ob. cit.*, p. 81.

facto, dispõe o art. 1714º que não é permitido alterar, fora dos casos previstos na lei, nem as convenções antenupciais nem os regimes de bens legalmente fixados. Consagra o princípio clássico da imutabilidade das convenções antenupciais e do regime de bens resultante da lei, que constitui uma das pedras angulares em que assenta a construção jurídica das convenções matrimoniais. Não é só o regime de bens convencionado pelos nubentes que não pode ser modificado na constância do matrimónio, mas também o regime supletivo (art. 1717º) ou imperativo (art. 1720º) que se aplica por determinação da lei[5].

No direito anterior ao Cód. Civil de 1867 não havia uma norma expressa a proibir a revogação ou alteração das convenções antenupciais depois da celebração do casamento. Porém, a jurisprudência defendia a nulidade dos contratos revogatórios dos pactos antenupciais ulteriores ao casamento[6]. De facto, numa altura em que se entendia que, depois do casamento, o marido e a mulher deixavam de ter individualidade para passarem a ser uma só pessoa jurídica, estavam proibidos de contratar entre si (e aí residia o fundamento da imutabilidade). Os contratos entre cônjuges envolveriam uma permissão de contratar consigo mesmo, o que não era permitido (ainda que se admitissem as doações, mas que eram livremente revogáveis)[7].

O art. 1714º traduz a continuação da solução que decorria do art. 1105º do Cód. de Seabra e que tinha sido transposta do direito francês (art. 1395º do Cód. Civil francês – o qual eliminou a referida proibição em 1965), que foi entre nós aplicado como direito subsidiário durante muito tempo. De uma forma geral, a doutrina, pronunciando-se sobretudo quanto às convenções sob condição, não se opunha à celebração de contratos que produzissem efeitos semelhantes aos alcançados pela alteração da convenção matrimonial, dado que a imutabilidade apenas proibia uma convenção ulterior ao casamento[8].

---

[5] Contra, Eduardo da Silva Carvalho, *As formas do regimen matrimonial. Communhão geral de bens*, vol. I, V.N. Famalicão, Typographia Minerva, 1893, p. 38, considerando, à luz do Cód. de Seabra, que a imutabilidade só teria sentido se os cônjuges realizassem convenção matrimonial, posição criticada pela generalidade da doutrina da altura.

[6] Mª Rita A. G. Lobo Xavier, *Limites à autonomia privada na disciplina das relações patrimoniais entre os cônjuges*, Coimbra, Almedina, 2000, p. 120. V., Coelho da Rocha, *Instituições de Direito Civil Portuguez*, 8ª ed., tomo I, Lisboa, Livraria Clássica Editora, 1917, p. 153, e Cunha Gonçalves, *Tratado de Direito Civil em comentário ao Código Civil Português*, vol. VI, Coimbra, Coimbra Editora, 1932, p. 294. Referia Dias Ferreira, *Código Civil Português Anotado*, vol. II, 2ª ed., Coimbra, Imprensa da Universidade, 1895, p. 334, que a "lei velha" mandava atender nos casos omissos ao disposto nos "códigos modernos", que feriam de nulidade tais contratos revogatórios.

[7] Mª Rita A. G. Lobo Xavier, *ob. cit.*, p. 80.

[8] Cunha Gonçalves, *ob. cit.*, pp. 295-297. O que se afastava era a convenção a termo. Contra, pronunciou-se Pires de Lima (José Augusto do Nascimento, *Lições de Direito Civil. Relações de Família e*

I.
Introdução

A contração de dívidas e a proibição de os cônjuges alterarem o seu estatuto patrimonial e o princípio da imutabilidade

Alguns dos problemas postos pelo regime da responsabilidade por dívidas[1] podiam ser evitados ou resolvidos se os cônjuges pudessem, depois da celebração do casamento, alterar o seu regime de bens. De facto, p. ex., os cônjuges teriam todo o interesse em alterar um regime de comunhão pelo regime de separação se, no decurso do casamento, um dos cônjuges decidisse iniciar uma atividade comercial que implicasse elevados riscos financeiros[2]. Desde que se acautelem os interesses dos terceiros credores já existentes, haveria todo o interesse em alterar o referido regime de bens. Contudo, deparámo-nos com o princípio da imutabilidade das convenções antenupciais, ainda vigente entre nós.

De acordo com o art. 1714º do Cód. Civil[3], os cônjuges estão proibidos de alterar, depois da celebração do casamento[4], o seu estatuto patrimonial inicial. De

---

[1] P. ex., se entre os cônjuges vigorar o regime de separação de bens, a responsabilidade pelas dívidas contraídas no exercício do comércio de um dos cônjuges não cabe na al. *d*) do nº 1 do art. 1691º do Cód. Civil, e, por isso, não há comunicabilidade da dívida, nesses termos.

[2] No direito italiano há possibilidade de dissolver o regime de comunhão, nos termos do art. 191º, 2º, do Cód. Civil italiano, no caso de constituição de uma *azienda* depois do casamento e administrada por ambos os cônjuges (art. 177º, al. *d*), do Cód. Civil italiano), com observação dos requisitos previstos no art. 162º do mesmo código para as convenções matrimoniais.

[3] Sempre que no texto sejam citados artigos, sem indicação expressa do diploma a que pertencem, a menção reporta-se ao Cód. Civil.

[4] A imutabilidade abrange apenas as modificações ulteriores ao casamento, sendo possível alterar a convenção antenupcial até à realização do mesmo (art. 1712º). Referimo-nos, por isso, apenas às alterações ocorridas depois da celebração do casamento.

II.
Do regime da responsabilidade por dívidas nos diferentes regimes de bens

1. A proteção dos credores no regime da responsabilidade por dívidas dos cônjuges

O regime da responsabilidade por dívidas dos cônjuges apresenta especificidades face ao regime geral do Direito das Obrigações que se verificam essencialmente no caso dos regimes de comunhão onde, além dos patrimónios próprios dos cônjuges, existe um património comum que pode responder pelas dívidas contraídas por um ou ambos os cônjuges. Em todo o caso, também no regime de separação de bens, as regras gerais são alteradas, nomeadamente pelo facto de um cônjuge contrair uma dívida que poderá responsabilizar também (ainda que conjuntamente) o património do outro (art. 1695º, nº 2).

A principal questão que aqui pretendemos abordar é a da repercussão do regime de bens e do respetivo regime da responsabilidade por dívidas na proteção dos credores. É evidente que, à partida, é nos regimes de comunhão que os terceiros credores encontram maior proteção, dado existir um património comum que também responderá pelas dívidas (a título principal ou subsidiário). Procuraremos verificar tal facto e aferir se terá razão de ser num momento em que a autonomia e independência patrimoniais e financeiras dos cônjuges se fazem sentir. Assim, depois de uma abordagem geral dos regimes de bens e dos limites à liberdade de convenção (art. 1699º), tentaremos avaliar o regime da responsabilidade por dívidas à luz de cada regime de bens, na perspetiva da proteção da família e dos credores.

Na falta de estipulação das partes vigora entre os cônjuges o regime supletivo de comunhão de adquiridos[9]. Em matéria de regime supletivo é discutido se seria preferível o de comunhão de adquiridos ou o de separação. Tentaremos tomar uma posição a este propósito em matéria de responsabilidade por dívidas.

A primeira observação a fazer é a de que não há propriamente um regime puro de comunhão ou de separação, assistindo-se à penetração de ideias separatistas nos regimes de comunhão e de ideias comunitárias no regime de separação. Nos regimes de comunhão, os patrimónios próprios dos cônjuges aumentam em detrimento do património comum, assumindo ambos os cônjuges iguais poderes de administração; na separação de bens prevê-se uma contribuição proporcional dos cônjuges para os encargos do casal, bem como restrições aos poderes do proprietário da casa de morada da família[10]. São estas aproximações entre os dois regimes que levam algumas legislações a tentar combinar os dois, como acontece com o regime de comunhão nos ganhos ou de participação nos adquiridos (*Zugewinngemeinschaft*) da Alemanha[11], que se traduz numa partilha das valorizações ou uma separação de bens com igualação nos ganhos (*"Gütertrennung mit Zugewinnausgleich"*)[12]. No decurso do casamento os cônjuges vivem em separação de bens e no momento da dissolução calcula-se o aumento do valor do conjunto de todos os bens de cada cônjuge (que são bens próprios), confrontam-se os dois valores e apura-se a diferença. O cônjuge cujo património se valorizou mais e,

---

[9] Apesar da possibilidade de os nubentes escolherem um dos regimes de bens previstos na lei ou convencionarem o que entenderem a esse respeito, raramente fazem uso dela, casando no regime supletivo.

[10] Pereira Coelho/Guilherme de Oliveira, *Curso de Direito da Família*, vol. I, 4ª ed., Coimbra, Coimbra Editora, 2008, pp. 481 e 482.

[11] Já em 1920 a Suécia tinha a "comunhão diferida", ou seja, durante o casamento os cônjuges vivem em separação de bens, administram os seus bens e respondem pelas suas dívidas; no momento da dissolução do casamento, todos os bens são considerados propriedade do casal e cada cônjuge tem direito a metade do seu valor. Com a frequência de divórcios e de casamentos de curta duração (fazendo com que um cônjuge beneficiasse de metade do valor dos bens, mesmo aqueles trazidos pelo outro para o casamento que logo se dissolveu), foi necessário, em 1987, exigir que a participação por metade no valor do património conjugal dependesse da duração do casamento (vinte por cento ao ano), sendo que o direito a metade só se adquire ao fim de cinco anos. Na Noruega o regime é idêntico, mas cada cônjuge retira do património conjugal final os bens que levou para o casamento e os que adquiriu a título gratuito. Os valores partilhados correspondem aos bens que se dividiriam em espécie num regime de comunhão de adquiridos. V., Braga da Cruz, "O problema do regime matrimonial de bens supletivo, no novo Código Civil português (estado atual da questão)", *BMJ*, nº 53º, 1956, p. 175, Gonçalves Pereira, "Regimes convencionais. Anteprojeto para o novo Código Civil", *BMJ*, nº 122º, 1963, pp. 264-287, e Pereira Coelho/Guilherme de Oliveira, *ob. cit.*, pp. 482 e 483.

[12] Lüderitz/Dethloff, *Familienrecht*, 28ª ed., München, C. H. Beck, 2007, p. 102.
O modelo alemão foi também seguido pelo Cód. Civil de Macau na revisão de 1999.

portanto, que enriqueceu mais durante o casamento, deve entregar ao outro metade da diferença das valorizações dos patrimónios.

Os cônjuges, de acordo com o art. 1698º, que fixa o princípio da liberdade do regime de bens, podem fixar, em convenção antenupcial, o regime de bens do casamento, quer escolhendo um dos regimes previstos no código (comunhão de adquiridos, comunhão geral e separação de bens), quer, dentro dos limites legais, estipular o que entenderem[13-14]. Não existe um sistema de tipicidade, como acontece na Alemanha (§ 1408º do BGB) ou na Suíça (art. 182º do Cód. Civil suíço) em que os nubentes ou cônjuges têm de escolher um dos regimes previstos na lei[15]. Para a defesa de um regime de tipicidade costuma afirmar-se que os terceiros ficariam mais protegidos, pois saberiam mais facilmente qual a regulamentação em vigor dentro do casal. Mas, como referem Pereira Coelho e Guiherme de Oliveira, não se justifica que essa proteção seja obtida à custa de um sacrifício escusado de interesses razoáveis dos cônjuges[16]. Além disso, a proteção dos terceiros consegue-se por via da publicidade do regime. Não podemos também esquecer que mesmo nos sistemas de tipicidade, como na Alemanha, podem os cônjuges,

---

[13] A lei fixa alguns limites à liberdade de convenção. Além dos previstos no art. 1699º, a que faremos referência no texto, a lei fixa nos casos do art. 1720º um regime imperativo de separação de bens (casamentos celebrados sem precedência do processo de publicações e por quem tenha completado 60 anos de idade), determina no art. 1699º, nº 2, a proibição de estipulação do regime da comunhão geral nos casamentos celebrados por quem tenha filhos, ainda que maiores ou emancipados, e fixa no art. 1718º a proibição de se estipular o regime de bens por simples remissão genérica para lei estrangeira ou revogada, ou para usos e costumes locais.

Quanto ao regime imperativo de separação de bens por quem tenha completado 60 anos de idade, referem Pereira Coelho/Guiherme de Oliveira, *ob. cit.*, pp. 477 e 478, que, além de não se encontrar um interesse que justifique esta restrição à liberdade negocial, é de notar que os sistemas jurídicos têm reforçado a autonomia individual, consagrando a CRP um direito ao desenvolvimento da personalidade (art. 26º) que é contrário à limitação em causa. Deviam, portanto, os casos de tentativa de benefício económico pelo abuso de alguma debilidade ficar apenas sujeitos às regras gerais reguladoras da liberdade negocial. Aliás, o referido limite etário perde a sua utilidade de evitar casamentos por interesse económico a partir da Reforma de 1977 que colocou o cônjuge como herdeiro legitimário, ao lado dos descendentes, ou seja, a lei impede a escolha de um regime com receio do proveito económico de um cônjuge à custa do outro com mais de 60 anos, mas chama o cônjuge sobrevivo a herdar no momento da morte.

[14] Sobre a liberdade de convenção e o papel da vontade na conformação do regime de bens do casamento, v., Sofia Henriques, *Estatuto patrimonial dos cônjuges. Reflexos da atipicidade do regime de bens*, Coimbra, Coimbra Editora, 2009, pp. 27 e segs., em especial, pp. 145-169 e 178 e segs.

[15] Já nas Ordenações Manuelinas (título VII, do livro IV) e Filipinas (título XLVI, do livro IV), prevendo como regime supletivo o casamento por "carta de metade", a liberdade de escolher o regime de bens estava prevista e transitou depois para o art. 1096º do Cód. Civil de 1867.

[16] Pereira Coelho/Guiherme de Oliveira, *ob. cit.*, p. 479. No mesmo sentido, Pires de Lima/Antunes Varela, *Código Civil Anotado*, vol. IV, 2ª ed., Coimbra, Coimbra Editora, 1992, p. 360.

além de alterar o regime de bens no decurso do casamento, alterar (sem, contudo, desvirtuar) os regimes legais previstos. Nestes casos, os terceiros também não gozam da proteção referida, apenas beneficiando da proteção conferida pelo sistema da publicidade.

As razões para o princípio da liberdade de convenção apresentou-as Braga da Cruz para a manutenção do referido princípio no nosso Cód. Civil[17]. Por um lado, importa reconhecer aos contraentes plena liberdade de pactuar, dado os interesses de terceiros e os princípios de ordem pública não imporem quaisquer restrições[18]. Por outro lado, há toda a vantagem em deixar aos nubentes completa liberdade na regulamentação do seu regime de bens, dado que os regimes-tipo previstos na lei podem não se adaptar perfeitamente aos interesses do caso concreto (e não seria aconselhável que a imposição de um dos regimes constituísse obstáculo à celebração do casamento ou prejudicasse, no decurso do mesmo, o bom entendimento dos cônjuges).

Devem, em todo o caso, os cônjuges observar o art. 1699º, ou seja, não podem os cônjuges alterar, por convenção matrimonial, as matérias aí previstas[19]. A proibição da alteração dos direitos e deveres patrimoniais (al. *b*)), tal como já resultava do disposto no art. 1103º do Cód. de Seabra, impede os cônjuges de modificar os deveres que lhes são impostos para proteção dos terceiros, nomeadamente, proíbe-os de alterar o regime da responsabilidade por dívidas[20]. Além disso, qual-

---

[17] Braga da Cruz, "Problemas relativos aos regimes de bens do casamento sobre que se julga necessário ouvir o parecer da comissão redatora do novo Código Civil", *BMJ*, nº 52º, 1956, pp. 341 e 342, "Regimes de bens do casamento. Disposições gerais. Anteprojeto dum capítulo do novo Código Civil (articulado e exposição de motivos)", *BMJ*, nº 63º, 1957, pp. 31-35, e *Obras Esparsas*, vol. III, Coimbra, Coimbra Editora, 1984, pp. 1 e 2, e pp. 68-70. Semelhantes razões são apresentadas por Terré/Fenouillet, *Droit Civil. Les personnes, la famille, les incapacités*, 6ª ed., Paris, Dalloz, 1996, p. 376, para defesa do princípio da liberdade das convenções matrimoniais.

[18] Bastará o registo obrigatório das convenções antenupciais para a proteção dos interesses de terceiros; o interesse de ordem pública é protegido pelas limitações que a lei fixar.

[19] Não pode ser objeto de convenção antenupcial a regulamentação da sucessão hereditária dos cônjuges ou de terceiro (salvo os casos previstos nos arts. 1700º a 1707º) – art. 1699º, nº 1, al. *a*); a alteração dos direitos ou deveres paternais ou conjugais – art. 1699º, nº 1, al. *b*); a alteração das regras sobre a administração dos bens do casal – art. 1699º, nº 1, al. *c*); a estipulação da comunicabilidade dos bens enumerados no art. 1733º – art. 1699º, nº 1, al. *d*).

[20] Esperança Pereira Mealha, *Acordos conjugais para partilha dos bens comuns*, Coimbra, Almedina, 2004, p. 57, nota 131, entende, seguindo Pamplona Corte-Real, que a proibição de alteração do regime da responsabilidade por dívidas decorre antes de uma interpretação ampla do art. 1699º, nº 1, al. *c*). Cunha Gonçalves, *ob. cit.*, pp. 307 e 308, concebia a validade de uma cláusula que estabelecesse a responsabilidade exclusiva do marido pelas dívidas emergentes da vida matrimonial. Considerava, porém, que tal cláusula não poderia ser oposta aos credores, só obrigando os cônjuges entre si, sendo atendida na partilha do casal.

II. DO REGIME DA RESPONSABILIDADE POR DÍVIDAS NOS DIFERENTES REGIMES DE BENS

quer cláusula que viole normas imperativas (como as relativas à responsabilidade por dívidas ou as da administração e disposição dos bens do casal) será nula (art. 294º)[21].

Os cônjuges não podem, por convenção matrimonial, alterar o regime da responsabilidade por dívidas (art. 1699º, nº 1, al. b)), mesmo nos ordenamentos jurídicos estrangeiros onde se admite a mutabilidade dos regimes de bens[22]. O obje-

---

A doutrina tem entendido que o art. 1699º não tem uma enumeração exaustiva, valendo aqui também os princípios gerais de direito matrimonial bem como os princípios gerais aplicáveis aos negócios jurídicos (v., entre outros, Cunha Gonçalves, *ob. cit.*, pp. 301 e 307, Pires de Lima/Antunes Varela, *ob. cit.*, p. 365, Leite de Campos, *Lições de Direito da Família e das Sucessões*, 2ª ed., Coimbra, Almedina, 1997, p. 383, Mª Rita A. G. Lobo Xavier, *ob. cit.*, pp. 488-492, e Pereira Coelho/Guilherme de Oliveira, *ob. cit.*, p. 489).

[21] Como referem Pereira Coelho/Guilherme de Oliveira, *ob. cit.*, pp. 504 e 505, tendo sido aposta à convenção uma cláusula nula, a questão de saber se a própria convenção será nula ou se apenas se considera a referida cláusula como não escrita, deve resolver-se de acordo com o princípio geral do art. 292º, relativo à redução do negócio jurídico.

[22] O art. 220º do Cód. Civil francês, em matéria de dívidas, como, aliás, as normas relativas ao regime primário, não podem ser alteradas por convenção matrimonial (art. 226º do Cód. Civil francês). Determina também o art. 1388º do Cód. Civil francês que os cônjuges não podem derrogar os direitos e deveres que decorrem do casamento. Mas, o Cód. Civil francês admite que os cônjuges regulem certas regras de administração em convenção matrimonial (art. 1497º, 2º, do Cód. Civil francês), estipulando a administração conjunta dos bens (art. 1503º do Cód. Civil francês).

A proibição de alterar os direitos e deveres patrimoniais e, em consequência, a proibição de alterar os deveres relativos à proteção de terceiros, como o regime da responsabilidade por dívidas, é também defendido no direito alemão (o BGB sujeita a liberdade contratual prevista no § 1408º às restrições decorrentes do caráter imperativo das normas do regime aplicável e das impostas, nos termos gerais, à liberdade contratual) e no direito italiano (V., Enzo Roppo, "Convenzioni matrimoniali", *Enciclopedia Giuridica*, Instituto della Enciclopedia Italiana, vol. IX, Roma, 1989, p. 3. Refere este autor que o art. 160º do Cód. Civil italiano, impedindo a alteração dos direitos e deveres previstos na lei como efeito do casamento, evita que através de atos praticados entre os cônjuges se iludam normas fundamentais relativas à tutela de terceiros, bem como dos cônjuges e da família).

Também a doutrina espanhola considera imperativos os arts. 1319º a 1322º do Cód. Civil espanhol, relativos aos poderes de administração e de disposição e à responsabilidade por dívidas. V., Yolanda Bustos Moreno, *Las deudas gananciales y sus reintegros*, Madrid, Dykinson, 2001, pp. 174-179, e Lacruz Berdejo/Sancho Rebullida, *et allii*, *Elementos de Derecho Civil. Familia*, vol. IV, 2ª ed., Madrid, Dykinson, 2005, pp. 140-142. Yolanda Bustos Moreno, *ob. cit.*, pp. 174-179, refere que nas relações externas as normas reguladoras do regime da responsabilidade por dívidas são imperativas, não podendo os terceiros ser afetados com eventuais alterações convencionais dos cônjuges. Apenas nas relações internas será possível aos cônjuges estipular de forma diferente da legalmente prevista (ressalvadas as dívidas relativas à contribuição para os encargos da vida familiar – art. 1318º do Cód. Civil espanhol), ou seja, ampliar as dívidas que oneram a título definitivo a comunhão ou restringi-las nas relações entre os cônjuges (tendo a autora dúvidas quanto à aceitação das cláusulas de restrição por poderem afetar o princípio da igualdade, dado que um dos cônjuges pode responder em proporção maior à que participa no ativo).

tivo é assegurar a proteção de terceiros credores que contratem com os cônjuges e que devem confiar na existência de uma dada regulamentação legal (imperativa). E se não podem os cônjuges convencionar tal numa convenção matrimonial, não podem obter o mesmo resultado com a celebração de contratos entre eles (como os contratos de sociedade), muitas vezes com o único objetivo de defraudar expectativas de terceiros. Portanto, e antes de mais, quando por força de um contrato entre os cônjuges se visar alterar a regulamentação legal da responsabilidade por dívidas deve aplicar-se as mesmas restrições existentes para as convenções matrimoniais. Ou seja, não deve admitir-se essa alteração e, em consequência, a celebração de tal contrato.

Repare-se, porém, que o facto de não poderem alterar o regime da responsabilidade por dívidas face a terceiros (dado que o que se visa é a proteção destes), não impede uma regulamentação contratual diferente da legal nas relações internas entre os cônjuges (tal como, aliás, é defendido pelas doutrinas espanhola e alemã). Não havendo terceiros a proteger e havendo acordo entre os cônjuges, podem estes internamente (para efeitos de compensações e créditos entre cônjuges) responsabilizar um ou outro património pela dívida[23-24].

Portanto, face a terceiros credores sempre terá de observar-se as normas legais reguladoras do regime da responsabilidade por dívidas.

Apesar de a lei regular tal matéria independentemente do regime de bens vigente entre os cônjuges, em determinados pontos a vigência de um regime de comunhão ou de separação faz toda a diferença. Não é nosso objetivo analisar a composição dos regimes de bens de comunhão (e, por isso, será irrelevante a distinção entre o regime de comunhão de adquiridos e o de comunhão geral) ou de separação. Pretendemos antes, e do ponto de vista do regime da responsabilidade por dívidas, aferir das principais diferenças entre os regimes de bens de comunhão e separação, tentando, a partir daí, concluir qual o mais adequado à atual situação patrimonial dos cônjuges.

---

[23] Por isso, entendemos ser também possível fixar um regime de solidariedade em vez da conjunção prevista no art. 1695º, nº 2 (mas já não o inverso). Ou seja, ainda que os cônjuges não possam alterar o regime imperativo da responsabilidade por dívidas, que a lei fixou para salvaguarda de terceiros credores, não se trata aqui disso, mas apenas de em relação a uma dívida estabelecer um regime de solidariedade em vez da conjunção (o que até beneficia o credor em causa), de determinar como respondem os cônjuges pela dívida. Ou seja, será afastar o regime da conjunção previsto no art. 1695º, nº 2, pela convenção expressa do regime da solidariedade nos termos gerais do Direito Civil (art. 513º). V., Cristina M. A. Dias, *Do regime da responsabilidade por dívidas dos cônjuges – problemas, críticas e sugestões*, Coimbra, Coimbra Editora, 2009, p. 186, nota 327.

[24] Também Sofia Henriques, *ob. cit.*, pp. 281 e segs., considera que os nubentes não podem alterar o regime patrimonial primário, salvo quanto ao regime das dívidas, e apenas no que respeita às relações internas (pp. 333-335). Em todo o caso, conclui que a escolha de um regime de bens atípico pode reflexamente condicionar o estatuto patrimonial aplicável.

2. A responsabilidade por dívidas nos regimes de comunhão[25]

Regulando o Cód. Civil o regime da responsabilidade por dívidas independentemente do regime de bens é fundamentalmente em relação às als. *d)* e *e)* do nº 1 e ao nº 2 do art. 1691º e em relação às normas reguladoras da responsabilidade patrimonial (arts. 1695º e 1696º) que as diferenças fazem sentir-se. De igual modo, existe regulamentação legal diferente em matéria de compensações devidas pelo pagamento de dívidas do casal[26].

O art. 1691º, nº 2, faz uma referência expressa ao regime da comunhão geral, considerando que as dívidas contraídas por qualquer um dos cônjuges em proveito comum e anteriores à celebração do casamento só no regime da comunhão geral podem ser comunicáveis, desde que contraídas em proveito comum do casal (art. 1691º, nº 2).

Na comunhão geral são comuns todos os bens que cada um dos cônjuges leva para o casamento. Por isso, as dívidas contraídas por qualquer um deles, em proveito comum do casal, não deixam de responsabilizar ambos pelo facto de terem sido contraídas antes do casamento (se se comunicam os bens, também se devem comunicar as dívidas anteriores, desde que contraídas em proveito comum). Nos outros regimes de bens, sendo considerados próprios os bens que cada um leva para o casamento, razoável é que as dívidas contraídas por só um deles, antes do casamento, ainda que revertendo em proveito comum, responsabilizem apenas o cônjuge que as assumiu[27].

Por sua vez, a al. *e)* do nº 1 do art. 1691º consagra a comunicabilidade das dívidas previstas no art. 1693º, nº 2, ou seja, as dívidas que onerem doações, heranças ou legados, quando os respetivos bens tenham ingressado no património comum (nomeadamente, por os cônjuges terem estipulado o regime da comunhão geral de bens ou uma cláusula de comunicabilidade de certos bens adquiridos a título gratuito). Também aqui a lei faz expressa menção ao regime de comunhão.

---

[25] Para uma análise mais detalhada do regime de responsabilidade por dívidas, v., Cristina M. A. Dias, *ob. cit.*, pp. 61-493.

[26] Quanto ao problema das compensações, v., Cristina M. A. Dias, *Compensações devidas pelo pagamento de dívidas do casal (da correção do regime atual)*, Coimbra, Coimbra Editora, 2003, *passim*, e *Do regime da responsabilidade por dívida...*, cit., pp. 769 e segs.

[27] Podia até pretender-se que, comunicando-se todos os bens do devedor, no regime da comunhão geral, também deviam comunicar-se todas as dívidas e não apenas as que fossem contraídas em proveito comum do casal. O objetivo seria proteger os credores pessoais do devedor que, à partida, perdiam a garantia natural dos seus créditos ao verem os bens próprios do devedor transformar-se em bens comuns. Porém, estes credores não chegam a ser afetados, uma vez que, não havendo bens próprios, respondem os bens levados pelo cônjuge devedor para o casamento (art. 1696º, nº 2, al. *a)*) e, uma vez eliminada a moratória, os credores podem executar imediatamente a meação do devedor no património comum (Pereira Coelho/Guilherme de Oliveira, *ob. cit.*, pp. 416 e 417).

E parece-nos importante a referência. De facto, a comunicabilidade da dívida corresponde a um princípio elementar de equidade, ou seja, se o património comum, de afetação especial, se enriquece com a liberalidade, justo é que responda pelas dívidas correspondentes.

Desnecessária, e excessivamente problemática, é a al. *d*) do nº 1 do art. 1691º, que exclui o regime de separação de bens. Assim, só nos regimes de comunhão as dívidas contraídas pelo cônjuge comerciante são comuns (salvo se se provar que não foram contraídas em proveito comum).

Nos regimes de comunhão, o cônjuge não comerciante (ou do comerciante) está confrontado com uma dupla presunção se quiser defender-se da sua responsabilidade. Em primeiro lugar, poderá ilidir a presunção de que a dívida comercial do cônjuge comerciante foi contraída no exercício do seu comércio (art. 15º do Cód. Comercial). Feita a prova contrária, excluída estará a sua responsabilidade que resultava do art. 1691º, nº 1, al. *d*). Mas, em segundo lugar, mesmo que não logre ilidir essa presunção, e se vier a apurar que a dívida foi contraída no exercício do comércio, poderá ainda ilidir a presunção implícita de que ela foi contraída em benefício do casal, provando que, pelo contrário, ela não foi contraída em proveito comum (art. 1691º, nº 1, al. *d*)). Por outro lado, e em terceiro lugar, pode acontecer que, tendo o cônjuge ilidido a primeira presunção, provando que a dívida não foi contraída no exercício do comércio do cônjuge comerciante, o credor venha ainda provar (e aí o ónus é dele) que a dívida foi contraída em proveito comum ou para ocorrer aos encargos normais da vida familiar, obtendo a responsabilidade de ambos, já não por força da referida al. *d*), mas face às als. *b*) e/ou *c*) do nº 1 do mesmo art. 1691º.

Parece-nos aconselhável a eliminação da al. *d*) do nº 1 do art. 1691º. Aliás, e em conjugação com o art. 1714º, não tendo os nubentes pensado convenientemente sobre o regime de bens a vigorar entre eles, podem vir a casar no regime supletivo de comunhão de adquiridos, sujeitando-se, com o funcionamento das presunções dos arts. 1691º, nº 1, al. *d*), do Cód. Civil, e 15º do Cód. Comercial, à comunicabilidade das dívidas comerciais contraídas por um deles (comerciante), sem possibilidade de alterar a situação (ainda que possam ilidir as presunções). A possibilidade de alterar o regime de bens nessas situações, afastando o princípio da imutabilidade, e desde que se salvaguardem os direitos anteriormente adquiridos, não parece afetar o interesse do credor (que adquire tal posição depois da alteração do regime de bens)[28], pois, mesmo quando existia, como

---

[28] Em rigor, os novos credores não têm qualquer direito anterior e sujeitam-se, assim, ao regime vigente entre os cônjuges no momento da contração da dívida. Só haverá, por isso, admitindo-se uma alteração do regime de bens, que acautelar a posição de terceiros credores que tenham créditos constituídos antes da referida alteração.

regra, no art. 1696º, nº 1, a moratória forçada, poderia sempre o credor, por dívidas comerciais da exclusiva responsabilidade de um dos cônjuges, usar o benefício que o art. 10º do Cód. Comercial lhe concedia. Por maioria de razão se justifica atualmente em que a referida moratória foi abolida com o Dec.-Lei nº 329-A/95, de 12 de dezembro. Por outro lado, poderá beneficiar o cônjuge do comerciante, eventual desconhecedor de questões de ordem patrimonial e que, por vezes, poderá até nem concordar com o exercício da atividade comercial por parte do seu cônjuge (cfr. o art. 1677º-D). É evidente que a possibilidade de alterar o regime de bens, com repercussão ao nível do regime da responsabilidade por dívidas, pode implicar o risco de fraude aos credores, no caso de a alteração visar tal intuito. Daí a necessidade de se acautelarem direitos adquiridos dos credores e a salvaguarda dos requisitos da publicidade da alteração do regime de bens.

O regime do art. 1691º, nº 1, al. *d*), visa a tutela do comércio, facilitando a obtenção de crédito ao cônjuge que exerce o comércio. Esta tutela envolve um certo sacrifício dos interesses do cônjuge do comerciante e da própria família. Só que o legislador entendeu que tal sacrifício não é arbitrariamente imposto, já que o mesmo só se impõe por se entender que a dívida foi contraída no interesse do casal e não apenas no do cônjuge comerciante. Além disso, pensa-se que o sacrifício acaba por reverter no interesse dos cônjuges e da família, já que dá confiança aos credores, facilita a obtenção de crédito e favorece o exercício do comércio que constitui parte relevante da sustentação financeira da família.

Não nos parece, porém, que este regime protetor das dívidas comerciais, ainda que possa garantir, pela mais fácil obtenção de crédito, a situação financeira da família que vive dos rendimentos da atividade comercial, permita excluir o exercício de outras profissões dessa proteção, além de não ter justificação na realidade atual.

De facto, e por um lado, no exercício da atividade agrícola ou industrial ou no exercício de uma profissão liberal também se manifesta o exercício no interesse da família, de tal modo que podiam também fundamentar uma presunção de proveito comum. Todavia, aqui os credores não beneficiam de qualquer regime especial.

Por outro lado, o regime das dívidas provenientes do exercício do comércio, vigente desde o Cód. Comercial de 1888, é um regime excessivo, iníquo e historicamente situado[29]. Com a Reforma de 1977, os cônjuges passam a ter

---

[29] António Caeiro, "Sobre a participação dos cônjuges em sociedades por quotas", Separata do número especial do *Boletim da Faculdade de Direito de Coimbra – Estudos em homenagem ao Prof. Doutor António de Arruda Ferrer Correia*, Coimbra, 1986, pp. 36 e 37.

poderes administrativos relativamente aos seus bens próprios e certos bens comuns, ambos têm iguais poderes para administrar os bens comuns que não estejam sujeitos à administração exclusiva de um deles (art. 1678º), ambos podem livremente exercer o comércio ou qualquer outra atividade ou profissão (art. 1677º-D).

A realização de um plano de vida pessoal e profissional de cada um dos cônjuges implica um estatuto de independência em relação ao outro cônjuge, o que exige a não responsabilização deste pelas dívidas contraídas pelo outro no exercício da sua profissão. Ninguém pode ser livre para iniciar uma atividade se tiver de ponderar as consequências dela não só em relação ao seu património, mas também relativamente aos bens do seu cônjuge.

É evidente que o credor comercial sairá beneficiado com tal regime, concedendo, portanto, o regime de comunhão, face ao de separação, uma maior proteção a esses credores. Mas, não se compreende também a razão da manutenção da exceção para o regime de separação de bens[30]. Considerando que as dívidas comerciais previstas na al. *d*) do nº 1 do art. 1691º são comuns, não se compreende, atendendo à autonomia patrimonial entre os cônjuges em qualquer regime de bens, a consagração de uma regulamentação especial para o regime de separação. Tanto mais que, mesmo neste regime, e sendo a dívida comum, poderia demonstrar-se a não existência de proveito comum para afastar a aplicação da mesma norma. A admitir-se, o que nos custa aceitar, a comunicabilidade da dívida, para proteção do credor, seria para qualquer regime de bens, sendo o fator de não comunicabilidade o proveito comum.

A razão do afastamento da responsabilização de ambos os cônjuges no regime de separação, e que nos parece acertado em qualquer regime de bens, prende-se com uma maior independência patrimonial entre os cônjuges. Mesmo que a dívida beneficie o outro cônjuge, havendo proveito comum, a dívida poderá sempre ser comum, nomeadamente, nos termos da al. *c*) do nº 1 do art. 1691º.

Não está excluída a comunicabilidade nesses casos, mas tal ocorre não por a dívida ser comercial mas por ser contraída em proveito comum. Há, porém, jurisprudência contrária a este nosso entendimento, ao considerar que a al. *c*) do nº 1 do art. 1691º só poderia aplicar-se se a dívida não for contraída no exercício do comércio, pois, se o for caberá na al. *d*) do nº 1 do mesmo artigo que exclui o

---

[30] A razão apresentada para a exceção prende-se com o facto de que se os rendimentos advindos da atividade comercial são bens próprios não se justificaria a comunicabilidade do passivo. Só que é frequente que os rendimentos profissionais do comerciante casado em separação de bens sejam utilizados nas despesas familiares ou em proveito comum do casal.

regime de separação de bens[31]. Se a ideia até poderá ter alguma razão face à atual regulamentação, deixaria de ter fundamento se não existisse a referida al. *d*), como propomos.

Além disso, se se eliminasse a al. *d*) do nº 1 do art. 1691º, a proteção financeira da família e a obtenção de crédito, que justificam o regime especial das dívidas contraídas no exercício do comércio, não seriam significativamente afetadas. Na realidade, muito provavelmente, os credores do cônjuge comerciante continua-

---

[31] O ac. da RL, de 16.01.1979 (*Col. Jurisp.*, tomo I, 1979, p. 87), entendeu que, estando os cônjuges casados no regime de separação de bens, a responsabilidade comum dos cônjuges pela dívida contraída pelo cônjuge comerciante no exercício do seu comércio só poderia resultar das als. *b*) e/ou *c*) do nº 1 do art. 1691º. Decide, todavia, o acórdão que, por um lado, a expressão usada na al. *b*) ("encargos normais da vida familiar") abrange as dívidas relacionadas com as despesas inerentes ao governo doméstico como as de alimentação, vestuário, renda da casa, transportes, médicos e medicamentos..., pelo que não compreende dívidas contraídas no exercício do comércio, não sendo de responsabilizar o outro cônjuge nos termos da referida al. *b*) do nº 1 do art. 1691º. De facto, entendemos também que a dívida contraída no exercício do comércio é para o estabelecimento e não para os encargos normais da vida familiar, ou seja, só indiretamente a dívida contraída no exercício do comércio permite angariar proveito para ocorrer aos encargos da vida familiar. Seria, por isso, necessário provar a conexão entre a dívida contraída no exercício do comércio e a satisfação de um encargo normal da vida familiar (se a dívida não fosse contraída o encargo não seria satisfeito e a dívida só foi contraída com vista à satisfação do encargo).

Por outro lado, quanto à responsabilização nos termos da al. *c*) do nº 1 do art. 1691º, entendeu o ac. da RL referido que o cônjuge administrador só pode responsabilizar o outro cônjuge se a dívida tiver sido contraída nos limites dos seus poderes de administração e em proveito comum do casal. Estando os cônjuges casados no regime de separação de bens, cada um tem o seu património, que administra e pode dispor livremente (art. 1735º). Para que haja proveito comum é preciso que a dívida tenha sido contraída em benefício do casal independentemente dos resultados efetivos da sua contração. Mas é necessário que esse benefício provenha diretamente do ato constitutivo da dívida e não seja uma mera consequência indireta ou remota. Ora, a dívida contraída pelo cônjuge comerciante no exercício do seu comércio teve apenas em vista, no caso concreto (e, parece-nos, a maioria das vezes), a continuação do seu comércio, com a consequente valorização ou enriquecimento do seu património próprio. Só indiretamente essa dívida poderia beneficiar o outro cônjuge, não se verificando, por isso, a sua responsabilização nos termos da al. *c*) do nº 1 do art. 1691º. No mesmo sentido, v., o ac. da RP, de 27.03.1990 (*BMJ*, nº 395º, 1990, p. 672).

V. também, o ac. da RP, de 09.06.1998 (*Col. Jurisp.*, tomo III, 1998, p. 192), que entende que o art. 1691º, nº 1, al. *c*), só se aplica a comerciante se a dívida não for contraída no exercício do comércio. Se contraída nesse exercício, seria aplicável a al. *d*) do nº 1 do mesmo artigo que, porém, seria excluída, vigorando o regime de separação de bens. Entende que, havendo uma norma específica para a dívida contraída no exercício do comércio (al. *d*)), não se justificaria a aplicação de uma outra qualquer norma (al. *c*)), porventura com ela conflituante.

O ac. do STJ, de 11.10.1979 (*BMJ*, nº 290º, 1979, p. 410), por sua vez, admitiu que o proveito comum do casal relativo às dívidas a que se refere o art. 1691º, nº 1, al. *c*), pode resultar do exercício do comércio e verificar-se mesmo no regime de separação de bens.

riam a poder responsabilizar ambos os cônjuges por via da al. *c)* do mesmo nº 1 do art. 1691º, desde que provassem que a dívida fora contraída na constância do matrimónio pelo cônjuge administrador, nos limites dos poderes de administração e em proveito comum do casal. É evidente que a vantagem da al. *d)* do nº 1 do art. 1691º face à al. *c)* do mesmo número e artigo decorre da maior proteção concedida ao credor no caso da al. *d)*, uma vez que, ao contrário do que ocorre na al. *c)*, o credor não tem de fazer prova do proveito comum para responsabilizar ambos os cônjuges. Mas é, aliás, o que acontece no regime de separação de bens[32] e o que acontece no exercício de qualquer outra profissão.

Acresce que, haverá sempre possibilidade de recurso a instrumentos de crédito tão eficazes e diversificados que podem atingir o mesmo objetivo de tutela do crédito. Não vemos razão, atendendo à independência recíproca entre os cônjuges, para se manter a comunicabilidade da dívida nos termos da al. *d)* em análise apenas nos regimes de comunhão ou de vigorar este regime específico para o exercício do comércio.

Finalmente, ao nível comercial e societário, a realidade demonstra que a tendência é a da limitação das responsabilidades, mediante a opção pelas sociedades anónimas ou por quotas ou pela sociedade por quotas unipessoal, em vez do comerciante individual e até do estabelecimento individual de responsabilidade limitada (e.i.r.l.), quase não existindo sociedades em nome coletivo. Se assim é, se se visa a separação de patrimónios, traduzida não só na independência patrimonial entre os cônjuges (como já referimos), mas também na separação entre o património de cada um dos cônjuges e o "património profissional", não se justifica a manutenção de uma solução desfasada da realidade que é a da responsabilidade comum pelas dívidas comerciais (art. 1691º, nº 1, al. *d))*[33].

Por outro lado, e tal como Pereira Coelho e Guilherme de Oliveira, pensamos que, paralelamente à sugestão de considerar as dívidas contraídas no exercício

---

[32] Com a vantagem de se passar a admitir, na perspetiva daqueles autores e jurisprudência que afastam da comunicabilidade as dívidas comerciais contraídas por cônjuge casado em regime de separação de bens, a comunicabilidade da dívida no regime de separação de bens no caso de ser contraída no exercício do comércio (por recurso às als. *b)* e/ou *c)* do nº 1 do art. 1691º). De facto, desaparecendo a al. *d)* já nada se oporia à aplicação das outras alíneas.

[33] No Cód. Civil francês, no âmbito do regime supletivo de comunhão de adquiridos, a impenhorabilidade dos rendimentos profissionais de cada um dos cônjuges (art. 1414º, 1º, do Cód. Civil francês) assegura também a liberdade profissional, prevista no art. 223º do Cód. Civil francês (o cônjuge do comerciante nunca responde com os seus rendimentos por uma dívida comercial contraída pelo outro – salvo se ambos os cônjuges praticarem a mesma atividade comercial e agrícola, pois aí entende-se que se obrigam solidariamente). Além do mais, tais valores são administrados por cada um dos cônjuges, pelo que a dívida contraída por um não deve onerar bens administrados pelo outro. Ora, é também isto que pretendemos defender para o ordenamento jurídico português.

do comércio como dívidas próprias do comerciante, deveria propor-se a hipótese de os frutos do exercício do comércio serem tratados como bens próprios do comerciante e não como bens comuns[34]. Caso contrário, o cônjuge do comerciante evitava os riscos e os prejuízos e usufruía da sua parte nos proventos da atividade comercial. Ora, considerando a dívida própria do cônjuge que a contraiu seriam afetados ao pagamento da mesma os frutos gerados no exercício da atividade comercial, que passariam a ser bens próprios e não comuns[35].

[34] Pereira Coelho/Guilherme de Oliveira, *ob. cit.*, p. 415.

[35] É, aliás, isso que acontece no direito italiano, onde são consideradas próprias as dívidas assumidas por um cônjuge no exercício da sua profissão (sendo que os bens relativos à profissão não integram a comunhão – art. 179º, al. *d*), do Cód. Civil italiano – e os proventos resultantes da atividade profissional não integram a comunhão imediata – art. 177º, al. *c*), do Cód. Civil italiano) e as dívidas contraídas no exercício da empresa individual de um dos cônjuges (atendendo ao art. 178º do Cód. Civil italiano que exclui a *azienda individuale* dos bens da comunhão).
Mais próximo da nossa regulamentação, o direito espanhol, ainda que não regulando propriamente as dívidas contraídas no exercício do comércio, considera dívidas da comunhão as resultantes da exploração regular de um negócio (privativo do cônjuge) ou do desempenho de uma profissão, arte ou ofício de cada cônjuge (o que se justifica dado que os proventos resultantes destas atividades ingressam no património comum – art. 1347º, 1º, do Cód. Civil espanhol) – arts. 1362º, 4º, e 1365º, 2º, do Cód. Civil espanhol. Trata-se dos gastos necessários para a exploração da atividade profissional (não sendo necessário que o cônjuge seja o seu titular, bastando ser interessado) mas que não comprometam seriamente a subsistência da sociedade conjugal. Exige-se, além da dívida ser contraída no exercício da administração ordinária, que seja adequada à natureza do negócio ou profissão atendendo à normal diligência de um empresário ou profissional. A regulação das dívidas relativas ao exercício de profissão, arte ou ofício é uma consequência de os rendimentos decorrentes do exercício dessas atividades serem comuns. Visa sobretudo evitar as dificuldades que o cônjuge poderia encontrar ao desenvolvimento da sua atividade, ao limitar a sua solvabilidade face aos credores. Repare-se, porém, que não há uma referência expressa ao exercício do comércio, valendo a referida regulamentação para o exercício profissional de qualquer atividade.
Quanto às dívidas do cônjuge comerciante contraídas no exercício do comércio (art. 1365º, 2º, § 2º, do Cód. Civil espanhol), a Lei de 2 de maio de 1975, que alterou os arts. 6º e 9º do *Código de Comercio*, veio estabelecer que nenhum dos cônjuges necessita de autorização para o exercício do comércio e fixou um regime de responsabilidade relativo aos proventos do comércio (*resultas del comercio*). Os arts. 6º a 12º do *Código de Comercio* contêm o regime patrimonial do comerciante casado. Importa chamar a atenção para o facto de que a regulamentação comercial do *Código de Comercio* está voltada para a comunhão de adquiridos e não para a separação de bens nem para o regime de participação nos adquiridos. De facto, e ainda que os arts. 9º a 11º do *Código de Comercio* regulem o consentimento expresso do cônjuge do comerciante para vinculação dos seus bens próprios, as restantes normas que constituem o núcleo dos arts. 6º a 12º do mesmo código baseiam-se no regime de comunhão ao regularem a responsabilidade e a disposição dos bens comuns (como *gananciales* e não em compropriedade).
Assim, pelas obrigações contraídas pelo cônjuge comerciante no exercício do comércio respondem os bens próprios do cônjuge comerciante (art. 1911º do Cód. Civil espanhol) e os bens adquiridos com os proventos da atividade comercial (seja diretamente seja pela verificação de sub-rogação real

Também o art. 1694º consagra a comunicabilidade das dívidas em função do regime de bens, ou seja, referindo os bens comuns ou os rendimentos comuns está a fazer expressa referência aos regimes de comunhão. Aí se determina, por um lado, que as dívidas que oneram bens comuns responsabilizam ambos os cônjuges; e, por outro lado, que as dívidas que oneram bens próprios são da exclusiva responsabilidade do cônjuge titular desses bens. Quanto às primeiras, o regime é o mesmo quer as dívidas sejam anteriores ou posteriores ao casamento, a fim de evitar que os credores das dívidas anteriores sejam prejudicados nas suas expectativas, pois contariam, naturalmente, com a responsabilidade dos bens por inteiro, para a realização do seu crédito, e não apenas com a agressão ao direito a uma quota ideal desses bens, dado os bens, próprios

desses bens ou direitos, e independentemente do seu ulterior destino). Para que os restantes bens comuns sejam responsáveis é necessário o consentimento de ambos os cônjuges e para responsabilizar os bens próprios do cônjuge do comerciante é necessário o consentimento, expresso e em cada caso, deste (consentimento que, obviamente, só tem reflexos ao nível da responsabilidade dos bens e não no exercício da atividade). Ao prestar tal consentimento os bens próprios do cônjuge do comerciante ficam solidariamente obrigados pela dívida. Pode, porém, manifestar que limita essa responsabilidade a apenas alguns dos seus bens próprios ou que esta será apenas subsidiária.

Para evitar o tratamento diferenciado do comerciante e de outro qualquer profissional, facilita-se a responsabilidade dos bens comuns, presumindo-se outorgado o consentimento pelo cônjuge do comerciante, se o comerciante exerce o comércio com o conhecimento e sem oposição expressa daquele ou quando antes do casamento já o exercia e continuou a exercer sem oposição do outro (arts. 7º e 8º do *Código de Comercio*). Tratando-se de dívida contraída com o consentimento de ambos os cônjuges o *Código de Comercio* não traz qualquer inovação face ao Código Civil, onde pelas dívidas de ambos os cônjuges respondem também os bens comuns (arts. 1367º e 1369º do Cód. Civil espanhol). Aliás, muitas decisões jurisprudenciais limitam-se a resolver as questões colocadas por recurso apenas à lei civil muito embora se trate também de dívidas contraídas no exercício da atividade comercial de um dos cônjuges mas com o consentimento do outro.

Porém, não existindo tal consentimento, por oposição do cônjuge ou revogação do consentimento prestado, os bens comuns apenas respondem nos exatos termos do art. 1373º do Cód. Civil espanhol e na falta de bens próprios do devedor comerciante e dos bens adquiridos com proveitos da atividade comercial. Portanto, o regime do exercício da atividade comercial é mais benéfico para os cônjuges, não protegendo tanto os interesses dos credores, exatamente ao contrário do que acontece entre nós.

Por outro lado, o art. 6º do *Código de Comercio* não determina qual o património que a título definitivo responde pela dívida, pelo que recorrer-se-á à lei civil. Com efeito, dispõem os arts. 1362º, 3º e 4º, e 1365º, 2º, do Cód. Civil espanhol, que as dívidas contraídas no exercício do comércio são dívidas pelas quais o património comum responde diretamente e responde a título definitivo. Ora, isto independentemente de a dívida ser ou não contraída com o consentimento do cônjuge do comerciante. Por isso, a oposição do cônjuge do comerciante, deixa de ter relevo, já que com ela ou sem ela, as dívidas contraídas pelo cônjuge comerciante são sempre um encargo definitivo do património comum.

no momento da contração da dívida, passarem a ser bens comuns em virtude do regime de bens estipulado no casamento.

Pode duvidar-se da necessidade sentida pelo legislador de tutelar assim o interesse destes especiais credores, quando o mesmo receio seria justificável em relação a todas as dívidas pessoais anteriores ao casamento, a todos os credores dos nubentes que casam em comunhão geral e ficam sem bens próprios para garantir as suas dívidas[36]. Julgamos que o regime especial concedido a estas dívidas prende-se com a conexão existente em relação a um determinado bem, ou seja, o bem é a garantia do pagamento da dívida. Parece-nos, contudo, que a garantia dos credores deveria estar não no âmbito da responsabilidade pessoal de ambos os cônjuges, mas no campo da responsabilidade patrimonial. Ou seja, mesmo considerando as dívidas anteriores ao casamento como próprias do cônjuge devedor, os credores podem responsabilizar, além do próprio bem em causa onerado com uma garantia, e não havendo bens próprios, os bens comuns levados para o casamento, nos termos do art. 1696º, nº 2, al. *a*). Além disso, pode também o credor, e na falta destes bens, executar a meação do cônjuge devedor (art. 1696º, nº 1, 2ª parte). O credor terá sempre a possibilidade de executar o bem onerado em causa, além de poder responsabilizar os bens próprios do seu devedor e os bens comuns, nos termos analisados.

A segunda regra, prevista no nº 2 do art. 1694º do nosso Cód. Civil, comporta uma ressalva: o facto de os bens serem próprios não impede, nos regimes de comunhão, que sejam comuns os respetivos rendimentos e, assim, sempre que a dívida, onerando bens próprios, tenha por causa a perceção dos respetivos rendimentos, e estes sejam comuns, ela responsabilizará ambos os cônjuges. Há, portanto, que distinguir se a dívida está relacionada com o bem em si ou com a perceção dos rendimentos desses bens[37].

---

[36] Pereira Coelho/Guilherme de Oliveira, *ob. cit.*, p. 417.
[37] Também o ordenamento jurídico alemão, no regime de comunhão geral, considera que as dívidas que oneram bens próprios e pagas com os respetivos rendimentos são comuns. De facto, os §§ 1440º e 1462º do BGB (*Haftung für Vorbehalts- oder Sondergut*) referem a responsabilidade dos bens reservados ou dos bens próprios, determinando uma outra exceção aos §§ 1437º e 1459º do BGB, dispondo que o património comum não responde pelas dívidas derivadas, no decurso da comunhão, de direitos ou da titularidade de bens pertencentes ao património reservado ou próprio do cônjuge não administrador, ou de qualquer um dos cônjuges no caso da administração conjunta, salvo se se tratar de negócio jurídico de aquisição desses bens praticado pelo cônjuge de maneira independente e com o consentimento do cônjuge administrador (ou do outro cônjuge tratando-se de administração conjunta) ou quando a dívida seja um encargo que onera os bens próprios e seja paga com os respetivos rendimentos. Portanto, no caso de dívidas relativas a bens próprios, o disposto nos §§ 1441º, 2º, e 1463º, 2º, do BGB, não terá aplicação se as dívidas forem pagas com os rendimentos dos respetivos bens (§§ 1442º e 1464º do BGB). O mesmo se aplica se as mesmas dívidas derivarem de um negócio jurídico de aquisição praticado por conta do património comum.

O consentimento não produz efeitos nos termos do art. 1694º, mas pode implicar, nos termos do art. 1691º, nº 1, al. *a*), e art. 1695º, a responsabilidade solidária ou conjunta dos cônjuges, consoante o regime de bens. Ou seja, o cônjuge que se limitou a prestar o consentimento responde também pessoalmente pela dívida, mesmo que a ela não se tenha obrigado.

É fundamentalmente ao nível da responsabilidade patrimonial, e sobretudo no caso de dívidas comuns (art. 1695º do nosso Cód. Civil), que a lei distingue os regimes de comunhão e o de separação.

Estipula o art. 1695º que pelas dívidas comuns respondem, em primeiro lugar, nos regimes de comunhão, os bens comuns, que integram um verdadeiro património coletivo, especialmente afetado à satisfação das necessidades da sociedade conjugal. Na falta ou insuficiência de bens comuns respondem, subsidiariamente, os bens próprios de qualquer dos cônjuges e, vigorando um dos regimes de comunhão, respondem solidariamente, podendo o credor agredir indiferentemente o património próprio de qualquer dos cônjuges[38].

---

[38] No direito italiano, no regime de comunhão legal, pelas dívidas comuns respondem os bens comuns e os cônjuges mas na medida da metade do crédito (art. 190º do Cód. Civil italiano). Por outro lado, no regime de separação de bens cada um dos cônjuges está obrigado ao pagamento solidário da dívida contraída para ocorrer às necessidades da vida familiar, em proporção com a capacidade contributiva de cada cônjuge, de acordo com o regime patrimonial primário. O que conduziria a uma diferença desigual de tratamento dos credores consoante o regime matrimonial (em sentido inverso ao nosso art. 1695º), e que deu origem a divergências doutrinais e jurisprudenciais em Itália.

No ordenamento jurídico espanhol, as dívidas de um dos cônjuges que sejam também dívidas da comunhão responsabilizam também os bens desta solidariamente (arts. 1365º a 1368º do Cód. Civil espanhol). Nas hipóteses do art. 1365º do Cód. Civil espanhol há uma responsabilidade solidária do património comum e do património próprio do cônjuge que contraiu a dívida. Ambos respondem diretamente perante o credor (que pode penhorar também os bens comuns, ainda que, dada a falta de personalidade jurídica da comunhão, a ação deva ser intentada contra o cônjuge devedor): o património próprio do cônjuge porque é este o devedor; o património comum porque se trata de dívida relativa às despesas normais da comunhão. Acresce ainda que, tratando-se de dívida que tenha a sua origem no exercício do poder doméstico, há uma responsabilidade subsidiária do património próprio do outro cônjuge (art. 1319º do Cód. Civil espanhol). Repare-se que esta responsabilidade do outro cônjuge é apenas subsidiária e somente no caso das dívidas relativas aos encargos da vida familiar. Pelas dívidas previstas no art. 1319º do Cód. Civil espanhol (aplicável a qualquer regime de bens) respondem, solidariamente, os bens comuns e os bens próprios do cônjuge que contraiu a dívida e, subsidiariamente, os bens do outro cônjuge. Respondem os bens comuns pois os negócios relativos às necessidades ordinárias da família são negócios relativos aos encargos inerentes à vida familiar (art. 1362º do Cód. Civil espanhol); e respondem os bens próprios do cônjuge que contraiu a dívida pois, face ao credor, é esse o devedor e terá de responder pelas suas obrigações (art. 1911º do Cód. Civil espanhol). Favorece-se, assim, a posição do credor, permitindo-se-lhe executar qualquer um desses bens. A par disso, estabelece-se uma

II. DO REGIME DA RESPONSABILIDADE POR DÍVIDAS NOS DIFERENTES REGIMES DE BENS

Por sua vez, o art. 1696º do Cód. Civil determina os bens que respondem pelas dívidas da exclusiva responsabilidade de um dos cônjuges, válido para todos os regimes de bens, embora especialmente apontado, num dos seus antigos traços essenciais, para os regimes de comunhão. Por essas dívidas respondem, em primeiro lugar, os bens próprios do cônjuge devedor e só subsidiariamente a sua meação nos bens comuns.

Na execução para pagamento de uma dívida própria, a penhora há de recair primeiramente sobre os bens próprios do cônjuge devedor. Só se estes não existirem ou se o seu valor não for suficiente para pagamento da dívida, é que o credor pode penhorar também os bens comuns previstos no nº 2 do art. 1696º, ainda que possa requerer imediata e conjuntamente com os bens próprios a penhora dos referidos bens comuns. Tais bens não deixam de ser comuns e, por isso, se eles responderem por uma dívida própria, haverá uma compensação ao património comum. O que nos leva a entender que se os bens próprios forem suficientes não pode o credor exigir a penhora daqueles bens comuns para satisfazer o seu crédito. É evidente que existência de uma compensação implicará já um relacionamento entre o património próprio do cônjuge devedor e o comum que não afeta a relação com os credores. E a possibilidade de esses bens responderem ao mesmo tempo que os bens próprios do cônjuge devedor representa uma garantia aos credores (com esses bens comuns conseguirão fazer face à insuficiência dos bens próprios). Mas se a dívida é própria e existem bens próprios suficientes para a suportar, a garantia dos credores já é assegurada com

---

responsabilidade subsidiária do outro cônjuge, a quem incumbe também suprir as necessidades familiares. Este, porém, só responderá quando não existam bens comuns ou próprios do outro ou quando tais bens sejam insuficientes para pagar a totalidade da dívida.

Apesar de o art. 1319º do Cód. Civil espanhol se basear no art. 220º do Cód. Civil francês, o regime da responsabilidade é diferente deste. Com efeito, neste estabelece-se a responsabilidade solidária dos cônjuges pelo pagamento da dívida, enquanto o art. 1319º do Cód. Civil espanhol estabelece a solidariedade entre o património comum e o próprio do cônjuge devedor e subsidiariamente a responsabilidade do outro cônjuge. Aliás, a responsabilidade solidária de ambos os cônjuges pelas dívidas relativas aos encargos normais da vida familiar é estipulada em vários ordenamentos jurídicos (art. 220º do Cód. Civil francês, arts. 143º e 186º, al. c), do Cód. Civil italiano, § 1357º do BGB, e arts. 1691º, nº 1, al. b), e 1695º do Cód. Civil português).

Por regra, no direito alemão, no regime de comunhão, pelas dívidas contraídas pelos cônjuges respondem os bens comuns, sendo dívidas da comunhão (*Gesamtgutsverbindlichkeiten*). A regra é a da responsabilidade dos bens comuns, e do cônjuge administrador ou de ambos os cônjuges administradores, pelas dívidas contraídas pelos cônjuges (no decurso da comunhão). Porém, há certas dívidas pelas quais o património comum não responde (§§ 1438º a 1440º e 1460º a 1462º do BGB). Desde que não excluídas por tais normas, as dívidas responsabilizam o património comum e o cônjuge administrador ou, no caso de administração conjunta, ambos os cônjuges.

esses bens sem necessidade de afetar os bens comuns (e a consequente dissolução e necessária liquidação da comunhão)[39].

[39] No direito italiano, pelas dívidas consideradas próprias respondem os bens próprios do cônjuge devedor e, subsidiariamente, a meação deste nos bens comuns ("...*in via sussidiaria sui bene della comunione, fino al valore corrispondente alla quota del coniuge obbligato*" – art. 189º, 2º, do Cód. Civil italiano). A possibilidade de o credor do cônjuge poder penhorar bens comuns, introduzida pela Reforma de 1975, constitui obviamente um reforço da garantia dos credores pessoais do cônjuge, que à garantia geral do art. 2740º do Cód. Civil italiano veem acrescentar a meação do devedor nos bens comuns, não obstante a preferência dada aos credores comuns no art. 189º, 2º, *in fine*, do Cód. Civil italiano (apesar da deficiente competência técnica do legislador na redação do art. 189º, já que os dois parágrafos são idênticos). De facto, se os credores pessoais não pudessem executar a meação do cônjuge devedor, na insuficiência de bens próprios, o regime de comunhão permitiria facilmente ao cônjuge que contraísse dívidas antes do casamento e investisse a soma correspondente, no decurso do casamento, na aquisição de bens que integrassem o património comum, retirar a garantia patrimonial aos credores pessoais.
Pelas dívidas próprias previstas no direito espanhol determina o art. 1373º do Cód. Civil espanhol a responsabilidade do património próprio do cônjuge que contraiu a dívida. Se os bens próprios do devedor não forem suficientes para o pagamento da dívida o credor pode executar os bens comuns. O que não deixa de ser ainda a tradução da regra do art. 1911º do Cód. Civil espanhol, dado que a parte nos bens comuns que cabe ao cônjuge devedor também lhe pertence (ainda que não definida antes da liquidação da comunhão). Repare-se que a execução incide sobre os bens comuns, ainda que limitados à parte que cabe ao devedor no património comum, mas não, de princípio, sobre a meação do cônjuge devedor (situação que só ocorre no caso de liquidação se o outro cônjuge embargar a execução). O que se compreende dado que o património comum constitui um património de mão comum, não sendo possível determinar o que é de cada cônjuge sem a sua liquidação e respetiva partilha. Como no nosso ordenamento jurídico, quando haja penhora de bens comuns sem que o cônjuge não executado se pronuncie na execução nem requeira a separação de bens (v., o art. 1696º, nº 1, do Cód. Civil, e art. 825º do Cód. de Processo Civil), em que a execução prossegue sobre os bens comuns penhorados (e não especificamente sobre a meação do devedor, não implicando, assim, a liquidação e partilha da comunhão), no ordenamento jurídico espanhol é possível o pagamento aos credores pessoais do cônjuge por bens comuns (e não exatamente a meação que cabe ao devedor), sem liquidação da comunhão.
Ora, ao permitir-se a execução sobre os bens comuns, os credores podem executar bens que pertencem a um terceiro à relação obrigacional (o não devedor), obrigando-o a adotar uma posição de alerta, o que torna o preceito legal num instrumento de defesa da integridade patrimonial do cônjuge não devedor por dívidas próprias do cônjuge devedor. De facto, ao pretender executar bens comuns, na falta ou insuficiência dos bens próprios do devedor, será notificado o outro cônjuge que pode exigir a substituição dos bens comuns pela parte que cabe ao cônjuge devedor no património comum (situação em que a execução acarreta a dissolução da comunhão). Neste caso, a execução e penhora recaem sobre os bens que sejam adjudicados ao cônjuge devedor em consequência da liquidação da comunhão (e que passaram a ser seus bens próprios), devendo o tribunal fixar um prazo razoável para a determinação desses bens, sob pena de a execução prosseguir sobre os bens comuns iniciais. Caso não exerça tal faculdade, a execução prossegue sobre os bens comuns penhorados. Pode ainda, apesar de não expressamente referido no art. 1373º do Cód. Civil espanhol, o cônjuge não devedor indicar bens próprios do devedor que possam ser executados (por analogia com o art. 1832º do Cód. Civil espanhol).

Portanto, nos regimes de comunhão a proteção do terceiro credor sai mais favorecida, desde logo pelo facto de o art. 1695º, nº 1, fixar a responsabilidade do património comum pelas dívidas comuns, o que não existe no regime de separação. Por outro lado, a garantia patrimonial dos credores é acrescida dado que os cônjuges respondem solidariamente pelas dívidas comuns. Além disso, a lei prevê uma proteção acrescida nos regimes de comunhão ao credor comercial, como decorre do art. 1691º, nº 1, al. *d*). Porém, como já deixámos claro, não cremos que esta excessiva proteção se justifique atualmente. De facto, o que há a proteger é a família e o seu património e essa proteção pode atingir-se com uma responsabilização do cônjuge que contrai a dívida e, em casos especiais, do património comum ou do outro cônjuge.

De referir ainda que, no caso de dívidas próprias, o credor tem também uma garantia acrescida no caso de vigorar o regime de comunhão, dado que, existindo um património comum, além dos patrimónios próprios dos cônjuges podem os credores executar a meação do cônjuge devedor nos bens comuns (art. 1696º).

3. A responsabilidade por dívidas no regime de separação de bens

A separação de patrimónios, que caracteriza o regime de separação, tem nas dívidas comerciais o máximo do seu significado. A al. *d*) do nº 1 do art. 1691º afasta expressamente do seu campo de aplicação o regime de separação de bens. A atividade comercial exercida por qualquer dos cônjuges, casado em regime de separação de bens, não aproveita forçosamente ao outro, nem legalmente responsabiliza os seus bens. Se é certo que mesmo no regime de separação de bens é possível ao credor provar, p. ex., face à al. *c*) do nº 1 do art. 1691º, que determinada dívida foi contraída em proveito comum do casal para o efeito de fazer responder ambos os cônjuges, já não poderá sustentar-se existir uma presunção de proveito comum quando se trate de dívidas contraídas por qualquer um dos cônjuges no exercício do comércio. É a tradução da ideia de que os cônjuges são estranhos um ao outro, do ponto de vista patrimonial.

Assim, segue a lei o entendimento de que pertencendo um dado estabelecimento comercial a um dos cônjuges casado em regime de separação de bens, a dívida praticada no exercício do comércio ou gestão desse estabelecimento será apenas para benefício do próprio bem e do seu dono, não havendo, à partida, hipótese de proveito comum mesmo que o casal viva desse estabelecimento. O que, no nosso entendimento, não obsta a que o credor venha provar que a dívida contraída, mesmo no regime de separação de bens e no exercício do comércio, se destinou a satisfazer os encargos normais da vida familiar ou foi contraída pelo cônjuge administrador em proveito comum, para efeitos de responsabilização de ambos os cônjuges, nos termos do art. 1691º, nº 1, als. *b*) e/ou *c*). A possibilidade de responsabilizar o outro cônjuge casado em regime de separação de bens, nos termos das als. *b)* e/ou *c)* do nº 1 do art. 1691º, mesmo pelas dívidas previstas e excluídas pela al. *d)* no regime de separação, dependerá sempre do caso concreto.

O que não se percebe é o privilégio concedido ao comércio nos regimes de comunhão, tanto mais que nenhuma outra profissão goza do mesmo benefício. A que acresce ainda a dissintonia com as regras do Direito das Sociedades. Ou seja, não podem ambos os cônjuges, que constituíram uma sociedade entre si, assumir responsabilidade ilimitada (art. 1714º, nº 3, do Cód. Civil, e art. 8º do Cód. das Sociedades Comerciais), mas podem, se não constituírem uma sociedade, aliarem-se na exploração de um estabelecimento comercial. E pelas dívidas daí resultantes já responde ilimitadamente cada um dos cônjuges se ambos o explorarem, de acordo com as regras gerais (no regime de separação) ou mesmo o património comum (nos regimes de comunhão – art. 1691º, nº 1, al. *d*))[40].

Por seu lado, o art. 1694º, nº 1, utiliza a expressão "bens comuns". Pode questionar-se se se refere aos bens comuns em sentido rigoroso, ou seja, como os bens que integram o património comum nos regimes de comunhão. Admitindo que a intenção do legislador foi proteger os credores que têm uma garantia sobre um dado bem (estendendo essa garantia sobre um dado bem à responsabilidade sobre todos os bens comuns), será de incluir nessa hipótese os bens de ambos os cônjuges mesmo em compropriedade, abrangendo, assim, os bens que ambos adquiriram antes do casamento e que estavam onerados com uma dívida e os

---

[40] No ordenamento jurídico francês, o art. 22º-1 da Lei nº 91-650, de 9 de julho de 1991 (introduzido pelo art. 47º-III da Lei nº 94-126, de 11 de fevereiro de 1994, a chamada lei *Madelin*), a propósito dos comerciantes em nome individual, concede ao devedor empresário em nome individual, no caso de uma dívida contratual relativa à sua atividade profissional, a possibilidade de orientar o *droit de poursuite* dos credores, ou seja, pode pretender que a execução recaia prioritariamente sobre os bens necessários à exploração da empresa (desde que o seu valor seja suficiente para garantir o pagamento do crédito, o credor não pode opor-se a esta exigência do seu devedor, salvo intenção danosa). Ora, se o empresário devedor estiver casado em regime de comunhão, dado a referida lei não fazer qualquer distinção, pode exigir o pagamento dos seus créditos profissionais sobre os bens profissionais, independentemente da sua natureza de bens próprios ou comuns (salvo havendo fraude, prevista no art. 1413º do Cód. Civil francês, e sem prejuízo de uma eventual compensação).
Porém, e mesmo no regime de separação de bens, o exercício por um dos cônjuges de uma atividade profissional, comercial ou agrícola, e a colaboração do outro cônjuge nessa atividade, implica a possibilidade de os terceiros de boa fé se fundarem nesta aparência de comercialidade para responsabilizar ambos os cônjuges pelas dívidas contraídas no exercício dessa profissão. Ou seja, a jurisprudência entende que há uma presunção, assente nesta aparência de comercialidade, de que há uma exploração comum pelos cônjuges e, assim, ambos devem responder pelas dívidas assim contraídas. Jacques Leroy, "Perspetives sur le devenir du régime de la séparation de biens", *RTDC*, 1983, pp. 41 e 42, acrescenta que, a propósito do regime de separação de bens, há formas de proteger o credor que contrai uma dívida com um dos cônjuges, além de exigir a vinculação do outro: o mandato tácito ou aparente, a gestão de negócios ou o enriquecimento sem causa. São meios de permitir uma participação do outro cônjuge na dívida e, assim, responsabilizar também os bens deste.

II. DO REGIME DA RESPONSABILIDADE POR DÍVIDAS NOS DIFERENTES REGIMES DE BENS

bens adquiridos pelos cônjuges casados em regime de separação de bens? E as situações de compropriedade: enquadram-se no nº 1 ou no nº 2 do art. 1694º?

Pense-se o caso, muito frequente na vida de um casal, de aquisição, por recurso a empréstimo bancário com hipoteca, de um imóvel antes do casamento por ambos os nubentes e que constituirá a casa de morada da família. Independentemente de a dívida de pagamento das prestações poder ser comum por recurso ao art. 1691º, nº 1, als. *a*) e *b*), parece-nos ser de incluir esta hipótese no art. 1694º, dado que se trata de dívida que onera um bem pertencente a ambos os cônjuges. A dúvida reside em saber se no seu nº 1 ou no nº 2. Parece-nos que ao falar em bens comuns o legislador quis reportar-se ao património comum, pelo que o bem em compropriedade é um bem próprio de cada um dos cônjuges. Sendo assim, a posição do credor, que o legislador procurou acautelar, varia consoante a contração da dívida foi um dia antes ou um dia depois do casamento celebrado no regime supletivo de comunhão de adquiridos, sendo a matéria de facto a mesma. Se foi antes do casamento a dívida onerará um bem próprio de ambos os cônjuges, pelo que responde pela mesma, além do bem onerado com a hipoteca, os bens próprios de ambos os cônjuges comproprietários do bem, conjunta ou solidariamente, conforme se obrigaram, nos termos dos arts. 1694º, nº 2, e 1696º, nº 1. Se foi depois do casamento, pode o credor, demonstrando a comunicabilidade da dívida, executar a totalidade dos bens comuns e solidariamente os bens próprios dos cônjuges. Tem neste último caso uma garantia acrescida dado que pode executar todos os bens comuns (arts. 1694º, nº 1, e 1695º, nº 1).

Parece-nos uma desigualdade de tratamento que não se justifica. Aliás, a proteção conferida a estes credores, não tem grande justificação, melhor sendo permitir ao credor executar o bem onerado, e que constitui a sua garantia, e os bens próprios do seu(s) devedor(es), que podem ser ambos os cônjuges se conjunta ou solidariamente assumiram a dívida (como quaisquer outras pessoas podem contrair dívidas conjunta ou solidariamente), e sem prejuízo das eventuais compensações ou créditos entre cônjuges que possam surgir[41]. Além disso, será essa a situação existente na prática. Com efeito, tendo um credor uma garantia sobre um bem e que constitui título executivo, podendo imediatamente executar a garantia, além de exigir o pagamento aos seus devedores (os cônjuges), subsidiariamente, não tem sentido que opte por intentar uma ação declarativa, com o objetivo de demonstrar a comunicabilidade da dívida, e só depois executar os bens comuns, incluindo, se for o caso, o bem hipotecado. Além de mais moroso é também processualmente mais dispendioso a nível de custas judiciais. O que nada interessa ao credor! O que, à partida, poderia beneficiar o credor, permi-

---

[41] Além de, provando-se o proveito comum ou a despesa da vida familiar, a dívida poder ser comum por força do art. 1691º, nº 1, als. *b*) e/ou *c*).

tindo-lhe uma maior garantia do que aquela que teria se a dívida não fosse contraída por cônjuges, já que pela dívida podiam responder os bens comuns, revela-se, na prática, sem grandes resultados.

Quanto à responsabilidade patrimonial, pelas dívidas consideradas comuns, respondem ambos os cônjuges, mas a responsabilidade dos bens próprios dos cônjuges não é solidária, a menos que, voluntariamente, se tenham obrigado como devedores solidários. A responsabilidade é, por isso, neste regime, parciária[42], de acordo, aliás, com a regra geral do art. 513º. Assim, cada um dos cônjuges responde apenas pela parte da dívida que lhe compete ou pela parte do remanescente dela que lhe toque, na hipótese de uma parte da obrigação ter sido paga por bens de que ambos fossem contitulares. O art. 1695º, nº 2, traduz a maior autonomia patrimonial entre os cônjuges casados em regime de separação de bens. De referir que, no regime de separação, a lei não tem, especialmente, em consideração os bens dos cônjuges em compropriedade, ou seja, o credor pode exigir conjuntamente o pagamento da dívida aos cônjuges sejam os bens próprios ou, apesar de próprios, possuídos em compropriedade, não fixando qualquer prioridade destes em relação àqueles (o que também não fazia sentido, dado não se tratar de um património comum, de afetação especial, que responderia pelas dívidas comuns, como acontece nos regimes de comunhão).

A ideia da comunicabilidade da dívida (responsabilizando ambos os cônjuges) tem subjacente o facto de a mesma beneficiar ou poder beneficiar ambos os cônjuges e, com a comunicabilidade, proteger o credor que em vez de um só devedor tem dois. Acontece que no regime de separação de bens, sendo a dívida comum, não só respondem os cônjuges conjuntamente como o credor pode não obter o pagamento integral do seu crédito se um dos cônjuges não tiver bens. Ou seja, os interesses dos credores não foram particularmente considerados, ao contrário do que acontece nos regimes de comunhão, sendo de aplicar a regra geral da conjunção, e apenas essa responsabilidade parciária, não existindo responsabilidade pessoal e integral do cônjuge que contraiu a dívida.

De facto, sendo a dívida contraída por apenas um dos cônjuges, mas da responsabilidade comum, nem o património do cônjuge que contraiu a dívida pode

---

[42] Como se sabe, diz-se conjunta a obrigação plural cuja prestação é fixada globalmente, mas a que a cada um dos sujeitos compete apenas uma parte do débito ou do crédito comum. Alguns autores preferem, sendo mais correta, a designação "obrigações parciárias". Assim, as obrigações plurais dividir-se-ão em obrigações conjuntas e disjuntas. As obrigações conjuntas, por seu lado, subdividem-se em obrigações parciárias e em obrigações solidárias (v., Manuel Andrade, *Teoria Geral das Obrigações*, com colaboração de Rui de Alarcão, 3ª ed., Coimbra, Almedina, 1966, pp. 110-112, e Nuno Manuel Pinto Oliveira, *Direito das Obrigações*, vol. I, Coimbra, Almedina, 2005, pp. 110 e 111).
Quando, no texto, nos referimos a obrigações conjuntas é no sentido, por ser mais generalizado, de obrigações parciárias.

o credor executar na totalidade, afastando-se aqui da regra geral da garantia das obrigações (art. 601º).

Entendemos que nada justifica o afastamento do regime geral em matéria de responsabilidade patrimonial. O cônjuge que contrai a dívida deveria responder na totalidade por ela. O credor está em pior posição sendo a dívida comum do que se ela fosse própria do cônjuge que a contraiu. Assim, deveria ser estabelecido o regime da conjunção, sem prejuízo de, e sobretudo no caso de falta de bens de um dos cônjuges, e tratando-se de dívida contraída por apenas um deles mas que a ambos os cônjuges responsabiliza, responder pela totalidade o cônjuge que a contraiu, surgindo um crédito face ao outro. Aliás, a lei não impede isso. Com efeito, o art. 1695º, nº 2, apenas refere que "a responsabilidade dos cônjuges não é solidária". Significa isto que se não há solidariedade pode haver conjunção, mas não parece afastar-se a responsabilidade integral do cônjuge que celebra o negócio. De facto, quem contrai as dívidas é o cônjuge (aliás, em qualquer regime de bens), assumindo uma responsabilidade pessoal. O obrigado é sempre o cônjuge que contrai a dívida[43].

---

[43] Como acontece em Itália, relativamente ao art. 190º do Cód. Civil italiano no âmbito do regime de comunhão, onde se entende que a responsabilidade do cônjuge que contrai a dívida é integral, enquanto a do outro é restrita a metade do valor. No regime de separação de bens, as dívidas contraídas pelos cônjuges durante o casamento são próprias. De facto, existindo só bens próprios (em relação aos quais o seu titular tem a administração e livre disposição) também só existem dívidas próprias, de acordo com o princípio do art. 1372º do Cód. Civil italiano e com a regra da responsabilidade patrimonial do art. 2740º do mesmo código. Mas, sem prejuízo da solidariedade entre os cônjuges pelo dever de contribuição – art. 143º do Cód. Civil italiano – e no interesse da família.

E o mesmo se diga dos ordenamentos jurídicos francês (onde o património próprio do cônjuge devedor responde nos termos gerais (art. 1536º do Cód. Civil francês), além da responsabilidade solidária prevista no art. 220º do Cód. Civil francês) e espanhol (art. 1369º do Cód. Civil espanhol, para o regime de comunhão legal, e art. 1440º do mesmo código para os regimes de separação e participação nos adquiridos, além do art. 1911º do Cód. Civil espanhol, como regra geral). No regime de separação de bens, regulado no direito espanhol nos arts. 1435º a 1444º do Cód. Civil espanhol, existindo patrimónios próprios e independentes dos cônjuges, as dívidas contraídas por cada um dos cônjuges são da sua exclusiva responsabilidade e do seu património próprio (art. 1440º do Cód. Civil espanhol), salvo se os próprios cônjuges se obrigaram conjunta ou solidariamente pela dívida. Apenas se ressalva as dívidas contraídas no exercício ordinário do governo doméstico, pelas quais respondem ambos os cônjuges nos termos dos arts. 1319º e 1438º do Cód. Civil espanhol. Assim, face a terceiros credores respondem os cônjuges de acordo com o art. 1319º do Cód. Civil espanhol, ou seja, responsabilidade principal do cônjuge contraente e subsidiária do outro cônjuge, dado não haver no regime de separação um património comum e a lei não se referir aos bens adquiridos em compropriedade pelos cônjuges. Idêntico regime prevê o art. 220º do Cód. Civil francês (ainda que com responsabilidade solidária dos cônjuges), o art. 143º, 3º, do Cód. Civil italiano, e o § 1357º do BGB. Entre os cônjuges a repartição da responsabilidade pela dívida deve efetuar-se, nos termos do art. 1438º do Cód. Civil espanhol, e, na falta de acordo, na proporção dos recursos económicos de cada cônjuge para a con-

Repare-se, porém, que aquela autonomia patrimonial dos cônjuges casados em separação de bens acaba por ser afetada em virtude da própria comunhão de vida que o casamento implica[44]. Em todo o caso, o escopo do legislador, ao redigir o nº 2 do art. 1695º, foi traduzir a independência e autonomia patrimoniais patentes no regime de separação de bens.

Neste regime de bens, como podemos constatar, a proteção do terceiro não está tão salvaguardada quanto nos regimes de comunhão, aproximando-se mais do regime geral do Direito comum. Em todo o caso, também neste regime há certas dívidas que, consideradas comuns, apesar de contraídas por um dos cônjuges, a ambos responsabilizam. Enquanto os regimes de comunhão podem propiciar deslocações patrimoniais entre os patrimónios comum e próprios dos cônjuges pelo pagamento de dívidas (gerando as compensações no final do regime), no regime de separação podem ocorrer transferências patrimoniais entre os patrimónios dos cônjuges para fugir aos credores comuns (dado o regime previsto no art. 1695º, nº 2). Ou seja, como os cônjuges respondem apenas por metade, poderá um deles transferir a totalidade do seu património para o outro cônjuge respondendo depois apenas por metade da dívida face ao credor. Mas, além de dever ter-se em consideração o ainda existente princípio da imutabilidade, não pode isso significar um maior prejuízo aos credores. De facto, os credores podem sempre recorrer aos meios gerais (se fraudulentamente um cônjuge passar os seus bens para o outro) ou podem exigir previamente uma responsabilização solidária.

O regime de separação, por ser mais simples, favorece as relações patrimoniais entre os cônjuges e terceiros e assegura a igualdade jurídica entre os cônjuges numa altura em que a autonomia e a independência recíprocas dos cônjuges assumem cada vez mais um maior papel.

4. A regulamentação legal portuguesa e o direito comparado

O que aqui se pretende é apontar as vantagens ou inconvenientes de cada um dos regimes de bens referidos do ponto de vista da responsabilidade por dívidas dos cônjuges e interesses de terceiros credores.

---

tribuição dos encargos familiares. Se foi o património próprio de um dos cônjuges que suportou a dívida integralmente terá direito de regresso contra o outro pela parte que lhe corresponda.

No direito alemão, o § 1414º do BGB dispõe que uma vez dissolvido ou afastado o regime legal, é a separação de bens que passa a vigorar, salvo se outra coisa resultar da convenção matrimonial. Neste regime apenas existem bens próprios (e em compropriedade). De igual modo, cada um dos cônjuges é o único responsável pelas suas dívidas, salvo se se tratar de ocorrer às necessidades familiares, dívidas pelas quais ambos os cônjuges respondem nos termos do § 1357º do BGB ou, se ambos se obrigaram pela dívida, nos termos gerais.

[44] Pense-se, nomeadamente, no âmbito do Direito Bancário, a existência de contas bancárias solidárias e conjuntas e a promiscuidade patrimonial daí resultante.

II. DO REGIME DA RESPONSABILIDADE POR DÍVIDAS NOS DIFERENTES REGIMES DE BENS

Em termos gerais, e seguindo Pereira Coelho e Guilherme de Oliveira, pode dizer-se que o regime de separação beneficia de uma maior simplicidade, assegurando, pelo menos formalmente, uma igualdade entre os cônjuges[45]. Por seu lado, o regime de comunhão de adquiridos tem a vantagem de fazer participar ambos os cônjuges nos bens adquiridos depois do casamento, dando ao cônjuge (habitualmente a mulher) que se dedica à atividade doméstica, não remunerada, a parte que lhe cabe nos ganhos e economias do outro (o marido), correspondendo ao ideal de comunhão dos cônjuges no plano patrimonial. A comunicação dos rendimentos dos bens próprios e das aquisições a título oneroso feitas no decurso do casamento constitui uma justa e proporcionada participação dos dois cônjuges nos resultados dos seus esforços comuns e da colaboração material e moral que mutuamente prestam[46].

---

[45] Pereira Coelho/Guiherme de Oliveira, *ob. cit.*, pp. 481-483. Por seu lado, Antunes Varela, *Direito da Família*, 5ª ed., Lisboa, Livraria Petrony, 1999, p. 453, defende que a comunhão de adquiridos é um regime mais defensável do que o de separação de bens, "que não corresponde ao espírito comunitário do casamento, não tem raízes nos sentimentos do povo, e constitui, além disso, o regime em que o cônjuge menos escrupuloso mais facilmente pode defraudar o seu consorte". Contra, Leite de Campos, *ob. cit.*, pp. 379 e 380, que considera possível uma completa comunhão de vida entre os cônjuges, mas sem que implique relações jurídicas patrimoniais diferentes daquelas que se estabelecem entre duas pessoas estranhas. Defende que o regime de separação de bens coaduna-se melhor com a independência profissional e patrimonial dos cônjuges. E tal regime de separação pode, na prática, ser transformado num regime de comunhão pelo entendimento entre os cônjuges. Pelo contrário, os regimes de comunhão não só não contribuem para o bom entendimento entre os cônjuges como agravam as consequências indesejáveis no caso de desentendimento. Sugere mesmo o afastamento do regime de comunhão e a eliminação dos bens comuns como forma de resolver os problemas que surgem em resultado das regras de administração comum (p. 424) e da necessidade do consentimento de ambos os cônjuges para a disposição dos bens comuns (p. 413). De facto, um desentendimento pessoal reflete-se no aspeto patrimonial, tornando impossível o acordo dos cônjuges para a administração e disposição dos bens e, em consequência, paralisando a vida económica do casal. Também Pamplona Corte-Real, *Direito da Família e das Sucessões. Relatório*, Suplemento da Revista da Faculdade de Direito de Lisboa, Lisboa, Lex, 1995, p. 113, nota 224, pronuncia-se a favor do regime de separação de bens como futuro regime supletivo.

Grimaldi, *et allii*, *Droit patrimonial de la famille*, Paris, Dalloz, 1998, p. 283, escreve que o regime de separação corresponde à preocupação dos cônjuges que exercem atividades profissionais independentes, a maior parte das vezes associadas a um risco de passivo. Pelo contrário, pode implicar desvantagens para o cônjuge que se dedica ao lar e não trabalha fora, dado não haver a participação nos enriquecimentos do outro cônjuge (referindo as mesmas desvantagens, v., Lledó Yagüe, *et allii*, *Compendio de Derecho Civil. Familia*, Madrid, Dykinson, 2004, pp. 277 e 278). Por isso, a jurisprudência, sobretudo em casos de divórcio, tem tentado encontrar corretivos a esta total independência (p. ex., indemnizações compensatórias, existência de sociedade de facto ou recurso ao instituto do enriquecimento sem causa). V. também, Henri Mazeaud, *et allii*, *Leçons de Droit Civil. Régimes matrimoniaux*, vol. I, tomo IV, 5ª ed., Paris, Montchrestien, 1982, pp. 584-587.

[46] Braga da Cruz, "O problema do regime matrimonial de bens supletivo...", *loc. cit.*, p. 196. V., por outro lado, as críticas apontadas ao atual regime supletivo de comunhão de adquiridos por Esperança

Por outro lado, e como já referimos, não há propriamente um regime puro de comunhão ou de separação, assistindo-se à penetração de ideias separatistas nos regimes de comunhão e de ideias comunitárias no regime de separação. Nos regimes de comunhão os patrimónios próprios dos cônjuges aumentam em detrimento do património comum, assumindo ambos os cônjuges iguais poderes de administração; na separação de bens prevê-se uma contribuição proporcional dos cônjuges para os encargos do casal, bem como restrições aos poderes do proprietário da casa de morada da família e a comunicabilidade de algumas dívidas, além de que a celebração de certos negócios entre os cônjuges, as aquisições em compropriedade ou a abertura de contas bancárias implicam alguma confusão patrimonial[47]. São estas aproximações entre os dois regimes que levam algumas

---

Pereira Mealha, *ob. cit.*, pp. 23-25, sendo de destacar o modo de constituição do património comum, as limitações ao poder de disposição dos bens e as ilegitimidades conjugais.
Foi alegando esta filosofia subjacente ao regime de comunhão de adquiridos – de que o património comum deve ser composto por bens adquiridos em resultado do esforço conjugado de ambos os cônjuges, sob pena de permitir um enriquecimento injustificado de um cônjuge face ao outro – que o ac. da RL, de 09.01.2001 (*RLJ*, ano 133º, 2001, p. 348, e *Col. Jurisp.*, tomo I, 2001, p. 76), excluiu da comunicabilidade o bem imóvel que a mulher adquiriu por sorteio (aquisição a título oneroso ainda que através de negócio aleatório), decorrente de compras num supermercado realizadas com dinheiro da mãe desta, no decurso da separação de facto do seu marido, com quem estava casada em regime de comunhão de adquiridos, e que deixou de contribuir para as despesas domésticas. Em todo o caso, convém referir que, e uma vez que a questão se discutia para efeitos de partilha do casal, ainda que a solução seja justa, deveria ter assentado na possibilidade de fazer retroagir os efeitos do divórcio à data em que cessou a coabitação dos cônjuges (art. 1789º, nº 2) ou no regime da sub-rogação dos bens próprios (o dinheiro da mãe) nos termos do art. 1723º, al. *c*). De facto, e como refere Guilherme de Oliveira, "Bem adquirido num sorteio; comunhão de adquiridos, separação de facto e divórcio – anotação ao ac. da RL, de 9 de janeiro de 2000", *RLJ*, ano 133º, 2002, p. 351 (que sugere também o recurso ao abuso de direito), os requisitos de prova da referida al. *c*) devem considerar-se preenchidos, dado haver negócios em que seria desproposidado fazer tais exigências: seria o caso da venda e compra em sessão da Bolsa de uma carteira de títulos que nasça como bem próprio do titular ou da introdução dos boletins na tômbola do sorteio na caixa do supermercado. Além disso, e pelo menos para efeitos de compensações, sempre se admite a referida prova da proveniência dos valores entre os cônjuges, não estando em causa interesses de terceiros.
[47] Também A. Colomer, *Droit Civil. Régimes matrimoniaux*, 10ª ed., Paris, Litec, 2000, p. 542, refere que, atendendo a tal "confusão", a independência e a simplicidade do regime de separação evaporam-se. É a essa penetração de ideias "comunitárias" no regime de separação que se refere Farafina L. Boussougou-Bou-Mbine, *La pénétration des idées communautaires dans les régimes séparatistes*, Paris, LGDJ, 1999, passim. Chama, nomeadamente, a atenção o autor à questão de haver uma comunhão de interesses dos cônjuges casados em separação de bens, traduzida na aquisição em comum de certos bens (sobretudo, a casa de morada da família e os bens que integram o seu recheio), na presunção de compropriedade do art. 1538º, 3º, do Cód. Civil francês, na existência de dívidas que responsabilizam solidariamente os cônjuges (art. 220º do Cód. Civil francês), na concessão de mandato entre

legislações a tentar combinar os dois, como acontece com o regime de participação nos adquiridos. O objetivo é fazer com que ambos os cônjuges participem, de forma justa, no valor dos bens adquiridos ao longo do casamento.

Por seu lado, nos países anglo-saxónicos e nos países nórdicos o regime legal, evitando os inconvenientes dos regimes de comunhão e os cálculos do regime de participação nos adquiridos, é o de separação de bens[48]. De facto, os regimes

---

os cônjuges para administração dos seus bens próprios, na necessidade de liquidação do próprio regime de separação, etc.

[48] Só com os *Married women's property Acts* de 1882 e 1883, o *Bankruptcy Act* de 1914, o *Trustee Act* e o *Law of property Act* de 1925, passou a vigorar na Inglaterra entre os cônjuges a separação de bens (ainda que, como afirma Mary Ann Glendon, *The Transformation of Family Law. State, Law, and Family in the United States and Western Europe*, Chicago/London, The University of Chicago Press, 1989, p. 124, os países da *common law* não tenham um termo específico para as suas regras reguladoras das relações patrimoniais entre os cônjuges). Até aí todos os bens da mulher passavam a ser, com o casamento, propriedade do marido *("(...) husband and wife became legally one – (...) the husband was that one"* – S.M. Cretney/J.M. Masson/R. Bailey-Harris, *Principles of Family Law*, 7ª ed., London, Sweet & Maxwell, 2003, p. 103, e Stephen Cretney, *Family Law in the Twentieth Century. A History*, Oxford, University Press, 2003, p. 91). V., para uma análise da evolução histórica no direito inglês, com a progressiva separação dos patrimónios dos cônjuges e autonomia da mulher, Bromley, *Family Law*, 2ª ed., London, Butterworths, 1962, pp. 401-413. Em todo o caso, o legislador inglês tentou evitar algumas injustiças que podiam resultar de uma completa separação de patrimónios. Assim, pelo *Married Women's Property Act* de 1964 determinou uma presunção de compropriedade em partes iguais em relação a certos bens (bens adquiridos graças às economias resultantes das somas destinadas às despesas do lar). O *Matrimonial Homes Act* de 1967 exigiu autorização do tribunal para que o cônjuge proprietário da casa de morada da família possa expulsar o outro dela. O *Matrimonial Proceedings and Property Act* de 1970 regulou o direito resultante para um cônjuge dos melhoramentos que efetuou nos bens do outro. Com uma análise aprofundada das alterações legislativas no direito inglês tendentes a uma maior justiça depois do estabelecimento do princípio da separação de bens, v., Stephen Cretney, *ob. cit.*, pp. 98-141. Esta preocupação pela correção das regras do regime puro de separação dos países da *common law* implica, portanto, que, não obstante o regime de bens e a titularidade dos mesmos, o tribunal, em caso de dissolução do casamento, tem poderes para partilhar os bens adquiridos ao longo do casamento de acordo com certos critérios e objetivos, com vista a um justo resultado (v., S.M. Cretney/J.M. Masson/R. Bailey-Harris, *ob. cit.*, p. 105, e Section 25 do *Matrimonial Causes Act* de 1973). Daí o recurso às teorias do *resulting trust* (quando há uma contribuição direta de um dos cônjuges na aquisição de um bem titulado exclusivamente pelo outro cônjuge, será atribuída àquele uma parte no bem, proporcional à sua contribuição, deduzindo-se das circunstâncias a existência de um acordo dos cônjuges de comunhão de bens, procedendo-se, dessa forma, à divisão dos bens adquiridos), *implied trust* (quando a participação de um cônjuge nos bens do outro decorre da existência de acordo tácito) ou do *constructive trust* (quando se trate de acordos supostos pelo juiz com objetivos de equidade, independentemente de se deduzir tal intenção da conduta das partes). Pode mesmo acontecer, por recurso à equidade, que a responsabilidade de um dos cônjuges seja afastada. De facto, e sobretudo estando em causa a aquisição da casa de morada da família, os cônjuges são chamados a assumir ambos a dívida resultante de empréstimo bancário. Várias decisões

comunitários e de participação nos adquiridos implicam sempre questões de valorização de bens e direitos, dada a existência de patrimónios próprios e de património comum e a sua constante comunicação, ainda que mais acentuadas no regime da *Zugewinngemeinschaft*[49].

Pelo contrário, a reforma do direito italiano em 1975 substituiu o regime de separação como regime supletivo pelo de comunhão, permitindo, dessa forma, a proteção do cônjuge mais débil e o reconhecimento do trabalho doméstico da mulher – traduzidos na participação igualitária no património comum e na administração dos bens[50]. Além disso, e como escreve Mª Rita Lobo Xavier, em alguns estados dos E.U.A. a regra da *common law*, segundo a qual, em caso de divórcio, os patrimónios dos cônjuges seriam divididos de acordo com os respetivos títulos de aquisição, foi substituída pelo sistema de *Community Property*[51], onde existe uma divisão igualitária do património adquirido depois do casamento por qualquer um dos cônjuges[52]. Noutros estados optou-se pelo sistema da *equitable distribution*, onde, em caso de divórcio, o tribunal pode distribuir equitativamente entre os cônjuges os bens adquiridos durante o casamento, independentemente de o respetivo título de aquisição dizer respeito a apenas um deles (o que provocou o aumento dos acordos antenupciais para evitar a incerteza de uma divisão operada no final do casamento pelos critérios do juiz)[53].

---

jurisprudenciais de tribunais ingleses abordaram a possibilidade de proteger o cônjuge que foi influenciado pelo outro a corresponder pela dívida, de forma a afastá-lo da responsabilidade pela mesma (v., S.M. Cretney/J.M. Masson/R. Bailey-Harris, *ob. cit.*, pp. 151-156). Também Martin Guggenheim, "Family Law", *in* AAVV, *Fundamentals of American Law*, sob a direção de Alan B. Morrison, New York University School of Law, Oxford University Press, 1996, p. 423, nota a preocupação de vários estados americanos numa distribuição mais justa dos bens adquiridos no decurso do casamento, independentemente da propriedade dos mesmos bens.

[49] Pamplona Corte-Real, *ob. cit.*, p. 89.

[50] A. Finocchiaro/M. Finocchiaro, *Riforma del diritto di famiglia (commentario sistematico alla legge 19 maggio 1975, Nº 151)*, vol. I, Milano, Giuffrè Editore, 1975, p. 448, Rodolfo Sacco, "Regime patrimoniale della famiglia", *in* AAVV, *Commentario alla riforma del diritto di famiglia*, sob a direção de Carraro/Oppo/Trabucchi, vol. I, tomo I, Padova, Cedam, 1977, p. 320, e "Del regime patrimoniale della famiglia", *in* AAVV, *Commentario al diritto italiano della famiglia*, sob a direção de Cian/Oppo/Trabucchi, vol. III, Padova, Cedam, 1992, pp. 9 e 10, e A. Galasso, *Regime patrimoniale della famiglia. Commentario del Codice Civile Scialoja-Branca*, sob a direção de Francesco Galgano, tomo I, Bologna, Zanichelli Editore, 2003, p. 1.

[51] Em todo o caso, as correções de tipo comunitário ao regime separatista podem representar alguns perigos para a liberdade individual dos cônjuges.

[52] Mª Rita A. G. Lobo Xavier, *ob. cit.*, pp. 449-452.

[53] Acordos esses que muitas vezes os juízes ignoram, continuando a distribuir o património adquirido segundo critérios de equidade. Foi para resolver a incerteza quanto à validade e eficácia dos contratos antenupciais, cuja celebração era cada vez mais frequente, que foi elaborado o *Uniform Premarital Agreement Act* em 1983.

II. DO REGIME DA RESPONSABILIDADE POR DÍVIDAS NOS DIFERENTES REGIMES DE BENS

A necessidade de proteção do cônjuge que fica no lar (pela participação nos adquiridos no fim do casamento) não se justifica como há uns anos atrás. De qualquer forma, pode ainda haver necessidade de conceder alguma proteção em alguns casos. Mas tal proteção não implica uma participação nos bens adquiridos ao longo do casamento, podendo passar pela compensação a fixar por contribuição para os encargos da vida familiar além daquilo a que estava obrigado[54]. Como entende Mª Pilar Alvarez Olalla, cabe ao sistema jurídico evitar que a debilidade de um cônjuge face ao outro se produza, adotando as medidas necessárias para se alcançar uma igualdade no processo educativo e de formação de ambos os sexos, para fomentar o emprego e o livre acesso de ambos os cônjuges ao mundo laboral[55]. Se, efetivamente, o enriquecimento de um cônjuge se verificar à custa

---

[54] Beitzke/Lüderitz, *Familienrecht*, 26ª ed., München, C. H. Beck, 1992, p. 107, apontam como principais desvantagens do regime de separação de bens o facto de o cônjuge que não aufere quaisquer rendimentos não participar nos bens adquiridos pelo outro cônjuge para cuja aquisição também contribuiu e o de não haver limitações à disposição dos bens utilizados no lar. Afirmam, todavia, que a comunhão de bens não é necessária para a proteção da vida matrimonial comum, bastando prever meios, nomeadamente, de evitar as livres disposições dos bens fundamentais como o recheio da casa de morada da família ou realizando certos contratos entre os cônjuges para prevenir a situação do mais desfavorecido (p. ex., seguros de vida, contratos sucessórios, testamento, doações, etc. A jurisprudência alemã recorre também à constituição de uma sociedade entre os cônjuges para regular as suas relações no momento da dissolução do regime de separação e para proteger o cônjuge desfavorecido) (pp. 150 e 151).

[55] Mª Pilar Alvarez Olalla, *Responsabilidad Patrimonial en el Régimen de Separación de Bienes*, Pamplona, Aranzadi, 1996, pp. 31 e 32. Consideram também Gabrielli/Cubeddu, *Il regime patrimoniali dei coniugi*, Milano, Giuffrè Editore, 1997, p. 13, que a igualdade entre os cônjuges e a eventual proteção de um deles não exige a adoção de um regime de comunhão, ou seja, não é este um meio imprescindível para atingir tais objetivos. Contra, Mª Rita A. G. Lobo Xavier, *ob. cit.*, pp. 566-576, para quem o regime de comunhão permite o justo reconhecimento no plano patrimonial da contribuição de ambos os cônjuges para a formação do património familiar e para a satisfação das necessidades da família. Considera a autora que o regime de comunhão é, por um lado, o que melhor se coaduna com a interpenetração patrimonial que ocorre durante o casamento e, por outro lado, assegura uma partilha mais justa dos bens ao partilhar os bens adquiridos ao longo do casamento. Com o mesmo entendimento, v., L. Díez-Picazo/A. Gullón, *Sistema de Derecho Civil. Derecho de Familia. Derecho de Sucesiones*, vol. IV, 9ª ed., Madrid, Tecnos, 2004, p. 215. J. Martínez Cortés, "El régimen económico de separación de bienes", *in* AAVV, *Instituciones de Derecho Privado, Familia*, sob a direção de Víctor M. Garrido de Palma, tomo IV, vol. 2, Madrid, Civitas, 2002, p. 295, afasta os argumentos de defesa do regime de separação de bens, assentes na igualdade jurídica de marido e mulher, fundamentalmente pelo facto de não refletir a realidade sociológica maioritária atual da família.
Salvaguardados, porém, os adequados meios de proteção de um dos cônjuges em certos casos, não nos parece, como referem Marie-Pierre Champenois-Marmier/Madeleine Faucheux, *Le mariage et l'argent*, Paris, PUF, 1982, p. 98, Mª Rita A. G. Lobo Xavier, *ob. cit.*, p. 453, nota 46, e L. Díez-Picazo/A. Gullón, *ibidem*, que o regime de separação só alcance resultados satisfatórios quando ambos os cônjuges possuem fortuna pessoal, ou exercem profissões remuneradas de forma equivalente ou

do outro, que se dedicou ao lar, deverá haver meios para repor o equilíbrio patrimonial que não passam necessariamente pelo regime de comunhão. O importante será, em qualquer regime, fixar mecanismos que impeçam não as transferências, exigidas pela comunhão de vida, mas o restabelecimento do equilíbrio patrimonial (p. ex., as compensações, a fixação de uma compensação ao cônjuge que sempre dedicou a sua vida ao lar e educação dos filhos no momento da dissolução ou ainda o recurso às regras gerais do enriquecimento sem causa)[56-57]. Além disso, o regime de separação estará sempre vinculado ao regime matrimonial primário, nomeadamente em matéria de dívidas para ocorrer aos encargos normais da vida familiar ou de disposição de certos bens como a casa de morada da família.

Em alternativa, pode optar-se pelo regime de participação nos adquiridos, como a *Zugewinngemeinschaft* alemã, assegurando assim a participação final no valor do património adquirido ao longo do casamento[58]. De facto, o regime de

---

ainda quando um dos cônjuges exerce uma atividade economicamente arriscada (permitindo salvaguardar o património do outro).

M. Amorós Guardiola, *et allii*, *Comentarios a las reformas del derecho de familia*, vol. II, Madrid, Tecnos, 1984, p. 1920, acrescenta ainda que no regime de separação, por não existir um património comum, os credores dos cônjuges não são tão protegidos como no regime de comunhão. Porém, considera favorável a existência do regime de separação no caso de um ou ambos os cônjuges exercerem uma atividade comercial, para evitar alguns riscos financeiros.

[56] O recurso ao enriquecimento sem causa implica que a prestação do trabalho doméstico por um dos cônjuges ou a sua colaboração na atividade profissional do outro cônjuge (o único que exerce uma atividade remunerada) não encontre a sua causa justificativa no dever de contribuição para os encargos da vida familiar.

[57] V., sobre as soluções apresentadas pela jurisprudência estrangeira de forma a assegurar a referida "compensação" ao cônjuge casado em separação de bens que colaborou para o incremento patrimonial do seu cônjuge, no fim do regime matrimonial, Mª Rita A. G. Lobo Xavier, *ob. cit.*, pp. 459-472. Na verdade, e como escreveu Braga da Cruz, "O problema do regime matrimonial de bens supletivo...", *loc. cit.*, pp. 190 e 191, e *Obras Esparsas, cit.*, p. 41, importa adotar um regime supletivo que resolva com justiça os problemas de crise, pois nos bons momentos haverá entendimento conjugal e a comunhão florescerá por si. Ora, parece-nos que o importante será no momento da dissolução, nos momentos de crise, acautelar mecanismos que assegurem a proteção do cônjuge desfavorecido e o restabelecimento patrimonial, ainda que o regime vigente seja o de separação de bens. O mesmo é referido por Adriano Paiva, "Regimes de bens", in AAVV, *Comemorações dos 35 anos do Código Civil e dos 25 anos da Reforma de 1977. Direito da Família e das Sucessões*, Coimbra, Coimbra Editora, 2004, p. 392. Na verdade, e como refere Lacruz Berdejo, "La reforma del régimen económico del matrimonio", *Anuario de Derecho Civil*, tomo XXXII, nº 1, 1979, p. 369, o regime patrimonial matrimonial ideal é o "*que no tiene camisa*", ou seja, o que substitui as regras e as contas, o de um e do outro, por um sinalagma de amor e desinteresse.

[58] Que chegou a ser proposta como regime supletivo pela comissão revisora do Cód. Civil, mas que foi afastada por não corresponder à tradição vigente em Portugal, representando, por isso, um "salto

participação nos adquiridos é visto como o regime ideal para os casamentos em que um dos cônjuges não aufere rendimentos fora, dedicando-se ao lar e à educação dos filhos (*Hausfrauenehe*)[59]. Surgem aqui depois os problemas, que ocorrem nos países que o adotaram, da liquidação do respetivo regime. Além disso, e já que o crédito de participação é monetário, importa acautelar mecanismos de atualização dos valores em causa, evitando que o crédito de participação apurado esteja desvalorizado. Parece-nos, porém, que deve encontrar-se a solução mais justa, ainda que não a mais simples, ou seja, a que no fim do regime melhor acautele os interesses dos cônjuges e de terceiros credores.

Não podemos esquecer que o regime patrimonial supletivo de comunhão não pode defender-se com base apenas na ideia de proteção da comunhão entre os cônjuges, dado que implica também relações com terceiros. De facto, o regime de comunhão legal regula não apenas as relações entre os cônjuges mas também com terceiros, podendo implicar o envolvimento do património próprio de um dos cônjuges em função de uma atividade desenvolvida pelo outro cônjuge. Portanto, visando a proteção da solidariedade conjugal pode afetar-se o património próprio de um cônjuge para pagamento de dívidas contraídas pelo outro, com prejuízo para a autonomia patrimonial de cada um dos cônjuges e podendo tornar o mais débil e menos empreendedor sujeito à atuação do seu cônjuge, onerando, dessa forma, o seu património[60].

É também de chamar a atenção para o facto de a nossa lei tentar resolver os problemas de ordem patrimonial entre os cônjuges, resultante das regras de

---

demasiado brusco" (Braga da Cruz, "Problemas relativos aos regimes de bens...", *loc. cit.*, p. 349, "O problema do regime matrimonial de bens supletivo...", *loc. cit.*, p. 176, e *Obras Esparsas, cit.*, p. 11, e pp. 22 e 24, e Gonçalves Pereira, "Regimes convencionais...", *loc. cit.*, pp. 270-287, que apresentou uma proposta de regulamentação do regime de participação de adquiridos como regime convencional).

Foi também por uma forte vinculação ao regime de comunhão e pelo seu desconhecimento pela população em geral, que a Reforma de 1965 do direito francês remeteu o regime de participação nos adquiridos para um regime convencional e não o adotou como regime legal (Henri Mazeaud, *et allii, ob. cit.*, pp. 614 e 615, e Cornu, *Les régimes matrimoniaux*, 9ª ed., Paris, PUF, 1997, p. 152).

Passados tantos anos talvez seja altura de proceder ao referido "salto". Tanto mais que o outro argumento utilizado para afastar o regime de participação nos adquiridos era o de a atribuição do poder de administrar os seus bens próprios à mulher ser letra morta, pois na generalidade dos casos tal poder seria conferido por ela, por mandato expresso ou tácito, ao marido. Numa altura em que tal argumento não tem razão de ser, provavelmente também já não haverá um verdadeiro "salto" para o referido regime.

[59] MünchKomm – *Gernhuber*, Vor § 1363 Rdn. 5, p. 335, e Langenfeld, *Handbuch der Eheverträge und Scheidungsvereinbarungen*, 4ª ed., München, C. H. Beck, 2000, p. 54.

[60] A mesma crítica é apontada por Gernhuber/Coester-Waltjen, *Familienrecht*, 5ª ed., München, C. H. Beck, 2006, § 31, III, 3, p. 344.

administração e disposição dos regimes de comunhão, pela fixação do regime de separação entre os cônjuges (art. 1767º), o que traduz a vantagem da separação face à comunhão. O mesmo se diga quando é decretada a separação de pessoas e bens (art. 1795º-A).

De salientar também que o direito alemão e o direito espanhol preveem, no caso de os nubentes ou cônjuges afastarem por convenção matrimonial o regime supletivo mas nada estipularem, a aplicação do regime de separação como regime supletivo de "2º grau" (§§ 1388º, 1414º, 1449º e 1470º do BGB, e art. 1435º, 2º, do Cód. Civil espanhol)[61]. No direito italiano o regime de separação surge como regime legal subsidiário para resolução das situações de crise (no caso de separação judicial ou consensual de pessoas, de declaração de ausência ou de falência)[62].

Uma das críticas apontadas ao regime de separação é a de que este é um regime mais prejudicial aos credores, dado que, não existindo património comum, os credores não têm esse património autónomo que será eventualmente responsável pelas dívidas contraídas pelos cônjuges. O credor apenas pode executar o património do seu devedor, diminuindo a sua garantia patrimonial se comparado com o regime de comunhão. Ora, tal poderá gerar certa desconfiança dada a possibilidade de os cônjuges efetuarem transferências patrimoniais entre si, com prejuízo dos credores de cada um. Não podemos, porém, esquecer que, dentro da normalidade, os credores, no caso de verem os seus direitos afetados, sempre podem recorrer aos meios gerais de Direito (p. ex., a impugnação pauliana, ações de nulidade, simulação, etc.). Sempre poderá argumentar-se no sentido de que, estando casados e vivendo juntos, a comunhão de vida entre os cônjuges gera uma maior promiscuidade patrimonial do que se se tratasse de estranhos. Será isso suficiente para afastar o regime de separação? Não nos parece: o mesmo argumento também não impõe a solidariedade das dívidas como acontece nos regimes de comunhão (art. 1695º, nºs 1 e 2).

Em todo o caso, não pretendemos tomar posição quanto à controvérsia do regime de bens supletivo, mas apenas tentar aferir o melhor regime face à responsabilidade por dívidas do casal e respetiva relação com os credores.

---

[61] Um dos casos em que se dissolve a comunhão de adquiridos passando a vigorar o regime de separação decorre dos arts. 1373º e 1374º do Cód. Civil espanhol, ou seja, quando haja execução de bens comuns por dívidas próprias de um dos cônjuges.
Além disso, os direitos civis da Catalunha e das Baleares estipulam como regime legal supletivo o de separação de bens.

[62] G. Cattaneo, "Del regime di separazione dei beni", in AAVV, *Commentario alla riforma del diritto di famiglia*, sob a direção de Carraro/Oppo/Trabucchi, vol. I, tomo I, Padova, Cedam, 1977, p. 418, e "Note introduttive agli articoli 82-88 Nov.", in AAVV, *Commentario alla riforma del diritto di famiglia*, sob a direção de Carraro/Oppo/Trabucchi, vol. I, tomo I, Padova, Cedam, 1977, p. 465, e A. Galasso, *ob. cit.*, p. 600.

Entendemos que as relações entre os cônjuges, pautadas pela autonomia e independência patrimoniais, podem regular-se pelo regime de separação de bens ou por um regime de base separatista[63]. Mas não podemos negar que a existência do casamento exige sempre uma regulamentação específica face ao regime geral do Direito comum, dado que a comunhão de vida existente entre os cônjuges implica necessariamente uma qualquer forma de ligação e cruzamento patrimonial (nunca existindo uma rígida separação de patrimónios)[64].

---

[63] Também Guilherme de Oliveira, "Um direito da família europeu? (Play it again, and again... Europe!)", *RLJ*, ano 133º, 2000, p. 108, e *Temas de Direito da Família*, 2ª ed., Coimbra, Coimbra Editora, 2001, pp. 325 e 326, considera que o direito português não oferecería resistência a uma unificação dos regimes de bens na Europa no sentido de um regime de base separatista.
Apesar de tudo, não vamos tão longe quanto Leite de Campos, *ob. cit.*, pp. 379 e 380, que defende que as relações entre os cônjuges podem regular-se pelas mesmas normas que regulam as relações entre pessoas estranhas. Consideramos, pelo contrário, que algumas especificidades continuam a exigir-se dado tratar-se de relações entre pessoas obrigadas a uma comunhão de vida o que afeta as suas relações patrimoniais. Também Pires de Lima/Braga da Cruz, *ob. cit.*, p. 54, entendiam que a vida em comum faz surgir entre os cônjuges uma série de questões que não podem ser reguladas pelo Direito comum dos contratos. Daí a necessidade de disposições especiais reguladoras dos regimes de bens.
Mª Rita A. G. Lobo Xavier, *ob. cit.*, pp. 335 e 336, ainda que defenda a manutenção do regime de comunhão, por traduzir a maior união patrimonial dos cônjuges e por trazer maiores vantagens no momento da dissolução, não deixa de afirmar que os casamentos em separação de bens tendem a aumentar. É efetivamente o regime adotado pelas pessoas que casam em segundas núpcias e pelos casais mais jovens, "em virtude de proporcionar maior autonomia e independência económica". Considera, porém, que as dificuldades decorrentes da dissolução da comunhão de vida patrimonial são maiores no regime de separação do que nos regimes de comunhão, dada a interpenetração de patrimónios (pense-se nas contas bancárias) que ocorre também no regime de separação. A aplicação rígida de um regime separatista pode implicar graves problemas. Consideramos, porém, que os problemas causados pela interpenetração patrimonial ocorrem também, e até mais acentuadamente, nos regimes de comunhão. O importante será, em qualquer regime, fixar mecanismos que impeçam não as transferências, exigidas pela comunhão de vida, mas o restabelecimento do equilíbrio patrimonial.
[64] Como refere Mª Rita A. G. Lobo Xavier, *ob. cit.*, p. 443, a comunhão de vida a que os cônjuges estão obrigados é "incompatível com a absoluta separação dos respetivos patrimónios". O regime de separação assenta num regime base com regras de espírito comunitário. Os próprios cônjuges casados em separação de bens tentam recorrer a vários meios para obterem resultados idênticos aos conseguidos com os regimes de comunhão (p. ex., adquirirem bens em compropriedade, constituírem sociedades ou realizarem liberalidades entre si, abrirem contas bancárias coletivas). Aliás, e como vimos acontecer na preocupação pela correção das regras do regime puro de separação dos países da *common law*, a aplicação no momento da dissolução do regime de separação de bens das regras do enriquecimento sem causa não deixa de ser uma equiparação com a teoria das compensações do regime de comunhão, conforme escreve Simler, no prefácio de Farafina L. Boussougou-Bou-Mbine, *ob. cit.*, p. VI.

Também no regime de separação, e além de questões concretas como a existência de contas bancárias, os cônjuges devem contribuir para os encargos da vida familiar e são responsáveis por certas dívidas, o que implica uma certa forma de "comunhão" patrimonial. Os cônjuges vivem juntos e no decurso do casamento não contabilizam quem paga o quê, confundindo-se os bens de cada um[65]. Mas parece-nos que caberá à lei fixar os mecanismos corretores do eventual desequilíbrio patrimonial causado por tais transferências, sem obstar à autonomia e separação patrimoniais de cada cônjuge, facilitando o regime de administração e disposição dos bens (evitando a constante necessidade de atuação de ambos os cônjuges ou de um com o consentimento do outro como exige o regime de comunhão, com o risco de provocar ou agravar desentendimentos conjugais ou de paralisar o tráfego jurídico, além de poder chocar com o regime da responsabilidade por dívidas).

Demonstrando a nossa preferência por um regime separatista (ainda que o mesmo valha para qualquer regime), em termos gerais em matéria de dívidas, e porque entendemos dever existir uma regulamentação específica em certos pontos, parece-nos que apenas as dívidas contraídas para ocorrer aos encargos normais da vida familiar deveriam ter um tratamento especial, ou seja, e em relação a qualquer regime de bens, estas dívidas deveriam responsabilizar solidariamente ambos os cônjuges.

De acordo com o art. 1691º, nº 1, al. *b*), as dívidas contraídas para ocorrer aos encargos normais da vida familiar oneram ambos os cônjuges por força da própria natureza que revestem, quer sejam contraídas antes ou depois da celebração do casamento e quer caibam nos poderes de administração de quem as contrai quer os excedam[66].

---

[65] Aliás, o art. 1736º fixa uma presunção de compropriedade dos bens móveis, tradutora da referida confusão patrimonial (bem como o art. 1538º, 3º, do Cód. Civil francês, o art. 219º do Cód. Civil italiano, e art. 1441º do Cód. Civil espanhol).

[66] O art. 220º do Cód. Civil francês responsabiliza solidariamente os cônjuges pelas dívidas relativas à vida familiar quotidiana, abrindo aos credores o acesso a todos os bens. É por força desta disposição legal, aplicável a todos os regimes de bens, que cada um dos cônjuges, ao mesmo tempo que se obriga pessoalmente, responsabiliza também o outro. Nos regimes de comunhão, as dívidas em causa integram o passivo definitivo da comunhão (art. 1409º do Cód. Civil francês). O credor tanto pode exigir o pagamento da dívida sobre os bens próprios do cônjuge que a contraiu, ou sobre os bens próprios do outro ou sobre os bens comuns, dado o regime de solidariedade. O cônjuge que respondeu com os seus bens próprios por tal dívida, terá obviamente direito a uma compensação no momento da liquidação da comunhão. Mesmo no regime de separação de bens, estas dívidas responsabilizam solidariamente os cônjuges. Os cônjuges separados de bens são, patrimonialmente, um em relação ao outro como se de dois estranhos se tratassem. Quanto ao passivo, as dívidas que oneram o património de cada um dos cônjuges, no momento da celebração do casamento ou que

II. DO REGIME DA RESPONSABILIDADE POR DÍVIDAS NOS DIFERENTES REGIMES DE BENS

Entendemos, assim, que o regime da responsabilidade por dívidas deverá assentar na regra de que o cônjuge que contrai a dívida é o responsável pela mesma. Isto sem prejuízo de, em relação a certas dívidas, poder prever-se um regime especial, nomeadamente, admitindo que certas dívidas contraídas por um dos cônjuges responsabilizem ambos os cônjuges e, nos regimes de comunhão, o património comum (em especial, as dívidas contraídas para ocorrer aos encargos normais da vida familiar)[67].

Quanto à responsabilidade patrimonial, prevista no art. 1695º do nosso Cód. Civil, mesmo nos regimes de comunhão, onde a solidariedade mais se poderá justificar, poderia também vigorar, para a generalidade das dívidas, o regime geral

---

estes assumam depois dele a qualquer título, permanecem próprias (art. 1536º, 2º, do Cód. Civil francês), sem prejuízo de se poder responsabilizar o outro cônjuge. Com efeito, e como quaisquer outras pessoas, podem os cônjuges obrigar-se conjunta ou solidariamente pela dívida. A possibilidade de os cônjuges afastarem a independência patrimonial do passivo no regime de separação de bens é até frequente, nomeadamente no caso de empréstimos contraídos pelos cônjuges, a título solidário, para aquisição da casa de morada da família ou se um dos cônjuges surge como fiador do outro, empresário em nome individual ou gerente de uma sociedade. Em todo o caso, àquela independência patrimonial é imposto um limite pelo estatuto imperativo de base a respeito de dívidas do casamento. Com efeito, pelas dívidas previstas no art. 220º do Cód. Civil francês os cônjuges estão solidariamente obrigados (art. 1536º, 2º, do Cód. Civil francês).

Por seu lado, estipula o art. 1319º, 1º, do Cód. Civil espanhol, que qualquer um dos cônjuges pode praticar os atos necessários para ocorrer às necessidades ordinárias da família, que estejam a seu cargo, de acordo com aquilo que for considerado normal no lugar e circunstâncias da mesma família. De acordo com o artigo em causa, aplicável a todos os regimes de bens, são comuns as dívidas contraídas para satisfação das necessidades domésticas.

Por outro lado, o regime previsto pelo art. 1319º do Cód. Civil espanhol para as dívidas relativas às necessidades ordinárias da família implica uma exceção aos regimes de comunhão, na medida em que permite a atuação individual de qualquer um dos cônjuges face à regra da atuação conjunta, e uma exceção ao regime de separação, dado que, nos termos do art. 1440º Cód. Civil espanhol, a regra é a de que cada cônjuge responde pelas dívidas que contrai.

O § 1357º do BGB, regulador das relações patrimoniais dos cônjuges independentemente do regime de bens, determina que qualquer um dos cônjuges tem o poder de concluir, com efeitos em relação ao outro cônjuge, negócios destinados à satisfação das necessidades da vida familiar. Portanto, cada um dos cônjuges deve satisfazer de maneira apropriada as necessidades da família. Os cônjuges estão, por isso, autorizados a realizar tais negócios, estando também ambos obrigados pelos direitos e as obrigações emergentes desses negócios, salvo se algo diferente resultar das circunstâncias. Se os pressupostos do § 1357º do BGB estiverem preenchidos os cônjuges são solidariamente responsáveis (*Gesamtsschuldner*) pela obrigação assumida por um deles.

[67] Em sentido contrário, Mª Dolores Díaz-Ambrona Bardaji, "La responsabilidad de los cónyuges en el ejercicio de la potestad doméstica en el sistema del artículo 1319 del codigo civil", *Actualidad Civil*, 1, nº 11, 1988, p. 658, defende a abolição do regime de solidariedade do art. 1319º do Cód. Civil espanhol, por se fundar no princípio da direção unilateral do marido e não ter razão de ser face ao princípio da igualdade jurídica entre os cônjuges.

da conjunção. Ou seja, com a diferença de, em primeiro lugar, responder pelas dívidas comuns o património comum, poderia estipular-se o mesmo que no regime de separação de bens; na falta ou insuficiência do património comum responderiam subsidiariamente os bens dos cônjuges em regime de conjunção, sem prejuízo da responsabilidade integral do cônjuge que contraiu a dívida, como também defendemos para a separação de bens.

Com esta solução, que nos parece mais justa no contexto atual das relações patrimoniais entre os cônjuges, os credores não ficam prejudicados. No regime de separação sempre podem executar a totalidade do património do cônjuge que contraiu a dívida; nos regimes de comunhão, podem executar o património comum e, na falta ou insuficiência deste, os bens próprios de cada um dos cônjuges ou do cônjuge que contraiu a dívida comum sem que o outro também se obrigasse diretamente.

O regime da responsabilidade patrimonial por dívidas dos cônjuges é especial, na medida em que, atendendo à existência de um casamento e à interpenetração patrimonial decorrente da vida em comum, o legislador visa encontrar um equilíbrio entre a proteção da família e os interesses de terceiros credores. Todavia, o casamento não pode ser um meio de eximir o devedor de responder pelas dívidas que contrai. Por isso, o cônjuge que contrai a mesma deve responder por ela sempre e nos termos gerais. A esta responsabilidade, se a dívida for comum, acrescenta a lei a do património comum, se se tratar de regime de comunhão, e a do património próprio do outro cônjuge.

Numa altura em que a independência económica e financeira caracteriza as relações patrimoniais entre os cônjuges dificilmente se encontra justificação para um regime de responsabilidade por dívidas entre os cônjuges no qual por uma dívida contraída por um respondam, com exceção à regra geral, ambos os cônjuges solidariamente (art. 1695º, nº 1). Salvaguardamos, como vimos, as dívidas relativas ao suprimento das necessidades e encargos da vida familiar, pelas quais, e em qualquer regime de bens, deverão responder ambos os cônjuges solidariamente. A razão está no facto de estas dívidas serem fundamentais e necessárias para o decurso normal da vida em comum. A responsabilidade limitada ao património próprio do cônjuge que contraiu a dívida (e aos bens comuns nos regimes de comunhão) pode implicar um benefício injustificado para o outro cônjuge (que poderá ser sempre o mesmo) que, beneficiando da contração da dívida (e, repete-se, necessária ao decurso normal da comunhão de vida, pautada pelo padrão normal da vida familiar em causa), nunca seria responsável pela mesma. Seria o caso de um casal em que um dos cônjuges contrai habitualmente as dívidas necessárias ao sustento do lar (compras relativas à alimentação do casal e dos filhos, pagamento da eletricidade, da água, gás, etc.). O outro cônjuge, contribuindo de acordo com as suas possibilidades para algumas despesas domésticas (cumprindo, assim, o dever de contribuição), beneficia largamente daquelas dívidas contraídas pelo seu cônjuge, poupando, por seu lado, a maior parte dos seus rendimentos. Ainda que nos regimes de comunhão estes rendimentos sejam comuns e, por isso, respondem também pelas dívidas como património comum, no regime de separação a desigualdade de tratamento entre os cônjuges é mais acentuada. De facto, o cônjuge que poupou os seus rendimentos não será responsável perante o credor pelo pagamento da dívida, necessária para o decurso da vida normal e da qual beneficiou. Por isso, entendemos que por estas dívidas respondem, mesmo no regime de separação (ao contrário do atualmente previsto no art. 1695º, nº 2), ambos os cônjuges solidariamente.

Mesmo que o regime da responsabilidade por dívidas seja regulado independentemente do regime de bens (e, por isso, independentemente de uma eventual alteração do regime supletivo para um de base separatista), o regime da responsabilidade patrimonial previsto para a separação de bens deveria valer para os regimes de comunhão. Ou seja, e com a exceção das dívidas relativas aos encargos normais da vida familiar, pelas quais valeria a solidariedade (em qualquer regime), a dívida deveria responsabilizar, por aplicação da regra geral, o cônjuge que a contraiu. Vigorando um dos regimes de comunhão, responsabilizaria, em primeiro lugar, o património comum (e aqui estaria a especificidade face ao regime geral), ainda que o credor não precise de excutir este para executar também o património do cônjuge devedor (cabendo ao devedor provar a existência de outros bens comuns). Um cônjuge não deverá, à partida, ser responsável por uma dívida contraída pelo outro. Nem mesmo a solidariedade patrimonial existente nos regimes de comunhão (que apenas exige a responsabilidade do património comum) justifica tal solução.

Por tudo isto entendemos ser de alterar o atual regime da responsabilidade por dívidas por um mais simples que corresponda à autonomia pessoal e patrimonial entre os cônjuges[68].

Um regime de responsabilidade por dívidas como o atualmente vigente entre nós, com uma maior proteção dos credores, justificava-se numa altura em que a sociedade conjugal se assumia pela unidade e direção conjunta dos cônjuges. Essa unidade, com inevitável confusão patrimonial, aconselhava um regime em que os credores não fossem por ela prejudicados, ou seja, ao contratar com um dos cônjuges tinham a garantia que toda aquela união patrimonial estava também envolvida no negócio.

---

[68] V., as sugestões por nós apresentadas na obra citada, *Do regime da responsabilidade por dívidas dos cônjuges – problemas, críticas e sugestões*, pp. 762-768.

Numa altura em que os cônjuges se assumem como independentes entre si e face a terceiros credores, estes sabem que, à partida, apenas podem contar com o seu parceiro negocial como responsável pela dívida. Estipular um regime diferente para a generalidade das dívidas, sobretudo em matéria de responsabilidade patrimonial, apenas por o devedor ser casado, não parece encontrar justificação na realidade conjugal atual. Os regimes de bens, o regime de administração e disposição dos bens do casal, o regime da responsabilidade por dívidas, tudo foi objeto de alteração legislativa ao longo dos tempos para adaptação a novas realidades sociais e económicas que se repercutem na relação patrimonial conjugal. Será, por isso, de repensar esta matéria à luz da realidade presente. Aliás, além do regime de administração e disposição conjuntas, que pode gerar entraves na gestão dos bens, a responsabilidade do outro cônjuge, além dos bens comuns e do cônjuge que contrai a dívida, é criticada por representar um excessivo favoritismo do credor em prejuízo do cônjuge não devedor. Por outro lado, a responsabilidade do património comum, com exclusão da responsabilidade do cônjuge que contrai a dívida representa uma limitação na garantia do credor.

Só assim não será no caso de dívidas em que aquela união pessoal e patrimonial esteja em causa, ou seja, as dívidas que são contraídas para a satisfação dos encargos normais da vida familiar e, por isso, beneficiam ambos os cônjuges e a família.

Por isso, considermos que o regime de separação de bens acautela suficientemente os credores (que não devem ser beneficiados sem uma razão válida, pelo único facto de o seu devedor ser casado) e os interesses da família [só haverá responsabilidade solidária dos cônjuges se a dívida foi contraída em benefício da família, não se justificando uma maior (ou menor, como parece decorrer do regime de conjunção atualmente previsto no art. 1695º, nº 2) oneração sobre o património familiar (constituído pelo património próprio de cada um dos cônjuges)]. Por isso, também consideramos que as dívidas contraídas para ocorrer aos encargos normais da vida familiar devem ter um regime especial face às restantes dívidas: o da solidariedade em qualquer regime de bens, sendo matéria a regular no domínio do regime patrimonial primário (como fazem o art. 220º do Cód. Civil francês, o art. 1319º, 2º, do Cód. Civil espanhol, e o § 1357º do BGB).

III.
Fundamento e conteúdo do princípio da imutabilidade

Várias razões eram apontadas para a consagração do princípio da imutabilidade no Cód. de Seabra, e que se mantiveram ulteriormente. Entendia-se que o contrato antenupcial tinha caráter de um pacto de família e, por isso, não podiam os cônjuges alterá-lo na vigência do casamento. Por outro lado, como a mulher ficava sujeita ao marido após o casamento, a possibilidade de alterar a convenção antenupcial permitiria ao cônjuge mais forte juridicamente (o marido), aproveitar o ascendente adquirido perante o outro para obter alterações, a si favoráveis, do regime (que poderiam constituir verdadeiras doações e não sujeitas à regra da livre revogabilidade)[69]. Por fim, os terceiros, sobretudo os credores dos cônjuges, poderiam ser por eles defraudados quanto às garantias com que tinham inicialmente contado.

Esta argumentação era já para Cunha Gonçalves "ingénua e teórica"[70]. De facto, referia o autor que a convenção antenupcial podia ser sempre alterada por meio de doações entre casados; que a mutabilidade podia ser sujeita a um regime de publicidade para acautelar os direitos de terceiros (tal como acontecia com a modificação e transformação de sociedades comerciais); que a possibilidade de ocorrerem violências para a imposição de um regime de bens diverso do anteriormente convencionado ou imposto por lei não era razão para dificultar às par-

---

[69] A defesa dos interesses do cônjuge mais influenciável implica também a proibição dos testamentos de mão comum (art. 2181º), conforme nota Paulo Cunha, *Direito da Família* (lições coligidas por Raúl J. Rodrigues Ventura, R. L. Amaral Marques e Júlio M. Salcedas), vol. I, Lisboa, 1941, p. 631, nota 1.
[70] Cunha Gonçalves, *ob. cit.*, p. 294.

tes uma nova convenção, por ambas desejada, nomeadamente para evitar conflitos domésticos derivados da convenção antenupcial ou do regime legal a que ficaram sujeitas "devido à sua imprevisão e inexperiência de vida"; que a possível mutabilidade do regime de bens não significaria que este tivesse de mudar todos os anos, pois quem abandona um regime sob pressão de ponderosas razões económicas ou morais não pode ter, logo a seguir, motivos em contrário para regressar a esse regime.

A questão do fundamento da imutabilidade é obviamente relevante para se determinar a necessidade da sua atual manutenção ou se, pelo contrário, excluídas as suas razões, haverá outros mecanismos de prevenção ou correção dos desequilíbrios patrimoniais.

Pires de Lima considerava que uma das razões do princípio da imutabilidade era a proteção dos interesses de terceiros, ou seja, se os cônjuges pudessem alterar livremente a convenção matrimonial, os direitos de terceiros podiam ser defraudados. Pense-se, p. ex., numa alteração mediante a qual todo o património comum passasse para o cônjuge não devedor. Considerava, porém, que a principal razão era a de evitar o perigo do ascendente que normalmente um dos cônjuges possuía sobre o outro e que levasse este a consentir numa alteração do regime de bens que lhe fosse desfavorável e beneficiasse o outro[71].

Por seu lado, Pereira Coelho, ainda que entendesse que a ideia mais válida para considerar a imutabilidade era a de proteção de terceiros, encontrava o fundamento legal da imutabilidade na ideia de evitar o abuso da influência de um cônjuge sobre o outro[72].

Como referimos, estas razões continuaram a ser apresentadas, mesmo atualmente, para a defesa do referido princípio[73]. Mª Rita Lobo Xavier refere que "a inalterabilidade do estatuto estabelecido por via convencional justifica-se ainda

---

[71] Pires de Lima/Braga da Cruz, *ob. cit.*, pp. 79-81, ainda que noutras lições, Pires de Lima defendesse que a principal razão era mesmo a proteção de interesses de terceiros (José Augusto do Nascimento, *ob. cit.*, p. 238). V. também, Manuel de Andrade, "Sôbre as disposições por morte a favor de terceiros, feitas por esposados na respetiva escritura antenupcial", *RLJ*, ano 69º, 1936/37, pp. 322 e 323 e pp. 337 e 338, Braga da Cruz, "Problemas relativos aos regimes de bens...", *loc. cit.*, p. 343, e Pires de Lima/Antunes Varela, *ob. cit.*, p. 398.

[72] Pereira Coelho, *Curso de Direito da Família*, vol. I, Coimbra, Atlântida Editora, 1965, pp. 272 e 273. Essa ideia estaria presente também em outras disposições legais, como a proibição dos testamentos de mão comum, das vendas entre cônjuges e a livre revogabilidade das doações entre cônjuges.

[73] V., sobre as razões apresentadas para a defesa da imutabilidade, Cunha Gonçalves, *ob. cit.*, p. 294, Pires de Lima/Braga da Cruz, *ob. cit.*, pp. 79-81, Braga da Cruz, "Problemas relativos aos regimes de bens...", *loc. cit.*, p. 343, Pires de Lima/Antunes Varela, *ob. cit.*, pp. 397 e 398, Antunes Varela, *ob. cit.*, pp. 432 e 433, Leite de Campos, *ob. cit.*, pp. 383 e segs., Pereira Coelho/Guilherme de Oliveira, *ob. cit.*, pp. 495-497.

III. FUNDAMENTO E CONTEÚDO DO PRINCÍPIO DA IMUTABILIDADE

agora em nome da realização da equidade entre os cônjuges, incompatível com a ocorrência de enriquecimentos injustificadamente obtidos por um deles à custa do outro"[74]. Entende a autora que o princípio da imutabilidade visa a realização de um princípio de equidade entre os cônjuges, ou seja, o de evitar o enriquecimento injustificado de um dos cônjuges à custa do outro. De facto, estando os bens dos cônjuges divididos por massas patrimoniais, essa divisão deve permanecer inalterável, dado que a transferência de um bem de uma massa patrimonial para a outra implicaria uma alteração na composição protegida pela lei. Essa alteração consistirá num enriquecimento de uma das massas de bens à custa de outra e sem razão justificativa. Apenas as transferências patrimoniais não justificadas pela comunhão de vida terão de ser restituídas ou compensadas[75].

Ora, parece-nos que, sendo esse o fundamento (e aqui concordamos com esta posição), é alcançável por força de uma mutabilidade sujeita a certas regras e por outros mecanismos menos agressivos para a livre regulamentação das relações patrimoniais entre os cônjuges. Além disso, assentando aí a razão de ser da imutabilidade, os contratos entre cônjuges não serão de proibir com base na mesma

---

[74] Mª Rita A. G. Lobo Xavier, *ob. cit.*, p. 128. Refere a autora que a imutabilidade constitui uma manifestação do princípio mais geral de evitar o enriquecimento de um cônjuge à custa do outro, tal como são também manifestações do mesmo princípio as normas relativas à sub-rogação real e às compensações patrimoniais, a imposição do regime de separação de bens e da nulidade das doações entre cônjuges em certas circunstâncias (arts. 1720º, nº 1, e 1762º), as sanções patrimoniais previstas para o caso do divórcio (art. 1790º) e da não observância do prazo internupcial (art. 1750º). O princípio da imutabilidade atua preventivamente pela manutenção da existência ou da consistência dos patrimónios, tentando evitar modificações na composição das diferentes massas patrimoniais dos cônjuges (p. 133). Mas a "função genérica" de todos estes institutos é a mesma: evitar ou corrigir enriquecimentos patrimoniais de um cônjuge à custa do outro.
A ideia de que a imutabilidade se liga à manutenção dos equilíbrios patrimoniais ao longo do casamento é também referida por Pierre Julien, *Les contrats entre époux*, Paris, LGDJ, 1962, pp. 78 e 79. Por isso, todos os contratos que modifiquem esse equilíbrio afetam a imutabilidade.
Para Jorge Duarte Pinheiro, *O Direito da Família contemporâneo*, 2ª ed., Lisboa, AAFDL, 2009, p. 518, "a imutabilidade só pode radicar na ideia de que, após o casamento, se torna difícil um exercício autêntico da autonomia privada na relação entre os cônjuges". Parece-nos, contudo, que é essa dificuldade que leva à possibilidade de existirem desequilíbrios patrimoniais que, por isso, importa acautelar e corrigir.
[75] Mª Rita A. G. Lobo Xavier, *ob. cit.*, p. 131 e nota 37, e pp. 377-382. Como refere ainda a autora este princípio da equidade é o mesmo em que se funda o instituto do enriquecimento sem causa (p. 132, nota 39). Mas, mesmo algumas dessas transferências, e consequentes enriquecimento e empobrecimento, que se justificam pela comunhão de vida podem vir a originar um reembolso quando essa comunhão deixar de existir (dado que deixa de haver fundamento), sobretudo nos regimes de separação onde a colaboração prestada por um dos cônjuges no âmbito da comunhão de vida não se encontra compensada pela participação no património adquirido durante o casamento.

imutabilidade (se efetivamente não implicarem uma fraude à lei), ou seja, p. ex., a venda entre cônjuges implica a saída de um bem de um património para um outro mas essa saída é compensada pela entrada do valor do bem naquele património, mantendo o equilíbrio patrimonial.

Visando a imutabilidade evitar transferências de bens entre os diferentes patrimónios existentes no decurso do casamento, prevenindo desequilíbrios patrimoniais e evitando a alteração do estatuto patrimonial dos cônjuges, e partindo da vigência do princípio na nossa ordem jurídica atual, deve este assumir a interpretação mais restrita possível para, assim, acautelar a autorregulamentação dos cônjuges das suas relações patrimoniais.

O problema que aqui se coloca é o de saber se o princípio da imutabilidade apenas proíbe os cônjuges de alterar o seu regime de bens depois do casamento ou se também os impede de modificar, depois dessa data, a situação concreta dos seus bens.

Pereira Coelho, defendendo a atribuição de um sentido restrito, sustenta que o princípio da imutabilidade não impede a mudança da situação concreta dos bens do casal depois da constituição do vínculo, significando apenas que as convenções antenupciais não podem ser alteradas depois da celebração do casamento[76], proibindo "as modificações dos critérios pelos quais resulta a qualificação de um bem concreto como próprio de um cônjuge, do outro cônjuge, ou comum"[77]. Considera que, se o princípio da imutabilidade vedasse as transferências de bens entre as várias massas patrimoniais do casal, não seria necessário que a lei tivesse proibido expressamente as vendas entre cônjuges. Por isso, a possibilidade de os cônjuges realizarem entre si doações ou de constituírem alguns tipos de sociedades não é exceção ao princípio da imutabilidade.

Outros autores[78], defendendo a interpretação ampla, entendem que o princípio da imutabilidade não tem apenas o conteúdo imediato de proibir os côn-

---

[76] Pereira Coelho, *ob. cit.*, pp. 270 e 271, e Pereira Coelho/Guilherme de Oliveira, *ob. cit.*, pp. 492 e segs.

[77] Guilherme de Oliveira, "Sobre o contrato-promessa de partilha dos bens comuns – anotação ao ac. da RC, de 28 de novembro de 1995", *RLJ*, ano 129º, 1996/1997, p. 281.

[78] Cfr. Pires de Lima, "Anotação ao ac. da RP, de 29 de abril de 1966", *RLJ*, ano 99º, 1966/67, pp. 172 e 173, Pires de Lima/Antunes Varela, *ob. cit.*, p. 399, Antunes Varela, *ob. cit.*, pp. 433 e 434, e Mª Rita A. G. Lobo Xavier, "Sociedades entre cônjuges. Sociedades de capitais. Responsabilidade por dívidas sociais. Código das Sociedades Comerciais. Lei interpretativa.", Separata da *RDES*, ano XXXV, nºs 1-2-3-4, Janeiro-Dezembro, 1993, p. 259, "Contrato-promessa de partilha dos bens do casal celebrado na pendência da ação de divórcio (comentário ao acórdão do Supremo Tribunal de Justiça de 26 de maio de 1993)", *RDES*, ano XXXVI, nºs 1-2-3, Janeiro-Setembro, 1994, p. 155 e nota 4, e *Limites à autonomia privada...*, *cit.*, pp. 135-138. Também Cunha Gonçalves, *ob. cit.*, pp. 297 e 300, à luz do Cód. de Seabra, e apesar de entender que o art. 1105º apenas era aplicável ao regime matri-

III. FUNDAMENTO E CONTEÚDO DO PRINCÍPIO DA IMUTABILIDADE

juges de modificar a convenção matrimonial ou o regime legalmente aplicável após a celebração do casamento. O seu alcance será mais amplo, regulando todos os atos jurídicos celebrados pelos cônjuges durante o casamento, ou seja, abrangerá não só as cláusulas constantes da convenção ou do regime legalmente fixado, mas também a situação concreta dos bens dos cônjuges. A imutabilidade impede não só a modificação das regras que integram o regime de bens como também as alterações na composição concreta das várias massas patrimoniais. São, assim, proibidos todos os negócios ou contratos celebrados entre os cônjuges que impliquem uma modificação na composição das massas patrimoniais. Os cônjuges não podem alterar o seu estatuto patrimonial depois do casamento, "não podem bens próprios entrar na comunhão; não podem bens comuns ser atribuídos em propriedade exclusiva a qualquer um deles; não podem ser transmitidos, onerosa ou irrevogavelmente, os bens de um para o outro"[79].

Para este entendimento, a proibição dos contratos de compra e venda entre cônjuges e dos contratos de sociedade em que ambos assumam responsabilidade ilimitada (nºs 2 e 3 do art. 1714º) já resultaria do princípio geral previsto no nº 1 do art. 1714º. A admissibilidade de certas sociedades entre cônjuges e da dação em cumprimento[80] seriam exceções ao princípio da imutabilidade. A lei teria apenas referido alguns contratos proibidos, mas qualquer outro negócio que implicasse alteração na composição das massas patrimoniais estaria igualmente proibido.

Assim, os cônjuges não podem realizar entre si contratos de compra e venda, por isso implicar uma violação por via indireta do princípio da imutabilidade, já

---

monial e não aos contratos acessórios ou anexos, referia que a celebração de certos contratos entre cônjuges pode implicar uma alteração na classificação dos bens do casal. Era esta também a posição da doutrina francesa. V., Savatier, "De la portée et de la valeur du principe de l'immutabilité des conventions matrimoniales", *RTDC*, ano 20º, 1921, pp. 96-118, e A. Colomer, *L'instabilité monétaire et les régimes matrimoniaux, le mal et ses remèdes*, Paris, Rousseau & Cª, 1954, p. 37, e *Droit Civil...*, cit., pp. 173-177.

[79] Pires de Lima, "Anotação ao ac. da RP, de 29 de abril de 1966", *loc. cit.*, p. 172.

[80] A dação em cumprimento é expressamente permitida pela lei, ainda que possa tratar-se de um contrato suscetível de ser utilizado pelos cônjuges para, por via indireta, modificarem o estatuto de certos bens, defraudando o princípio da imutabilidade. Atendendo, porém, não só às dificuldades da prova de fraude, como às vantagens da validade do contrato de dação em cumprimento entre cônjuges, a lei considerou-o lícito. Tais vantagens traduzem-se, nomeadamente, no facto de que se um dos cônjuges deve fazer um pagamento ao outro, mais vale que lhe possa pagar com um dos seus bens do que seja obrigado a vendê-lo a um terceiro para conseguir a soma necessária, permitindo manter o bem na família. Mª Rita A. G. Lobo Xavier, "Sociedades entre cônjuges...", *loc. cit.*, p. 257, nota 9, e *Limites à autonomia privada...*, cit., p. 235, nota 228, e Pereira Coelho/Guilherme de Oliveira, *ob. cit.*, p. 494. V. também, Pierre Julien, *ob. cit.*, pp. 84-88, com a mesma argumentação.

que, através de semelhante contrato, os cônjuges podem modificar a situação concreta de um bem[81].

Por outro lado, proíbem-se também as sociedades entre cônjuges, salvo se estes se encontram separados judicialmente de pessoas e bens. Porém, o nº 3 do art. 1714º permite a participação dos cônjuges na mesma sociedade de capitais e a dação em cumprimento[82].

---

[81] Mª Rita A. G. Lobo Xavier, *Limites à autonomia privada...*, cit., pp. 223 e 224, e Pereira Coelho/Guilherme de Oliveira, *ob. cit.*, pp. 463 e 494, referem que a proibição do contrato de compra e venda prende-se, de igual modo, com o regime da livre revogabilidade das doações e com a intenção de evitar que os cônjuges pudessem usar fraudulentamente a faculdade de comprar para esconder uma doação real, fugindo assim à livre revogabilidade que a lei impõe às doações entre cônjuges e conduzindo ao locupletamento de um dos cônjuges à custa do outro. Neste sentido v. também, Jean Hémard, "Les contrats a titre onéreux entre époux", *RTDC*, ano 37º, 1938, p. 675. Pereira Coelho, *ob. cit.*, p. 273 e nota 1, considerava que, tal como o princípio da imutabilidade, também a livre revogabilidade das doações entre casados assenta na ideia de evitar o abuso de influência de um dos cônjuges sobre o outro. O mesmo autor criticava mesmo o facto de a lei não proibir os cônjuges de fazerem doações um ao outro nos casos de regime de bens imperativo, o que lhes permitia "tornear ou iludir a imposição da lei" (p. 341). Seria incoerente que a lei proibisse os cônjuges de fazerem doações irrevogáveis entre si e viesse permiti-las indirectamente através de uma alteração do regime de bens. Ainda que considere que, tal como a nulidade da compra e venda ou a proibição de testamentos de mão comum, a proibição de doações irrevogáveis entre cônjuges encontrava a sua razão de ser no facto de os cônjuges não poderem alterar livremente o seu regime de bens, os interesses de terceiros, nomeadamente dos credores dos cônjuges, também seriam protegidos pela proibição da realização de doações entre cônjuges. De facto, por força das mesmas podia haver transformação de bens comuns em bens próprios ou vice-versa.
Além disso, se as vendas fossem válidas, qualquer um dos cônjuges poderia prejudicar os seus credores vendendo os bens ao outro cônjuge simuladamente ou por baixo preço. Em todo o caso, os credores sempre teriam para sua defesa a ação rescisória ou a ação de simulação. Aliás, são esses meios gerais de defesa que os credores têm no caso de doações de um cônjuge ao outro, válidas desde que revogáveis, que podem prejudicar os credores do cônjuge doador e devedor. Com efeito, pode este fazer uma doação ao outro cônjuge (e que só ele pode revogar) e os credores apenas podem recorrer aos meios de defesa gerais.
Como referia Cunha Gonçalves, *ob. cit.*, pp. 295-297 e 752, a proibição das doações irrevogáveis entre os cônjuges justificava-se pelo facto de poderem envolver alterações do regime matrimonial. Considerava que a doação entre casados, tal como a venda, deveria até ter sido proibida, já que ela permite uma alteração indireta do regime de bens do casal em violação do princípio da imutabilidade. O mesmo era referido por Pires de Lima/Braga da Cruz, *ob. cit.*, p. 84, ao considerar que, podendo das doações entre cônjuges resultar uma transmissão de bens que alterasse o estabelecido por convenção antenupcial, as doações entre cônjuges constituíam uma exceção ao princípio da imutabilidade.

[82] A admissibilidade desses contratos surge, para os defensores do sentido amplo, como exceções ao nº 1 do art. 1714º, que consagra a regra geral (v., Mª Rita A. G. Lobo Xavier, "Sociedades entre cônjuges...", *loc. cit.*, pp. 257 e 258, e *Limites à autonomia privada...*, cit., p. 235). Para os defensores

III. FUNDAMENTO E CONTEÚDO DO PRINCÍPIO DA IMUTABILIDADE

No entendimento restrito do princípio da imutabilidade, apenas se proíbe a alteração do regime de bens convencionado ou fixado por lei. Por isso, o princípio apenas abrange o nº 1 do art. 1714º e não estarão proibidos os negócios que incidam sobre bens concretos. Estes negócios sobre bens concretos estarão regulados noutros lugares, como no art. 1714º, nº 2, que proíbe as sociedades e as vendas entre cônjuges, no nº 3, que admite a participação em sociedades de capitais e a dação em cumprimento, e nos arts. 1761º e segs., que estabelecem restrições às liberalidades entre vivos. O nº 2 do art. 1714º significa um alargamento da proibição do nº 1 a dois negócios concretos que o legislador quis vedar: a venda e a sociedade. Quaisquer outros negócios sobre bens concretos, para os quais não haja norma especial, podem ser livremente celebrados de acordo com o princípio da autonomia privada e as regras gerais, ainda que impliquem uma alteração do estatuto patrimonial dos cônjuges, dos seus poderes de administração e de gozo[83].

Neste entendimento, que perfilhamos, as proibições resultantes do nº 2 do art. 1714º (contratos de compra e venda e sociedades entre cônjuges) não derivam do nº 1 do mesmo artigo, sendo normas excecionais, onde o legislador veio proibir certos negócios entre cônjuges. Isto significa que só esses negócios são proibidos e não outros; o nº 2 do art. 1714º é taxativo ao referir o contrato de compra e venda, reportando-se às regras dos arts. 874º e segs., e não a outros contratos[84].

A existência do princípio da imutabilidade, no seu sentido amplo, não se coaduna com as necessidades pessoais dos cônjuges, limitando excessivamente a sua autonomia e propiciando a realização de negócios simulados, com intervenção de terceiros, com vista a alcançar os objetivos proibidos pela imutabilidade dos regimes de bens. Se a sua razão assenta fundamentalmente na tentativa de evitar o enriquecimento injustificado e definitivo de um dos cônjuges à custa do outro, então tal objetivo será alcançado não com o princípio da imutabilidade, mas assegurando as devidas compensações entre os patrimónios no fim do regime matrimonial[85].

Além disso, admitir o princípio da imutabilidade em sentido amplo não permitiria quaisquer transferências patrimoniais entre os cônjuges, quando a comu-

---

do sentido restrito tais negócios surgem como exceções ao nº 2 (v., Pereira Coelho/Guilherme de Oliveira, *ob. cit.*, pp. 493 e 494).

[83] Pereira Coelho/Guilherme de Oliveira, *ob. cit.*, p. 492.

[84] Alguns autores, mesmo os que defendem o sentido amplo do princípio da imutabilidade, têm entendido que a proibição da compra e venda entre cônjuges foi derrogada no que respeita à cessão de quotas entre cônjuges, através do nº 2 do art. 228º e do nº 3 do art. 229º do Cód. das Sociedades Comerciais (v., *infra*, pp. 118 e 119).

[85] Solução que Mª Rita A. G. Lobo Xavier, *Limites à autonomia privada...*, *cit.*, p. 178, parece também considerar.

nhão de vida entre eles implica necessariamente uma interpenetração dos patrimónios existentes. Fundamental será a previsão de meios que permitam a realização de um equilíbrio patrimonial entre os cônjuges[86]. Além disso, a existência de um estatuto imperativo de base assegura alguma estabilidade ao regime patrimonial entre cônjuges, especial face ao regime geral, e que a imutabilidade visa garantir[87].

Entendemos que uma conceção restrita do princípio da imutabilidade é a que melhor se coaduna com a realidade social e atual sem se afastar da regulamentação jurídica. Com efeito, admitir que a imutabilidade não se limita a impedir os cônjuges de modificar diretamente o seu regime, mas que envolve também a irregularidade de todos os atos jurídicos celebrados entre os cônjuges durante o casamento, não se articula com a necessidade de modificação imposta pela vida moderna que impele a uma alteração e flexibilização do estatuto patrimonial inicial dos cônjuges. A tendência para o reconhecimento de uma plena e igualitária capacidade negocial dos cônjuges aponta para a eliminação das restrições que lhes impeçam a direção conjunta da vida familiar e o livre desenvolvimento das suas esferas pessoais e, assim, para uma diminuição do alcance do princípio da imutabilidade[88].

Além disso, podem os cônjuges realizar certos negócios jurídicos, conseguindo por via indireta alterar o estatuto patrimonial inicial, obtendo, assim, o mesmo resultado que com uma alteração pós-nupcial da convenção. Mesmo existindo o princípio da imutabilidade, tais negócios não deixam de realizar-se e, sobretudo se o entendermos em sentido restrito, não são abrangidos pelo mesmo princípio[89]. Poderá, em todo o caso, afetar-se tal negócio por aplicação das regras do negócio indireto ou do negócio em fraude à lei[90], e para proteção

---

[86] É isto, aliás, que Mª Rita A. G. Lobo Xavier, *Limites à autonomia privada...*, cit., pp. 338 e 376, reconhece.
[87] Mª Rita A. G. Lobo Xavier, *Limites à autonomia privada...*, cit., p. 128.
[88] Pereira Coelho/Guilherme de Oliveira, *ob. cit.*, p. 498.
[89] O que pode afetar é o equilíbrio entre as diferentes massas patrimoniais e é isso que importa acautelar ou corrigir, independentemente de o ser ou não pela imutabilidade.
[90] Mª Rita A. G. Lobo Xavier, *Limites à autonomia privada...*, cit., p. 136, nota 48, refere precisamente isso, mas considera que essa argumentação parece ser apenas um jogo de conceitos.
Há fraude à lei quando as partes visam conseguir o mesmo resultado que a lei quis impedir através de meios diferentes daqueles que ela expressamente previu, frustrando-se a intenção do legislador ao proibir aqueles negócios (Manuel de Andrade, *Teoria Geral da Relação Jurídica*, vol. II, 7ª reimpressão, Coimbra, Almedina, 1992, pp. 180 e 181, Mota Pinto, *Teoria Geral do Direito Civil*, 3ª ed., 8ª reimpressão, Coimbra, Coimbra Editora, 1993, p. 551, e Heinrich Ewald Hörster, *A Parte Geral do Código Civil Português, Teoria Geral do Direito Civil*, 2ª ed., reimpressão, Coimbra, Almedina, 2000, p. 521).
Quanto ao negócio jurídico indireto, v., Orlando de Carvalho, "Negócio jurídico indireto (teoria

III. FUNDAMENTO E CONTEÚDO DO PRINCÍPIO DA IMUTABILIDADE

de interesses dos terceiros (credores). Mas mesmo assim, afastamos tal possibilidade, se os cônjuges ao realizarem um certo negócio visarem apenas esse negócio, ou seja, se a eventual transferência patrimonial que dele resultar tiver razão justificativa no mesmo negócio e não numa possível intenção fraudulenta ou de alcançar indiretamente um outro objetivo (não se visa um outro fim – transferência patrimonial de bens – que não a função típica do negócio em causa). Aliás, se o princípio da imutabilidade visa prevenir enriquecimentos injustificados de um património à custa de outro, se esse eventual enriquecimento tiver uma causa (o negócio celebrado pelos cônjuges) então deixa de ter razão de ser o referido princípio[91]. Entendemos que a transferência patrimonial pode ter razão justifi-

---

geral)", *Escritos. Páginas de Direito*, Coimbra, Almedina, 1998, pp. 31-164. Como escreve o autor (p. 37), o negócio jurídico indireto assume-se como uma figura que aparenta um dado tipo legislativo, mas traz "no âmago a destinação a um fim incongruente com aquele aspeto negocial". Não se trata de um problema de interpretação ou integração dos contratos, "porque a vontade dos contraentes manifestou-se de modo explícito pela escolha voluntária do negócio adotado". E é precisamente por as partes, na realidade, submeterem o fim económico pretendido a um dado negócio e a uma dada disciplina, que se questiona se essa vontade deve ser mantida, se o meio jurídico é compatível com o fim indireto que determinou o contratar. Há aqui uma escolha livre e voluntária de um tipo negocial como o meio mais eficaz para a prossecução do intuito económico (não se tratando, por isso, de um negócio aparente, onde falta a vontade efetiva do ato na plenitude das suas consequências, nem, como é bom de ver, de um negócio simulado (pp. 129-135)). Conforme diz Mª Rita A. G. Lobo Xavier, *Limites à autonomia privada...*, cit., p. 135, nota 46, o que parece acontecer é os cônjuges concluírem "um negócio que "lhes possibilita de modo "perfeito" o fim económico pretendido", afastando-se, de certo modo, da "função típica" de tal negócio (...). Ora, se, em regra, o emprego indireto dos tipos legais será um "emprego legítimo" (...) também é certo que os negócios indiretos "estão sujeitos às normas proibitivas do sistema" (...) e, nessa medida, podem ser nulos se o respetivo resultado violar essas normas (...)". Por isso, defende a autora que os cônjuges estão proibidos de alcançar por via indireta o mesmo resultado a que conduziria a modificação pós-nupcial da convenção (p. 136). Mesmo que assim se entenda não por violação do princípio da imutabilidade mas por aplicação das regras do negócio indireto ou do negócio em fraude à lei (p. 136, nota 48), podendo também o negócio jurídico indireto implicar uma fraude à lei (Orlando de Carvalho, *ob. cit.*, p. 159). É também recorrendo à figura do negócio indireto que a mesma autora ("Qualificação de um bem adquirido a título gratuito por cônjuge casado no regime da comunhão de adquiridos – anotação ao ac. do TRC, de 21.01.2003", *Cadernos de Direito Privado*, nº 5 (janeiro/março), 2004, p. 33) considera que integra os bens próprios de um dos cônjuges a aquisição de uma fração autónoma no decurso do casamento, quando o negócio de compra e venda oculta uma liberalidade realizada por terceiros a um dos cônjuges. Ocorreu, por isso, uma doação indireta, ou seja, "o contrato de compra e venda funcionou como "negócio meio" – como negócio apto a transmitir o direito de propriedade sobre a fração autónoma (...)".

[91] Mª Rita A. G. Lobo Xavier, *Limites à autonomia privada...*, cit., p. 131, nota 37, refere precisamente isso, apesar de entender que a razão justificativa deverá assentar na comunhão de vida. Também Pereira Coelho/Guilherme de Oliveira, *ob. cit.*, p. 496, referem que, sendo o fundamento da imutabilidade o evitar enriquecimentos injustificados, sempre podem permitir-se as

cativa se assentar no próprio negócio em si e não numa intenção de alcançar um fim indireto e fraudulento (que pode atingir-se indiretamente por força do negócio mas que não foi intencionalmente visado como fim principal). Se existiu essa intenção fraudulenta então sim, e mesmo numa interpretação restrita da imutabilidade, podemos ter um negócio celebrado em fraude à lei[92].

Além disso, os enriquecimentos injustificados decorrentes de transferências patrimoniais resultam de negócios indiretos que continuam a existir não obstante o princípio da imutabilidade. Portanto, o que se deve procurar é evitar ou corrigir tais desequilíbrios, impedindo os negócios fraudulentos que visam indiretamente tal fim, e não tanto manter o princípio da imutabilidade. O problema é que a realização de tais contratos entre os cônjuges, mesmo que não visem diretamente a alteração do seu estatuto patrimonial, e, por isso, que não sejam em fraude à lei, pode não chegar ao conhecimento de terceiros. Estes, nomeadamente credores, podem ficar prejudicados se, confiando na existência de certo património, o mesmo deixar de existir por ter sido transferido para outra massa patrimonial. Portanto, entre os cônjuges a questão é a da resolução dos desequilíbrios patrimoniais, que pode resolver-se por outros mecanismos, mas face a terceiros como assegurar a sua proteção face à alteração do estatuto patrimonial dos cônjuges ao longo do casamento e à realização de contratos que afetam indiretamente o estatuto patrimonial dos cônjuges? É esta proteção que Mª Rita Lobo Xavier sustenta ao referir que, a propósito do sistema de mutabilidade controlada francês (que, até à alteração legislativa em 2007, a que faremos referência adiante, exigia homologação judicial), considera-se necessária a intervenção do juiz para aferir se a alteração da convenção envolve prejuízo para os credores ou para os cônjuges. Ora, quando os cônjuges celebram certos contratos que têm como consequência a modificação do respetivo regime matrimonial, não respeitam o referido controlo judicial importante para a defesa dos referidos interesses[93].

A conceção ampla implicaria, em último caso, que o pagamento de dívidas pudesse implicar transferências patrimoniais que violam o princípio da imuta-

---

alterações de regime que não se traduzem em tais enriquecimentos injustificados, feita uma avaliação casuística.

[92] É esta ideia que resulta de A. Colomer, *Droit Civil...*, *cit.*, pp. 176 e 177, ao referir que um contrato de compra e venda ou de sociedade entre cônjuges, celebrado com o objetivo de defraudar o regime matrimonial, não será válido de acordo com o princípio de que *fraus omnia corrumpit*, muito embora a imutabilidade tenha sido afastada no ordenamento jurídico francês. Temos consciência que este entendimento pode acarretar o problema da prova e da aferição da intenção subjetiva dos cônjuges ao realizar o negócio. Mas também ao mesmo problema referia-se Mª Rita A. G. Lobo Xavier, "Contrato-promessa de partilha...", *loc. cit.*, p. 170, nota 37, a propósito da possibilidade de execução específica dos contratos-promessa de partilha dos bens do casal, o que não interfere com a sua validade.

[93] Mª Rita A. G. Lobo Xavier, *Limites à autonomia privada...*, *cit.*, p. 150.

III. FUNDAMENTO E CONTEÚDO DO PRINCÍPIO DA IMUTABILIDADE

bilidade ou, pelo menos, atingisse indiretamente o fim proibido pela imutabilidade[94]. Isto leva-nos a verificar que, de facto, o que está em causa é a necessidade de correção dos desequilíbrios patrimoniais que ocorrem no decurso do casamento, nomeadamente, pelo pagamento de dívidas. E aqui o mecanismo é de correção e não de prevenção, ou seja, não funciona a imutabilidade mas sim as compensações. De facto, como veremos, há mecanismos que visam a prevenção e a correção dos referidos desequilíbrios. Entendendo que a imutabilidade não se justifica por quaisquer outras das razões apresentadas, e que os desequilíbrios patrimoniais continuam a verificar-se por via indireta, parece haver outros mecanismos de correção dos desequilíbrios, sendo certo que a mutabilidade há de obedecer a certos requisitos, para proteção de interesses de terceiros.

Convém referir que a eliminação do princípio da imutabilidade apenas permitirá aos cônjuges alterarem o seu estatuto patrimonial mediante a celebração de uma nova convenção matrimonial. Com efeito, não ficarão os cônjuges autorizados a modificar o seu estatuto patrimonial inicial por via indireta, com intuito fraudulento, no sentido já referido, como, aliás, acontece nos países que consagraram um sistema de "mutabilidade controlada" (como em França, até à alteração legislativa em 2007)[95], onde os cônjuges não podem afetar o seu estatuto indiretamente através de atos jurídicos celebrados entre eles ou com terceiros.

De facto, os cônjuges podem, através da realização de um contrato de Direito comum, sem observância das formalidades das convenções matrimoniais, alcançar um objetivo que corresponda aos resultados subjacentes aos diferentes regimes de bens[96]. Não é o princípio da imutabilidade que dissuade os cônjuges de alterarem o seu estatuto patrimonial por via indireta. Com efeito, tal princípio pode continuar a existir e os cônjuges conseguem indiretamente alterar a sua situação patrimonial, pelo que não será pelo facto de ele se atenuar que os cônjuges conseguirão fazê-lo. A eliminação ou atenuação do princípio em causa permitirá que os cônjuges adaptem o seu regime às circunstâncias económicas do casamento, possibilitando que o façam através da alteração da convenção matrimonial e não mediante a celebração de negócios que alcancem tal fim indiretamente. Só que, neste caso, será necessário, para evitar enriquecimentos injustificados de um dos cônjuges à custa do outro, objetivo que a imutabilidade

---

[94] A não ser que se considere tratar-se de enriquecimentos justificados pela comunhão de vida entre os cônjuges, o que duvidamos, dado que, mesmo que ocorram em virtude da vida em comum, haverá sempre lugar a uma compensação no fim do regime matrimonial. Ou seja, podem explicar-se pela comunhão de vida, mas esta não as justifica.

[95] V., p. ex., G. Cornu, "La reforme des régimes matrimoniaux. Généralités. Le regime primaire impératif", *JCP* 1966.I.1968, nºs 41-54.

[96] Mª Rita A. G. Lobo Xavier, *Limites à autonomia privada...*, cit., pp. 147 e 157.

procura alcançar a título preventivo, a manutenção de alguns mecanismos corretores de tais enriquecimentos, e consequentes empobrecimentos[97].

Não é nosso objetivo fazer uma análise do direito a constituir quanto à imutabilidade ou mutabilidade dos regimes de bens[98], mas, à luz do nosso ordenamento jurídico, adotar a posição que, não ferindo a lei, melhor se coadune com os interesses dos cônjuges (com proteção de terceiros que com os cônjuges se relacionem). Não podemos, porém, deixar de notar que a evolução do direito português vai no sentido de diminuir o alcance do princípio da imutabilidade. Por isso, entendemos que o princípio da imutabilidade, a existir, deve ser interpretado em sentido restrito, pelas razões já apresentadas, sem prejuízo de, no caso de contratos celebrados entre os cônjuges que visam o mesmo fim da alteração da convenção matrimonial, se acautelarem meios de defesa dos interesses dos terceiros.

---

[97] Um desses mecanismos será, evidentemente, o das compensações entre as diferentes massas patrimoniais. Aliás, como refere Mª Rita A. G. Lobo Xavier, *Limites à autonomia privada...*, cit., p. 370, não é possível realizar a equidade nas relações patrimoniais entre os cônjuges apenas pela aplicação do princípio da imutabilidade.
[98] V., sobre essa matéria, Mª Rita A. G. Lobo Xavier, *Limites à autonomia privada...*, cit., pp. 141 e segs., e doutrina aí citada.

IV.
Recuo do princípio da imutabilidade e direito comparado

Se verificarmos a tendência de algumas legislações europeias, e que já admitiram o princípio da imutabilidade, verifica-se que evoluíram no sentido da sua flexibilização ou mesmo abolição. Tal princípio não existe na Alemanha, na Espanha e na Itália e está atenuado em França[99].

O abandono da imutabilidade, tal como está consagrada no nosso Cód. Civil, encontra alguns argumentos. Um deles prende-se com o facto de se encontrar o seu fundamento na tentativa de evitar que um dos cônjuges se aproveite do

---

[99] V., Júlio Gomes, "Modificação do regime matrimonial: algumas observações de direito comparado", *Revista do Notariado*, nº 3 (julho/setembro), 1987, pp. 321-393, e nº 4 (outubro/dezembro), 1987, pp. 475-555. Analisa o autor os sistemas jurídicos que abandonaram o princípio da imutabilidade e transitaram para um regime de mutabilidade que pode ou não ser sujeita a controlo judicial. Assim, na Bélgica há controlo judicial (art. 1395º do Cód. Civil belga), bem como, em alguns casos, em França, apesar da alteração legislativa em 2007 [ainda que em França a mutabilidade esteja sujeita a prazo (para evitar alterações por mero capricho que provocariam a instabilidade), o que não acontece no ordenamento belga, onde os cônjuges podem alterar o regime de bens em qualquer altura], ao passo que em Espanha e em Itália não há. Manifesta-se o autor a favor da mutabilidade que permite uma maior flexibilização do estatuto patrimonial dos cônjuges (pp. 547, 550 e 551 e 554).
O princípio da imutabilidade mantém-se ainda, segundo os dados fornecidos em 1987 pelo autor citado, além do nosso ordenamento jurídico, nos países da América latina, como a Venezuela, o Uruguai, a Colômbia e Porto Rico (ainda que, e como dá nota Júlio Gomes, *loc. cit.*, p. 546, alguns desses países tenham já ensaiado a mutabilidade, como o México, em 1870, e a Guatemala, em 1877).

ascendente que tenha sobre o outro, levando-o a realizar, em seu benefício, liberalidades irrevogáveis. Numa altura em que os poderes patrimoniais pertenciam exclusivamente ao marido, justificava-se o princípio da imutabilidade de forma a evitar a utilização em proveito próprio desses poderes e do ascendente adquirido sobre a mulher (a alteração do regime poderia traduzir uma verdadeira liberalidade não sujeita à livre revogação das doações entre os cônjuges). Preveniam-se, assim, os abusos do marido, protegendo-se a situação das mulheres, na dependência daqueles. Este entendimento deixa de ter sentido face à igualdade entre os cônjuges[100].

Quanto à proteção de terceiros, alega-se que estes poderiam ser protegidos por um sistema de publicidade das convenções antenupciais e das respetivas alterações, sendo que estas alterações não seriam oponíveis a terceiros que adquiriram direitos anteriores. Os interesses dos terceiros, sobretudo credores, prendem-se com a possibilidade de conhecer a nova convenção matrimonial para poderem contratar com os cônjuges e a de a afastar no caso de ela prejudicar o pagamento de uma obrigação anteriormente contraída. Importará, assim, prever um regime de publicidade da modificação (tal como acontece com a própria convenção matrimonial) e a regra da irretroatividade para que a modificação da convenção matrimonial não afete os direitos já adquiridos por terceiros credores. Além disso, os credores dos cônjuges não estão impedidos de utilizar os meios tradicionais da impugnação pauliana, da fraude à lei ou do negócio indireto[101].

---

[100] Pereira Coelho/Guilherme de Oliveira, *ob. cit.*, p. 495. De certa forma em sentido oposto, por considerar que o perigo de um dos cônjuges se aproveitar do ascendente psicológico adquirido sobre o outro se mantém, Antunes Varela, *ob. cit.*, pp. 433 e 442. Não se trata propriamente da proteção da mulher mas de evitar o ascendente psicológico que um dos cônjuges possa ter sobre o outro, o que não se prende diretamente com o princípio da igualdade jurídica. Também Mª Rita A. G. Lobo Xavier, *Limites à autonomia privada...*, *cit.*, p. 142, considera que se esse fosse o argumento para o fundamento do princípio da imutabilidade não teria atualmente razão de ser, dado que face à igualdade jurídica entre marido e mulher, não há necessidade de proteger esta com o referido princípio. Contudo, de acordo com esta última autora, as situações de poder "de facto" do marido continuam a legitimar a proteção da mulher (p. 144).

[101] Mª Rita A. G. Lobo Xavier, *Limites à autonomia privada...*, *cit.*, p. 140. Refere ainda a autora, na nota 54, que os próprios credores tomam especiais cautelas neste domínio, por ex., exigindo a intervenção de ambos os cônjuges mesmo quando a lei não o impõe.
Pode mesmo ter existido simulação, realizando os cônjuges a modificação da convenção para defraudar os credores de um deles, simulando ter recebido o cônjuge devedor na liquidação e partilha da comunhão outros bens por um valor equivalente ou aumentando significativamente o valor das dívidas existentes (Javier Seoane Prado, "Cuestiones procesuales que plantea la defensa de terceros y acreedores en situaciones de cambio convencional de régimen económico matrimonial. Medidas cautelares", in AAVV, *Regimén económico matrimonial y la protección de acreedores*, sob a direção de J. R. San Román Moreno, Madrid, Consejo General del Poder Judicial, 1995, p. 394).

IV. RECUO DO PRINCÍPIO DA IMUTABILIDADE E DIREITO COMPARADO

Repare-se que a proteção de terceiros impõe-se também no caso de alteração da convenção antes da celebração do casamento, e isso não impede a sua alteração. Por isso se exige a observação de requisitos formais e de publicidade (art. 1712º, nº 2)[102].

Além disso, podem os cônjuges alterar o seu regime por força de uma separação judicial de bens (art. 1715º, nº 1, al. *b*)) que tem como consequência o passar a vigorar entre os cônjuges o regime de separação de bens (art. 1770º). Para proteção de um dos cônjuges a lei permite a alteração no decurso do casamento do regime de bens, sem atender a uma eventual proteção de terceiros. Ainda que a separação implique a observação dos requisitos do art. 1767º, podem os cônjuges acordar fraudulentamente nesse sentido com o único objetivo de alterar o regime de bens[103]. A proteção de terceiros não impede isso e estes apenas podem socorrer-se dos meios gerais de Direito comum. Por que não admitir essa possibilidade na alteração normal de uma convenção matrimonial? Ou seja, e além da proteção por força do sistema de publicidade e da não retroatividade, permitir que os terceiros possam manifestar-se quanto à legi-

---

[102] V., F. Terré/Ph. Simler, *Droit Civil. Les régimes matrimoniaux*, 2ª ed., Paris, Dalloz, 1994, pp. 156 e 157. Aliás, a escolha ou alteração do regime mesmo antes do casamento pode também implicar fraude aos direitos de credores, sobretudo quando existia a moratória prevista no art. 1696º, nº 1 (p. ex., se, verificando a contração de várias dívidas que não consegue pagar sozinho, um dos cônjuges acorda com o outro a estipulação do regime da comunhão geral de bens, fazendo com que o credor, no decurso do casamento, apenas consiga obter o seu pagamento pelos bens próprios do devedor, que podem ser inexistentes), que podiam recorrer ao regime geral se efetivamente se verificasse a existência de fraude na escolha do regime de bens. Além disso, e como refere Françoise Chevallier-Dumas, "La fraude dans les régimes matrimoniaux", *RTDC*, ano 77º, 1979, pp. 66-70, a introdução de certas cláusulas na convenção matrimonial pode implicar também fraude aos terceiros credores (p. ex., cláusulas de presunção de propriedade exclusiva ou de compropriedade dos bens no caso de dúvidas).

O Cód. de Seabra não exigia a publicidade para a eficácia das convenções antenupciais face a terceiros, o que, nas palavras de Pires de Lima/Braga da Cruz, *ob. cit.*, p. 71, representava "uma falta grave". Não sendo obrigatório o registo da convenção, os terceiros não tinham ao seu alcance um meio simples de conhecer o regime matrimonial adotado pelos cônjuges, ou seja, podiam ficar sem saber as regras pelas quais se regulavam as suas relações jurídicas com os cônjuges. Apenas com o Cód. de Registo Civil de 1958 veio sujeitar-se as convenções antenupciais a registo, só produzindo efeitos face a terceiros a partir da data do registo. Já antes, porém, do Cód. de Registo Civil de 1958, o Cód. Comercial (art. 49º) fixava estarem sujeitas a registo as convenções antenupciais dos comerciantes, sob pena de inoponibilidade a terceiros.

[103] Além de que podem os cônjuges divorciar-se apenas com vista à proteção do património de um dos cônjuges e eventualmente do património comum, e depois voltar a casar com um novo regime matrimonial mais vantajoso. De facto, a existência de divórcios simulados com o intuito de afastar um dado regime matrimonial, sobretudo o regime da responsabilidade por dívidas desse regime de bens, acontece com alguma frequência (e era já referida por Paulo Cunha, *ob. cit.*, pp. 633 e 634).

timidade da alteração, nomeadamente se foi fraudulenta ou simulada (como, aliás, ocorre noutros ordenamentos jurídicos).

Relativamente ao argumento de que as convenções seriam pactos de família, tal justificação já desde há algum tempo vem sendo afastada, por não corresponder às soluções do direito português, em que os sujeitos da convenção antenupcial são, em princípio (ressalvados os casos em que, havendo doações feitas por terceiros, e no caso de a convenção se limitar a titular tais doações, aqueles surjam como sujeitos dessas convenções), os nubentes[104].

Sustenta-se também que o princípio da imutabilidade obsta à flexibilização do estatuto patrimonial dos cônjuges, não permitindo que estes o possam adaptar aos seus interesses concretos e variáveis ao longo da vida em comum[105]. Defende-se, por isso, o alargamento do âmbito da autorregulamentação das relações patrimoniais entre os cônjuges, sem prejuízo da manutenção de mecanismos de correção dos desequilíbrios patrimoniais.

Além disso, atendendo à possibilidade de transferências encobertas de bens entre os cônjuges (p. ex., no domínio das contas bancárias), o princípio da imutabilidade deixa de ter conteúdo, ou seja, não valerá a pena manter apenas formalmente tal princípio[106].

Como referimos, na generalidade dos sistemas europeus, o princípio da imutabilidade deu lugar a um regime de mutabilidade.

Em França é permitido aos cônjuges, dois anos após a celebração do casamento, modificar o seu regime de bens, no interesse da família, por ato notarial (cfr. os arts. 1396º, 3º, e 1397º do Cód. Civil francês)[107]. O mesmo ocorre em Itália,

---

[104] Pereira Coelho/Guilherme de Oliveira, *ob. cit.*, p. 495.

[105] Pense-se os casos de casais mais velhos que vivem num quadro jurídico em que a proteção do cônjuge sobrevivo é fraca e pretendem transitar para um regime de comunhão geral que garanta ao sobrevivo a meação no património do casal; ou casais em que um dos cônjuges pretende iniciar uma profissão economicamente arriscada (comércio) e não quer que as dívidas assumidas nessa atividade comprometam os bens comuns e os do outro cônjuge, pretendendo transitar para um regime de separação de bens; ou casais que preveem uma separação de facto e pretendem fazer as alterações que essa situação aconselha (v., Júlio Gomes, *loc. cit.*, pp. 550 e 551).
V. também, Braga da Cruz, "Problemas relativos...", *loc. cit.*, pp. 343 e 344. "Em suma, em abono da faculdade de mudar o regime de bens, milita o puro e simples respeito pela autonomia privada, nesta matéria que não contende com os valores pessoais e com os interesses públicos da organização do matrimónio e da família, e onde as restrições da liberdade negocial devem ser excecionais e solidamente fundamentadas" – Pereira Coelho/Guilherme de Oliveira, *ob. cit.*, p. 498. Como escreve M. Amorós Guardiola, *et allii*, *ob. cit.*, p. 1517, a mutabilidade tem consequências práticas favoráveis servindo melhor a regulamentação dos problemas económicos do casamento, especialmente em situações de crise.

[106] Cfr. Mª Rita A. G. Lobo Xavier, *Limites à autonomia privada...*, *cit.*, p. 141.

[107] Até à Lei nº 2007-308, de 5 de março de 2007, em França exigia-se um controlo judiciário da modificação das convenções matrimoniais. O mesmo ocorria em Itália, onde havia a possibilidade

IV. RECUO DO PRINCÍPIO DA IMUTABILIDADE E DIREITO COMPARADO

onde há a possibilidade de alterar o regime de bens nos termos do art. 163º do Cód. Civil italiano. Em Espanha há a possibilidade de alterar o regime de bens, sem controlo judicial, com um sistema de publicidade e de proteção dos direitos adquiridos pelos credores (cfr., sobretudo, o art. 1331º do Cód. Civil espanhol). Por outro lado, o ordenamento jurídico alemão consagra a mutabilidade como regra tradicional[108].

---

de alterar o regime de bens controlada pela intervenção do tribunal, situação alterada pela Reforma de 1981 que afastou este controlo judicial (cfr. o art. 163º do Cód. Civil italiano).

Os cônjuges podem alterar o seu regime matrimonial durante o casamento se observarem certas condições. De acordo com o art. 1397º, 1º, do Cód. Civil francês, só pode alterar-se a convenção decorridos dois anos de aplicação do regime em vigor. Deve ainda observar-se requisitos relativos ao consentimento dos cônjuges e à sua capacidade, ao objeto e ao fim da alteração. É necessário que a modificação se justifique pelo interesse da família, atendendo não só à motivação dos cônjuges mas também à conformidade objetiva da alteração acordada pelos cônjuges com o interesse da família.

Até à referida alteração legislativa, o acordo dos cônjuges no sentido da alteração do regime de bens estava sujeito a homologação do tribunal, que devia verificar se a alteração não era inspirada pela fraude aos direitos de terceiros credores. O art. 1397º, 1º a 5º, do Cód. Civil francês, dispunha que a modificação estava sujeita a ato notarial com homologação judicial e exigências de publicidade (publicação num jornal de grande difusão da área, notificação ao oficial do registo civil com vista à sua menção no registo do casamento, notificação ao notário onde foi feita a anterior convenção matrimonial, se existisse, que deveria proceder à respetiva menção). Se o contrato envolvesse imóveis, haveria ainda que realizar o respetivo registo, bem como no caso de um dos cônjuges ser comerciante. V., sobre o sistema francês de mutabilidade, Terré/Simler, *ob. cit.*, pp. 165-183, e A. Colomer, *Droit Civil..., cit.*, pp. 159-179.

A lei e a jurisprudência francesas foram proibindo ou adaptando certos contratos entre cônjuges por considerarem a sua desconformidade com o princípio da imutabilidade. Tal ocorreu com a proibição da compra e venda entre cônjuges, abolida em 1985, e com o regime das sociedades entre cônjuges, cujo regime evoluiu desde a interdição jurisprudencial geral, baseada na convicção de que eram contrárias à imutabilidade, até à permissão legislativa total (A. Colomer, *Droit Civil..., cit.*, pp. 174-177). Apesar disso, ainda há quem entenda que um contrato de compra e venda ou de sociedade entre cônjuges, celebrado com o objetivo de defraudar o regime matrimonial, não será válido de acordo com o princípio de que *fraus omnia corrumpit* (M. Grimaldi, *et allii, ob. cit.*, p. 83, A. Colomer, *Droit Civil..., cit.*, pp. 176 e 177, e Malaurie/Aynès, *Les régimes matrimoniaux*, Paris, Defrénois, 2004, p. 72.). Cornu, *Les régimes..., cit.*, p. 34, afirma que os cônjuges não podem pela celebração de um contrato de compra e venda obter uma alteração do regime matrimonial sem observação das formalidades do art. 1397º do Cód. Civil francês. A venda entre cônjuges não é considerada válida para iludir o regime matrimonial.

[108] O mesmo acontece com o ordenamento jurídico suíço.

Importa referir que a regra da mutabilidade não é fácil de aplicar e os ordenamentos jurídicos que a admitem apresentam algumas preocupações pelas dificuldades de aplicação. Tal como referem Pereira Coelho/Guilherme de Oliveira, *ob. cit.*, p. 499, nos sistemas que chegaram a adotar a faculdade de mudar o regime de bens com controlo judicial, como a França e anteriormente a Itália, sentiu-se que esta intervenção não era satisfatória. Daí o abandono, nesses ordenamentos jurídicos, da necessidade, por regra, da homologação judicial. De facto, "ou assenta numa produção de prova

Em França, procedeu-se, desde 1965, a uma flexibilização do princípio da imutabilidade. O art. 1395º do Cód. Civil francês de 1804 dispunha que as convenções matrimoniais não podiam sofrer qualquer alteração depois da celebração do casamento. As razões invocadas para a defesa de tal princípio eram idênticas às já referidas entre nós, ou seja, o respeito pelas vontades que concorrem num contrato matrimonial, o interesse dos cônjuges e a proteção de um face à influência do outro (que com isso poderia obter benefícios irrevogáveis) e a proteção de terceiros (que correriam o risco de ser enganados se os cônjuges lhes pudessem opor as modificações incluídas na convenção matrimonial original e não trazidas ao seu conhecimento)[109]. O princípio da imutabilidade incluía, para a doutrina francesa, a proibição de os cônjuges concluírem entre si quaisquer negócios que não respeitassem o estatuto matrimonial[110].

Atualmente, existe um sistema que permite a modificação da convenção matrimonial por acordo dos cônjuges sujeito a intervenção notarial (sem neces-

---

abundante e, neste caso, constitui uma intromissão indesejável na família, desvia os juízes das funções que lhes são próprias e burocratiza penosamente o exercício da faculdade legal; ou, pelo contrário, baseia-se numa prova insuficiente e acaba por não satisfazer os propósitos de cautela para que foi prevista". Por outro lado, a publicidade que se exige para a tutela dos credores, nesses ordenamentos e em Espanha, onde constitui a base do regime, "nunca é tão eficaz como seria desejável e as melhorias neste particular obtêm-se sempre à custa de um aumento de Serviços de Registo e de atos administrativos que oneram os particulares e a Administração Pública". V. também, Mª Rita A. G. Lobo Xavier, *Limites à autonomia privada...*, cit., pp. 179-191. Não nos parece, porém, que essas dificuldades possam impedir a fixação da mutabilidade como regra.

[109] Planiol/Ripert, ob. cit., pp. 24 e 25, e *Traité pratique de Droit Civil français. Régimes matrimoniaux*, vol. VIII, parte I, Paris, LGDJ, 1925, pp. 112-114, Aubry/Rau, ob. cit., pp. 197 e 198, Henri Mazeaud, et allii, ob. cit., pp. 67 e 68, Marty/Raynaud, *Droit Civil. Les régimes matrimoniaux*, 2ª ed., Paris, Sirey, 1986, pp. 122 e 123, Flour/Champenois, *Les régimes matrimoniaux*, Paris, Armand Colin, 1995, p. 158, e A. Colomer, *Droit Civil...*, cit., p. 157. A imutabilidade admitia apenas duas exceções: no caso de separação de bens em virtude da má administração do marido que pusesse em perigo os interesses da mulher (que determinava a modificação do regime matrimonial para um regime de separação); e no caso de liberalidades efetuadas por terceiros aos cônjuges com a estipulação de específicas regras de administração dos bens doados.

As mesmas razões para excluir a mutabilidade eram invocadas pelas doutrinas italiana (v., Guido Tedeschi, *Trattato di Diritto Civile Italiano. Il matrimonio. Il regime patrimoniale della famiglia*, sob a direção de F. Vassalli, vol. III, tomo 1, 2ª ed., Torino, Utet, 1950, pp. 489 e 490, Liguori/Distaso/Santosuosso, *Commentario del Codice Civile. Disposizioni sulla legge in generale. Delle persone e della famiglia*, vol. I, tomo 1, Torino, Utet, 1966, p. 904, A. Finocchiaro/M. Finocchiaro, ob. cit., p. 463, e De Paola/A. Macri, *Il nuovo regime patrimoniale della família*, Milano, Giuffrè Editore, 1978, p. 56) e espanhola (M. Amorós Guardiola, et allii, ob. cit., p. 1498, e L. Díez-Picazo/A. Gullón, ob. cit., p. 141).

[110] V., p. ex., Beudant, *Cours de Droit Civil français. Le contrat de mariage et les régimes matrimoniaux*, tomo X, 2ª ed., Paris, Rousseau et Cª Editeurs, 1937, pp. 74-79. Aproximava-se, assim, a doutrina francesa dos autores portugueses que defendem a conceção ampla do princípio da imutabilidade.

IV. RECUO DO PRINCÍPIO DA IMUTABILIDADE E DIREITO COMPARADO

sidade de intervenção de outras eventuais pessoas que intervieram na convenção inicial, que são sempre informadas da modificação visada – art. 1397º, 2º, do Cód. Civil francês) e, em princípio, sem homologação judicial. Esta só é exigida se, existindo outras pessoas que intervieram na convenção original, se opuserem à alteração ou se existir oposição também por parte dos credores (que são informados da pretensão de alteração do regime de bens por anúncio publicado em jornal habilitado a receber anúncios legais na área da residência dos cônjuges – art. 1397º, 3º, do Cód. Civil francês) ou, ainda, se algum dos cônjuges tiver filhos menores, conforme o disposto no art. 1397º, 5º, do Cód. Civil francês (e nos termos dos arts. 1300º a 1303º do Cód. do Processo Civil francês).

A doutrina francesa entende que o princípio da imutabilidade não foi eliminado mas apenas atenuado, devendo, portanto, as suas exceções ser interpretadas de forma restrita[111]. Portanto, os cônjuges passaram a poder, por ato notarial, modificar diretamente o seu regime matrimonial. Como vimos, e desde a Lei nº 2007-308, de 5 de março de 2007, apenas em alguns casos se exige homologação judicial, conforme o disposto no art. 1397º, 4º e 5º. O tribunal controlará os requisitos da homologação, nomeadamente o prazo, a existência de ato notarial, a ausência de fraude e a conformidade com o interesse da família[112].

Apesar de já não ser necessária a homologação judicial, por princípio, e com vista à proteção de terceiros, eventualmente afetados pela modificação do regime matrimonial, impõe-se um conjunto de medidas de publicidade, quer das pessoas que intervieram na convenção original quer dos credores, como já referimos.

O ordenamento jurídico francês prevê, por isso, a hipótese de oposição dos credores dos cônjuges à modificação da convenção matrimonial dentro do prazo de três meses a contar da publicação do anúncio a que se refere o art. 1397º, 3º, do Cód. Civil francês[113], se, nomeadamente, aquela implicar uma fraude aos seus direitos. Tal oposição exigirá a homologação judicial da mesma alteração.

---

[111] V., p. ex., Terré/Simler, *ob. cit.*, p. 161. Referem os autores que o art. 1396º, 3º, do Cód. Civil francês, milita no sentido da permanência da regra da imutabilidade como princípio. Também A. Colomer, *Droit Civil...*, *cit.*, p. 158, defende a mesma posição, invocando que o art. 1395º do Cód. Civil francês determina que a regra é a de que as convenções matrimoniais devem ser redigidas antes do casamento.

[112] Sobre o "interesse da família", e a polémica em torno do mesmo, v., Henri Mazeaud, *et allii*, *ob. cit.*, pp. 83 e 84, Terré/Simler, *ob. cit.*, pp. 172-176, Flour/Champenois, *ob. cit.*, pp. 176-179, M. Grimaldi, *et allii*, *ob. cit.*, pp. 88-90, e A. Colomer, *Droit Civil...*, *cit.*, pp. 164 e 165. V. também, Júlio Gomes, *loc. cit.*, pp. 339-353.

[113] A alteração do regime matrimonial só produz efeitos face a terceiros, nos termos do art. 1397º, 6º, do Cód. Civil francês, três meses depois da sua inscrição no assento do casamento, e não no momento do ato notarial ou do *jugement*, quando seja o caso, como acontece entre os cônjuges. De facto, é preciso dar-lhes tempo para tomarem conhecimento da alteração (A. Colomer, *Droit Civil...*,

O problema é que a prova de prejuízo fraudulento aos credores não é fácil e manifesta-se sobretudo no momento da liquidação e partilha do regime subsequente à modificação. Por isso, veio a Lei nº 2007-308, de 5 de março de 2007, exigir que o ato notarial de alteração do regime de bens inclua, sob pena de nulidade, a liquidação do regime de bens (art. 1397º, 1º, do Cód. Civil francês). É que, se assim não fosse, e como acontecia até à referida lei, a partilha do regime de bens que se alterou não estava sujeita a qualquer prazo (não sendo de aplicar o art. 1444º do Cód. Civil francês, relativo à separação judicial de bens), podendo os cônjuges permanecer na indivisão, e passando o prazo para os credores se oporem à modificação. No caso de o regime anterior ser o de comunhão, os credores podem também exigir estar presentes na partilha e impugná-la, além de poderem recorrer à impugnação pauliana, nos termos gerais[114].

O art. 163º do Cód. Civil italiano admite também a possibilidade de os cônjuges alterarem o regime matrimonial, por escritura pública e na presença de

---

cit., p. 167). Em todo o caso, a modificação produz efeitos face a terceiros, mesmo sem publicidade, desde que no ato em causa os cônjuges declarem que houve alteração do regime matrimonial.
O art. 1397º, 3º, do Cód. Civil francês, apenas prevê a hipótese de os credores se oporem à modificação. De acordo com alguma jurisprudência, deve admitir-se também a sua intervenção no próprio processo de homologação, a que aquela oposição conduziu (art. 1397º, 4º). Assim, os terceiros credores que se opuseram devem aí intervir e defender os seus direitos (Aubry/Rau, ob. cit., p. 230, e A. Colomer, *Droit Civil...*, cit., p. 168 e pp. 172 e 173).

[114] Flour/Champenois, ob. cit., p. 175, nota 7 e pp. 181 e 182, A. Colomer, *Droit Civil...*, cit., p. 173, e Malaurie/Aynès, *Les régimes matrimoniaux*, cit., p. 109. Nos casos em que a impugnação tiver êxito, os bens em causa deverão ser considerados como ainda pertencentes ao cônjuge beneficiário. A possibilidade de recurso aos meios gerais, como a impugnação pauliana, quando os credores não se opuseram dentro do prazo, é também referida por M. Grimaldi, *et allii*, ob. cit., p. 99, e Rémy Cabrillac, *Droit Civil. Les régimes matrimoniaux*, 4ª ed., Paris, Montchrestien, 2002, p. 100, ainda que à luz do anterior regime legal. Repare-se, porém, que o recurso a tais meios de Direito comum apenas possibilita aos credores oporem-se à partilha e não à alteração do regime de bens (v., AAVV, *Le couple et son patrimoine*, Paris, Juris-Classeur, 2002, p. 208).
O direito belga impõe também como ato integrativo do procedimento de modificação do regime de bens a liquidação e a partilha dos bens (Júlio Gomes, loc. cit., pp. 383-386). Só assim não será se a modificação obedecer ao "procedimento simplificado", ou seja, nos casos em que a modificação não acarreta nem liquidação do regime anterior nem alteração na composição dos patrimónios. Uma das críticas apontadas ao sistema jurídico espanhol, pela posição de debilidade em que pode colocar os credores, é também a da ausência de um prazo legal para que, no caso de dívidas próprias de um dos cônjuges, se produza a liquidação e partilha da comunhão, para apuramento das meações. Apenas decorre do art. 1373º do Cód. Civil espanhol e do art. 541º da *Ley de Enjuiciamiento Civil*, havendo processo executivo, que a referida liquidação deve proceder-se dentro de um prazo razoável, a conferir pelo juiz, sob pena de, para proteção dos credores, prosseguir a execução sob os bens comuns (v., C. Saiz García, *Acreedores de los Cónyuges y Régimen Económico Matrimonial de Gananciales*, Navarra, Aranzadi, 2006, pp. 114-118 e p. 146).

todas as pessoas que participaram na convenção inicial[115]. Além disso, as convenções matrimoniais e as suas modificações estão sujeitas a registo, ou seja, a averbamento ao assento de casamento (sob pena de inoponibilidade a terceiros), bem como a transcrição das mesmas no registo predial quando, tendo por objeto bens imóveis, estes visem a constituição de um fundo patrimonial ou sejam excluídos da comunhão entre os cônjuges (art. 2647º do Cód. Civil italiano). Tendo exigido inicialmente, na Reforma de 1975, o controlo judicial da mutabilidade[116], o mesmo controlo foi suprimido em 1981. Apenas se exige homologação judicial no caso de morte de um dos cônjuges, previsto no art. 163º, 2º, do Cód. Civil italiano.

Repare-se ainda que os terceiros podem provar, por quaisquer meios, a simulação da convenção para defesa dos seus direitos (arts. 164º e 1415º, 2º, do Cód. Civil italiano). Deverão os terceiros demonstrar o acordo simulatório entre os cônjuges[117].

De referir ainda que o ordenamento jurídico italiano prevê a possibilidade de, por convenção matrimonial, os cônjuges poderem modificar, dentro de certos limites, o regime de comunhão legal (art. 210º do Cód. Civil italiano). Porém, ainda que não expressamente referido, as normas relativas à responsabilidade patrimonial (arts. 186º a 190º do Cód. Civil italiano) não podem ser objeto de modificação convencional pelos cônjuges (além de os cônjuges não poderem em qualquer modificação da convenção matrimonial alterar normas inderrogáveis – art. 160º do Cód. Civil italiano)[118]. Isto porque a matéria da garantia patrimonial

---

[115] Repare-se que, ao contrário do que acontece no ordenamento jurídico francês, onde apenas se exige a intervenção e o acordo dos cônjuges no ato notarial, no direito italiano exige-se a presença e o acordo de todas as pessoas que intervieram na convenção original, ou os seus herdeiros (art. 163º, 1º, do Cód. Civil italiano). O art. 1331º do Cód. Civil espanhol segue esta posição, exigindo a presença de todas as pessoas participantes na convenção original, mas já não os seus herdeiros ("(...) si vivieren (...)") e se a modificação afetar os direitos concedidos às mesmas.

[116] Não fixava, porém, a lei italiana os critérios deste controlo judicial, gerando alguma discussão na doutrina (v., entre outros, De Paola/A. Macri, *ob. cit.*, pp. 58-62). Entendia-se, em todo o caso, que o controlo judicial era exigido, tal como no direito francês, para proteção do interesse da família. De facto, os interesses de terceiros credores eram e são devidamente acautelados pelo sistema de publicidade da modificação das convenções matrimoniais e pela possibilidade de alegar a simulação da modificação nos termos do art. 164º do Cód. Civil italiano. Assim, o tribunal deveria recusar a alteração se estivesse em causa um perigo para o interesse da família que os cônjuges devem acautelar.

[117] De Paola/A. Macri, *ob. cit.*, p. 69, e T. Auletta, "Gli acquisti personali", *in* AAVV, *Trattato di diritto privato. Il diritto di famiglia*, sob a direção de Mario Bessone, vol. IV, tomo II, Torino, G. Giappichelli Editore, 1999, pp. 81-83.

[118] Neste sentido, De Paola/A. Macri, *ob. cit.*, pp. 220 e 224, Cian/Villani, "La comunione dei beni tra coniugi (legale e convenzionali)", *Rivista di Diritto Civile*, ano XXVI, I, 1980, p. 408, Ennio Russo,

está subtraída à vontade das partes, atendendo aos interesses de terceiros (como, aliás, decorre do art. 2740º, 2º, do Cód. Civil italiano). Por outro lado, há uma estreita correlação entre a responsabilidade por dívidas e a matéria da administração dos bens que permite afirmar, ainda que o art. 210º, 3º, do Cód. Civil italiano, apenas se refira às regras da administração, a natureza indisponível das normas dos arts. 186º a 190º do Cód. Civil italiano[119]. É, portanto, da relação com a administração que resulta a regulação do regime da responsabilidade por dívidas, de modo que a alteração deste levaria a uma alteração das regras da administração dos bens do casal.

Gabrielli e Cubeddu entendem que, nada estipulando a lei em sentido contrário, é possível os cônjuges alterarem o regime da responsabilidade por dívidas da comunhão legal, ainda que com proteção de terceiros[120]. Ou seja, é possível, p. ex., dado que protege os credores comuns, uma cláusula em que se altere a regra da subsidiariedade do art. 190º do Cód. Civil italiano, permitindo que os credores comuns possam atuar diretamente sobre o património próprio dos cônjuges (mesmo o não devedor). Mas já não será possível alterar o privilégio conferido no art. 189º do Cód. Civil italiano aos credores comuns[121].

Le convenzioni matrimoniali ed altri saggi sul nuovo Diritto di Famiglia, Milano, Giuffrè Editore, 1983, pp. 195 e 196, A. Finocchiaro/M. Finocchiaro, *Diritto di famiglia. Legislazione, dottrina e giurisprudenza*, vol. I, Milano, Giuffrè Editore, 1984, p. 1201, Quadri, "Della comunione convenzionale", in AAVV, *Commentario al diritto italiano della famiglia*, sob a direção de Cian/Oppo/Trabucchi, vol. III, Padova, Cedam, 1992, pp. 405 e 406, De Paola, *Il diritto patrimoniale della famiglia coniugale. Il regime patrimoniale della famiglia*, vol. II, Milano, Giuffrè Editore, 1995, p. 726, M. Morelli, *Il nuovo regime patrimoniale della famiglia*, Padova, Cedam, 1996, pp. 141 e 142, T. Auletta, *Il diritto di famiglia*, 4ª ed., Torino, G. Giappichelli Editore, 1997, p. 197, e M. Paladini, "La comunione convenzionale", in AAVV, *Trattato di Diritto Privato. Il Diritto di famiglia*, sob a direção de Mario Bessone, vol. IV, tomo II, Torino, G. Giappichelli Editore, 1999, p. 470.

[119] M. Morelli, *ob. cit.*, pp. 141 e 142. Contra, M. Paladini, *ob. e loc. cit.*, p. 470, nota 34, para quem a disciplina da responsabilidade por dívidas na comunhão legal configura, com respeito pela autonomia e liberdade negocial dos cônjuges, o reflexo do princípio da "*solidarietà e comunione materiale e spirituale*" entre os cônjuges, que se exprime no reconhecimento a cada um dos cônjuges do poder de praticar atos que se repercutem na esfera patrimonial do outro cônjuge. Gabrielli/Cubeddu, *ob. cit.*, pp. 298 e 299, entendem que esta relação não é tão marcada, dado que o legislador de 1975 regulou a administração e a responsabilidade como capítulos separados na disciplina do regime legal.

[120] Gabrielli/Cubeddu, *ob. cit.*, pp. 298 e 299.

[121] O mesmo problema pode pôr-se no nosso ordenamento jurídico, já que o art. 1699º, nº 1, al. *c*), proíbe a alteração das regras da administração dos bens do casal mas não as da responsabilidade por dívidas. Podemos pensar que as regras da administração não se relacionam com as de regulação da responsabilidade por dívidas e, por isso, as desarticulações e problemas de ligação entre os dois regimes. Em todo o caso, não parece possível aos nubentes a alteração do regime da responsabilidade por dívidas atendendo à al. *b*) do nº 1 do mesmo art. 1699º.

IV. RECUO DO PRINCÍPIO DA IMUTABILIDADE E DIREITO COMPARADO

No ordenamento jurídico espanhol não só vale a regra da mutabilidade, desde a Reforma de 1975[122], como os cônjuges podem livremente contratar entre si (art. 1323º do Cód. Civil espanhol), não havendo restrições à celebração de quaisquer contratos. O art. 1323º do Cód. Civil espanhol, aplicável a qualquer regime de bens, permite a celebração de doações entre cônjuges (sujeitas apenas às regras gerais, não sendo de presumir qualquer fraude pelo facto de se tratar de cônjuges), a transmissão a um dos cônjuges de bens comuns e a constituição de sociedades mesmo que constituídas apenas pelos cônjuges e cujo ativo seja constituído por bens da comunhão conjugal[123]. Estipulam, assim, os arts. 1317º, 1323º, 1325º, 1326º, e 1327º do Cód. Civil espanhol a possibilidade de os cônjuges alterarem a sua convenção matrimonial, por escritura pública, com salvaguarda dos direitos adquiridos por terceiros, bem como a possibilidade de celebrarem contratos entre si.

Em todo o caso, a norma do art. 1319º do Cód. Civil espanhol, que integra o regime matrimonial de base, não pode ser alterada por acordo dos cônjuges, sob pena de defraudar credores que, confiando na aparência da lei, desconheciam os

---

[122] Para o direito comum, pois na maioria das regiões de direito foral a mutabilidade sempre foi a regra (J. R. San Román Moreno, "Planteamiento general", in AAVV, *Regimén económico matrimonial y la protección de acreedores*, sob a direção de J. R. San Román Moreno, Madrid, Consejo General del Poder Judicial, 1995, pp. 22 e 23).

[123] L. Díez-Picazo/A. Gullón, *ob. cit.*, p. 96. Citam os autores, na nota 2, a Resolução de 2 de fevereiro de 1983 que, a nosso ver estranhamente, admite a compra por um dos cônjuges, com dinheiro próprio, de um bem comum (não ficando a comunhão prejudicada, dado que a saída do bem é compensada pela entrada de dinheiro), mas nega a possibilidade de venda da sua parte na mesma comunhão dado tratar-se de uma comunhão sem quotas. Uma coisa seria a transmissão de bens comuns concretos (admitida) e outra a transmissão da hipotética participação que ao cônjuge cabe nos bens comuns (não admitida, dada a indeterminação do objeto) – Lledó Yagüe, *et allii, ob. cit.*, p. 158. Ora, sendo assim, como se admite a compra de um bem que já lhe pertence (?), ou seja, integrando os bens comuns um património de mão comum não se sabe ao certo o que pertence a um ou ao outro cônjuge. Admitir a venda de um bem comum entre cônjuges será considerar um cônjuge como um terceiro face ao património comum, o que não acontece. Neste sentido, v., José A. Alvarez-Caperochipi, *Curso de Derecho de Familia. Matrimonio y régimen económico*, tomo I, Madrid, Civitas, 1988, p. 224, que considera, na hipótese de compra de um bem comum por um dos cônjuges, um caso de "autocontrato". Além disso, o retirar bens da comunhão implicará uma modificação do regime de bens e, por isso, sujeita às regras da modificação das convenções matrimoniais e proteção de terceiros (art. 1317º do Cód. Civil espanhol). Lledó Yagüe, *et allii, ob. cit.*, p. 157, consideram, em todo o caso, que no regime de comunhão geral não pode verificar-se a existência de contratos de transmissão da propriedade dos bens entre os cônjuges, dada a "unificação patrimonial total" aí existente. Ora, quanto ao património comum, não vemos grande diferença face a outro regime de comunhão que justifique a diferença de tratamento. Aliás, chegou a ser proposta uma alteração, não aprovada, no sentido de que os cônjuges podiam transmitir bens e direitos *"que privativamente les pertenezcan"*.

acordos privados[124]. Assim, os cônjuges não podem alterar o disposto no § 1º, quanto à satisfação das necessidades ordinárias da família, ainda que possam acordar o modo como se distribui o exercício de tal poder. O § 2º estabelece um mínimo indisponível de caráter imperativo, isto é, os cônjuges não podem diminuir a responsabilidade aí prevista, estando em causa interesses de terceiros credores, mas podem fixar um acréscimo de tal responsabilidade. Em termos gerais, pode dizer-se que, de acordo com o art. 1328º do Cód. Civil espanhol, não podem os cônjuges dispor sobre matérias reguladas em normas imperativas, como as relativas ao regime primário[125].

Enquanto a lei francesa prevê a possibilidade de oposição de terceiros (art. 1397º do Cód. Civil francês) e a lei italiana a possibilidade de terceiros arguirem a simulação da convenção (art. 164º do Cód. Civil italiano), a lei espanhola, no art. 1317º do Cód. Civil espanhol, protege a posição de terceiro acautelando os seus direitos adquiridos (pelo princípio da irretroatividade das convenções matrimoniais). Assim, se os cônjuges casados em regime de separação alteram esse regime para um de comunhão, o credor pessoal de um dos cônjuges pode continuar a ver o pagamento do seu crédito ser efetuado pelos bens que até ao momento eram próprios do seu devedor; no mesmo sentido, se de um regime de comunhão os cônjuges passarem para o regime de separação, não podem invocar a nova qualificação do bem como próprio para afastar a responsabilidade do então bem comum perante credores da comunhão[126]. A alteração da convenção está

---

[124] J. R. San Román Moreno, *ob. e loc. cit.*, p. 34), e Mª Pilar Alvarez Olalla, *ob. cit.*, pp. 177 e 178. María Jesús Monfort Ferrero, *La Responsabilidad de los Cónyuges ante las Necesidades Ordinarias de la Familia*, Navarra, Aranzadi, 2004, p. 27, considera que o grau de imperatividade do art. 1319º do Cód. Civil espanhol varia nos §§ 1º e 2º (o § 3º é de mera remissão).

[125] Júlio Gomes, *loc. cit.*, pp. 522-534, e M. Amorós Guardiola, *et allii, ob. cit.*, pp. 1539 e 1540, que, para este efeito, considera como normas imperativas as dos arts. 67º, 1318º, 1320º, 1322º, 1324º, 1378º, e 1441º, todos do Cód. Civil espanhol.

[126] Como referem L. Díez-Picazo/A. Gullón, *ob. cit.*, pp. 157 e 158, trata-se de proteger direitos já adquiridos (e não meras expectativas) dos credores a respeito das massas patrimoniais, ou seja, direitos adquiridos de terceiros credores de boa fé cuja modificação os prejudique. Assim, podem continuar a responsabilizar os bens comuns se no momento da contração da dívida os mesmos respondiam por ela, não obstante tais bens terem passado a ser bens próprios com um novo regime de separação. No mesmo sentido, v., Mª Pilar Alvarez Olalla, *ob. cit.*, pp. 210 e 211 (ainda que abra uma exceção para os bens adquiridos depois da dissolução sub-rogados a bens comuns), e C. Vásquez Iruzubieta, *Administración y liquidación del régimen económico del matrimonio*, Madrid, Dijusa, 2004, p. 77. Já parece excessivo considerar, como Román García, *El matrimonio y su economía (Régimen económico matrimonial legal y regímenes convencionales)*, Madrid, Centro de Estudios, Fundación Beneficentia et Peritia Juris, 2004, p. 75, e Lacruz Berdejo/Sancho Rebullida, *et allii, ob. cit.*, p. 142, a aplicação sempre das antigas regras face a terceiros, ou seja, responderiam não apenas os bens que eram comuns no momento em que o terceiro credor adquiriu o seu direito mas também os bens que fos-

também sujeita a publicidade, ou seja, a inscrição no registo civil e, estando em causa imóveis, no registo predial (art. 1333º do Cód. Civil espanhol e art. 75º do *Reglamento Hipotecario*)[127]. Acresce ainda a menção no registo comercial tratando-se de cônjuge comerciante (arts. 12º e 22º do *Código de Comercio* e art. 87º, 6º, do *Reglamento del Registro Mercantil*)[128]. Deve ainda a modificação constar em nota na

---

sem adquiridos depois da modificação de regime e que à luz do regime anterior fossem considerados comuns. Ainda que dessa forma a mutabilidade deixasse de poder ser considerada uma forma de fraude à proteção de terceiros é, de facto, uma interpretação excessiva face à letra do art. 1317º do Cód. Civil espanhol. Mª Dolores Mas Badía, *La tercería de dominio ante el embargo de bienes gananciales*, Valencia, Tirant lo blanch, 1999, p. 214, considera que estender a proteção de terceiros credores aos bens futuros encontra o obstáculo previsto no art. 1401º do Cód. Civil espanhol, ou seja, aí se referem, para efeito de pagamento das dívidas depois da liquidação da comunhão, os bens adjudicados e só estes (e não também os que se adquirirem no futuro).
Dado que só a partir da inscrição no registo civil a alteração do regime de bens é oponível a terceiros credores, terá o mesmo tratamento quer a dívida contraída pelo(s) cônjuge(s) antes da alteração do regime quer a contraída depois da alteração mas antes do registo devido (Mª Pilar Alvarez Olalla, *ob. cit.*, pp. 255 e 256).
Esta proteção de direitos adquiridos de terceiros credores é também assegurada pelo art. 193º do Cód. Civil suíço.

[127] Repare-se que, tratando-se de imóveis, a menção no registo civil não basta, ou seja, se a modificação da convenção constar do registo civil mas não do registo predial, a mesma modificação é inoponível a terceiros de boa fé (caso contrário, bastando o registo civil, a menção no registo predial seria mera repetição da do registo civil, sem utilidade). O mesmo acontece com a menção no registo civil e a sua falta no registo comercial, tratando-se de comerciante inscrito (art. 21º, 1º, do *Código de Comercio*). V., Lledó Yagüe, *et allii*, *ob. cit.*, pp. 175 e 176 e p. 177. Contra, Mª Pilar Alvarez Olalla, *ob. cit.*, pp. 204-207, ao considerar que é a inscrição no registo civil que determina a oponibilidade da alteração, mesmo não existindo inscrição no registo predial (mas já considera que haverá inoponibilidade se não existir o registo comercial quando este é devido). Não deixa, porém, de notar o problema que pode surgir quando os credores pretenderem registar provisoriamente os bens que foram adjudicados ao cônjuge não devedor em consequência do acordo estipulado (o que dependerá do caráter comum ou próprio da dívida).
A necessidade de constar do registo predial os factos a ele sujeitos e que sofreram alteração por força da convenção antenupcial está também prevista no nosso art. 1711º, nº 3. Por seu lado, basta a inscrição no registo civil para a convenção antenupcial em que um dos nubentes, ou ambos, sejam comerciantes produzir todos os seus efeitos face a terceiros (não sendo necessária, para a produção de efeitos, e ainda que prevista no art. 2º do Cód. de Registo Comercial, a sua inscrição no registo comercial). V., Pires de Lima/Antunes Varela, *ob. cit.*, pp. 392 e 393.
[128] Como refere Júlio Gomes, *loc. cit.*, p. 544, o sistema de publicidade previsto no direito espanhol é "assaz desarticulado" e é, aliás, criticado pela doutrina espanhola por não proporcionar segurança suficiente nem facilitar informação fiável e completa sobre o regime matrimonial, sugerindo-se a criação de um registo especial de regimes matrimoniais (para maior conhecimento e, com isso, proteção de terceiros) – v., p. ex., Victorio Magariños Blanco, "Cambio de régimen económico matrimonial de gananciales por el de separación y los derechos de los acreedores", *in* AAVV, *La reforma del Derecho de Familia. Matrimonio, separación, divorcio, régimen económico matrimonial, filiación y patria*

escritura da convenção anterior, devendo o notário fazê-la constar das cópias que emita (art. 1332º do Cód. Civil espanhol e art. 178º do *Reglamento Notarial*). A falta de menção no registo implica a inoponibilidade da modificação a terceiros de boa fé (art. 60º, 1º, da *Ley del Registro Civil*, Lei nº 20/2011, de 21 de julho).

Além disso, a irretroatividade do art. 1317º do Cód. Civil espanhol implica que os cônjuges que contraíram dívidas antes da alteração da convenção matrimonial, e mesmo que tal alteração conste do registo (civil, predial e comercial)[129], não podem opor a referida modificação aos credores com quem contrataram que gozam, por isso, das mesmas regras de responsabilidade a que estavam afetos os bens no momento da contração da dívida. Por isso, a responsabilidade dos bens comuns não desaparece, podendo os credores comuns executá-los (nos termos do art. 1401º do Cód. Civil espanhol), mesmo que tenham sido adjudicados ao cônjuge não devedor[130]. Portanto, continuam a responder pelas dívidas os bens

---

potestad, Jornadas hispalenses sobre la reforma del Derecho de Família, Sevilla, Imprenta Sevillana, 1982, pp. 160-166 e pp. 174-176, A. Cabanillas Sánchez, "La mutabilidad del régimen económico matrimonial", *Anuario de Derecho Civil*, tomo XLVII, nº 2, 1994, pp. 161-168, J. E. Mora Mateo, "Publicidad de las capitulaciones de cambio del régimen económico matrimonial", in AAVV, *Regimén económico matrimonial y la protección de acreedores*, sob a direção de J. R. San Román Moreno, Madrid, Consejo General del Poder Judicial, 1995, p. 276, e Mª Pilar Alvarez Olalla, *ob. cit.*, pp. 200-207.

A inscrição no registo comercial justifica-se dado o sistema de responsabilidade privilegiado dos arts. 6º a 12º do *Código de Comercio*, para os quais o art. 1365º do Cód. Civil espanhol remete. Respondem diretamente pelas dívidas em causa os bens adquiridos no exercício do comércio e essa responsabilidade deve manter-se mesmo com a alteração da convenção matrimonial para proteção de direitos adquiridos dos credores comerciais. Por isso, J. E. Mora Mateo, *ob. e loc. cit.*, p. 265, considera que será nula uma alteração da convenção matrimonial que exclua os bens adquiridos no exercício do comércio de tal responsabilidade, por afetar o tráfego mercantil e ir contra norma imperativa (art. 1328º do Cód. Civil espanhol e art. 6º do *Código de Comercio*). No mesmo sentido, A. Cabanillas Sánchez, "La mutabilidad...", *loc. cit.*, pp. 217 e 218, e "Notas sobre la mutabilidad del régimen económico matrimonial, la responsabilidade de los bienes del matrimonio por las obligaciones contraidas por el cónyuge comerciante y la protección de los acreedores", in AAVV, *Estudios jurídicos en homenaje al Profesor Aurelio Menéndez*, tomo I, Madrid, Civitas, 1996, p. 499.

[129] Ou seja, um bem pode ser adjudicado a um cônjuge na partilha da comunhão e encontrar-se, por isso, registado no seu nome. Ora, ao credor comum ou próprio do outro cônjuge (consoante se trate de dívida própria ou comum), sendo protegido pelo art. 1317º do Cód. Civil espanhol, é inoponível tal alteração, podendo continuar a executar o referido bem mesmo que não se encontre registado no nome do seu devedor. V., Camino Sanciñena Asurmendi, *Régimen económico matrimonial del comerciante*, Madrid, Dykinson, 1996, p. 183.

[130] Como defende Javier Seoane Prado, *ob. e loc. cit.*, p. 373, a via processual mais segura para salvaguarda dos direitos adquiridos por força do art. 1317º do Cód. Civil espanhol é a da reclamação do crédito em ação declarativa, demandando o cônjuge devedor e simultaneamente o não devedor, e solicitando ao tribunal a declaração de que os bens comuns estão afetos ao pagamento da dívida em causa. Isto se os bens comuns que se pretendem executar foram adjudicados ao cônjuge não

comuns adjudicados ao cônjuge que contraiu a dívida ou ao outro cônjuge, bem como os bens próprios do cônjuge que a contraiu (e os do outro se a dívida se integrar nas previstas no art. 1319º do Cód. Civil espanhol)[131].

Os credores pessoais de um dos cônjuges não parecem poder invocar o art. 1317º do Cód. Civil espanhol no caso de alteração de um regime de comunhão para o de separação de bens, dado que, apesar de não excluídos da norma[132],

---

devedor (v., F. Blasco Gascó, "Modificación del Régimen Económico Matrimonial y perjuicio de terceros: la norma del artículo 1.317 CC.", *Anuario de Derecho Civil*, tomo XLVI, nº 2, 1993, pp. 637 e 638).
Quanto aos meios processuais a utilizar pelo credor para beneficiar da proteção do art. 1317º do Cód. Civil espanhol [ou seja, inoponibilidade diretamente resultante do art. 1317º do Cód. Civil espanhol, ou a impugnação da convenção matrimonial por fraude (impugnação pauliana, como meio subsidiário), ou a declaração de nulidade da convenção matrimonial ou da liquidação e partilha (por simulação ou ilicitude da causa) ou ainda a qualificação da dissolução do regime de comunhão pela mutação para um outro como um delito de dissipação de bens, por impedir fraudulentamente a responsabilidade dos bens comuns], v., Camino Sanciñena Asurmendi, *ob. cit.*, pp. 162-182. V. também, defendendo a inoponibilidade prevista no art. 1317º do Cód. Civil espanhol ao credor e, a título subsidiário, a impugnação da modificação da convenção por fraude (arts. 1111º e 1291º, 3º, do Cód. Civil espanhol), Bello Janeiro, "Los acreedores y la modificación del regimén económico matrimonial", *Revista Jurídica del Notariado*, Julho-Setembro, 1993, nºs 46-66.
O problema que pode colocar-se no ordenamento jurídico espanhol é que o credor, beneficiando da proteção do art. 1317º do Cód. Civil espanhol, pode continuar a executar bens que no momento da contração da dívida integravam o património responsável, ainda que agora adjudicados ao cônjuge não devedor (ou seja, mantém-se a responsabilidade dos bens pela dívida mas não a sua titularidade – F. Blasco Gascó, *loc. cit*, p. 638). Contudo, uma vez efetuada a penhora, a sua inscrição no registo era negada dado que não se tinha diretamente demandado o titular dos bens (cônjuge não devedor), cuja titularidade se pretendia afetar com a referida penhora. Havia, por isso, obstáculos registais que impediam ao credor assegurar a sua penhora. Com a reforma do *Reglamento Hipotecario*, pelo RD 1867/1998, de 4 de setembro, o art. 144º, 4º, fixa os requisitos necessários para a admissão do registo da penhora sobre bens ex-comuns, ou seja, importa que o bem em causa fosse responsável pela dívida e a notificação da penhora ao cônjuge não devedor tenha sido anterior à realização da liquidação e partilha do regime de bens. A *Ley de Enjuiciamiento Civil*, que entrou em vigor em 2001, veio facilitar tal possibilidade ao permitir a chamada ao processo de sujeitos que não tenham subscrito o título executivo (como o cônjuge do devedor) (Fátima Yáñez Vivero, *Las capitulaciones matrimoniales en perjuicio de acreedores y la anotación de embargo sobre bienes ex-ganenciales*, Madrid, Fundación Beneficentia et Peritia Iuris, Colegio de Registradores de la Propriedad y Mercantiles de España, 2003, p. 24 e pp. 135 e segs.).

[131] Por isso, Mª Pilar Alvarez Olalla, *ob. cit.*, p. 192, considera que mais que a irretroatividade do novo regime matrimonial de bens, o que releva face aos terceiros credores é a inoponibilidade da liquidação, e respetivas adjudicações dos bens, que ocorre com a alteração do regime de comunhão para o de separação de bens.

[132] Bello Janeiro, *loc. cit.*, nº 53, F. Blasco Gascó, *loc. cit*, pp. 629-633, e Fátima Yáñez Vivero, *ob. cit.*, p. 325. O art. 1317º do Cód. Civil espanhol não faz qualquer distinção entre credores comuns e credores pessoais de um dos cônjuges. Contra, parece pronunciar-se A. Cabanillas Sánchez, "La muta-

a modificação não lhes traz qualquer prejuízo. De facto, antes da modificação e respetiva liquidação da comunhão os credores pessoais de um dos cônjuges podiam pagar-se com os bens próprios do seu devedor e, subsidiariamente, com bens comuns, nos termos do art. 1373º do Cód. Civil espanhol.

Ora, após a alteração e partilha do regime de comunhão os credores pessoais podem executar os bens próprios do devedor e os bens comuns que lhes foram adjudicados, ou seja, os mesmos bens, não havendo, por isso, prejuízo de tais credores[133]. Contudo, podem estes credores ser afetados no modo como se procede à partilha dos bens comuns (podendo o seu devedor não receber bens ou receber bens de baixo valor)[134]. Nestes casos podem os credores participar na liquidação e partilha, de acordo com o art. 1402º do Cód. Civil espanhol (o qual remete para os arts. 1082º a 1084º do Cód. Civil espanhol). Se esta já ocorreu e os seus direitos foram afetados podem sempre impugnar a liquidação e partilha da comunhão (impugnação pauliana)[135].

Por sua vez, o § 1408º do BGB, seguindo a regra tradicional no direito alemão, permite que os cônjuges revoguem ou modifiquem o regime inicialmente acordado depois da celebração do casamento (ainda que estejam limitados aos regimes tipificados na lei, não podendo optar por um regime atípico)[136]. Os cônjuges

bilidad...", *loc. cit.*, pp. 184 e 185, ao considerar que o art. 1317º do Cód. Civil espanhol não tem aplicação no caso de se tratar de um credor pessoal de um dos cônjuges, dado que não tem qualquer direito adquirido (o art. 1373º do Cód. Civil espanhol não lhe confere um direito adquirido).

[133] Podem também os credores pessoais, nos casos em que não tenha existido uma liquidação da anterior comunhão (p. ex., se os cônjuges alteram o seu regime de bens logo após o casamento, sem que tenha havido inscrição no registo), exigir o pagamento, na falta de bens próprios, pela meação nos bens comuns, implicando uma liquidação de uma comunhão inexistente (Mª Pilar Alvarez Olalla, *ob. cit.*, p. 257).

[134] De facto, os bens adjudicados ao cônjuge devedor na liquidação e partilha nem sempre correspondem à metade do valor nos bens comuns (como acontece no decurso da comunhão por força do art. 1373º do Cód. Civil espanhol). Daí a existência de prejuízo dos credores (F. Blasco Gascó, *loc. cit*, p. 633, e C. Saiz García, *ob. cit.*, p. 150).

[135] Camino Sanciñena Asurmendi, *ob. cit.*, p. 160, nota 426. F. Blasco Gascó, *loc. cit*, p. 633, considera que o meio para salvaguarda dos direitos de tais credores pessoais nessas situações não será a ação de impugnação mas a manutenção do regime matrimonial que existia e a aplicação do art. 1317º do Cód. Civil espanhol (dado que nestes casos existe um prejuízo dos credores). Mª Pilar Alvarez Olalla, *ob. cit.*, p. 258, refere que a proteção do art. 1317º do Cód. Civil espanhol pode aplicar-se aos credores pessoais mas já não quando o crédito destes tenha sido ulterior à alteração do regime de bens e registo da mesma. Resta, neste caso, aos referidos credores a *acción rescisoria* se a liquidação da comunhão foi realizada com fraude aos direitos dos mesmos credores.

[136] Sendo importante fixar os limites entre uma modificação permitida a certas normas de um dado regime de bens (*spezieller Ehevertrag*) e uma completa desvirtuação do regime de bens (Staudinger, *BGB – Kommentar zum Bürgerlichen Gesetzbuch mit Einführungsgesetzt und Nebengesetzen. Familienrecht,*

IV. RECUO DO PRINCÍPIO DA IMUTABILIDADE E DIREITO COMPARADO

apenas devem obedecer à forma legal para modificar a convenção anterior. Com efeito, a convenção deve estar sujeita a intervenção notarial (§ 1410º do BGB)[137] e a registo (§§ 1558º a 1563º do BGB).

O § 1412º do BGB regula a eficácia da modificação da convenção face a terceiros, ou seja, só é oponível a terceiros a partir do respetivo registo (*Güterrechtsregister*) ou se aqueles tiveram conhecimento da respetiva modificação no momento da celebração do contrato. A proteção dos terceiros, por força do § 1412º do BGB, pressupõe que o direito dos terceiros decorre de um negócio jurídico celebrado com um dos cônjuges ou de sentença judicial proferida contra o cônjuge e que haja boa fé do terceiro. Nesses casos, a modificação só produz efeitos a partir do registo da convenção matrimonial de alteração ou se o terceiro teve conhecimento da mesma (isto é, só com o registo podem os cônjuges invocar a alteração face aos terceiros em causa). A função de publicidade do registo do regime de bens não é alcançada, sobretudo porque os cônjuges, não estando obrigados à sua realização para alterarem o seu regime de bens (o registo tem efeito meramente declarativo e não constitutivo, ao contrário do que acontece no registo fundiário (predial) alemão), não o realizam[138].

Mas, uma vez registada a convenção, os direitos que terceiros (credores) venham a adquirir são afetados pela alteração da convenção[139]. Os terceiros que contraíram dívidas antes da alteração do regime de bens, mesmo sendo esta regis-

---

vol. 4, §§ 1363º-1563º, 13ª ed., Berlin, Sellier de Gruyter, 1994, Vorbem zu §§ 1408 ff RdNr 2-26, pp. 349-356).

[137] A necessidade de observação de uma forma específica para a convenção matrimonial desempenha as funções gerais da exigência de forma de um negócio jurídico, ou seja, e como refere MünchKomm – *Kanzleiter*, § 1410 Rdn. 1 e 2, p. 569, as funções de permitir que os cônjuges tomem consciência da regulamentação em causa que regulará as suas relações patrimoniais (função de proteção – *Schutzfunktion*), de proteção contra precipitações dos cônjuges (*Funktion des Schutzes vor Übereilung*) e de conhecimento do negócio jurídico em causa (*Warnfunktion*), e de assegurar a prova do regime escolhido (*Beweisfunktion*). Além disso, acautela, pela intervenção notarial, a validade da convenção (*Gültigkeitsgewähr*). V. também, com referência às referidas funções, Dölle, *Familienrecht*, Band I, s.l., C. F. Müller, 1964, p. 663.

[138] Langenfeld, *ob. cit.*, p. 222. Defende, por isso, o autor a sua abolição („*Das Güterrechtsregister sollte abgeschafft werden*"). Por sua vez, e na mesma lógica, Staudinger, *ob. cit.*, § 1412 Rdn. 6, p. 404, fala de um "registo morto" („.... *ein totes Register*..."). De facto, a convenção é válida e produz efeitos mesmo sem o registo, sem prejuízo da proteção da boa fé de terceiro nos termos do § 1412º do BGB (Martin Lipp, *Examens-Repetitorium, Familienrecht*, Heidelberg, C.F. Müller, 2001, p. 101, e Schwab, *Familienrecht*, 14ª ed., München, C. H. Beck, 2006, pp. 109 e 110).

[139] Há uma proteção negativa da boa fé, ou seja, só será protegido o terceiro de boa fé no caso de não se realizar o registo. V., Giesen, *Familienrecht*, 2ª ed., Tübigen, Mohr Siebeck, 1997, p. 129, Langenfeld, *ob. cit.*, p. 223, Schlüter, *BGB – Familienrecht*, 11ª ed., Heidelberg, C. F. Müller, 2005, pp. 73 e 74, e Schwab, *ob. cit.*, p. 109.

tada, têm a sua posição salvaguardada. Em todo o caso, os terceiros credores podem também recorrer às regras gerais contra atos fraudulentos, acautelando, assim, os seus direitos adquiridos[140].

Fixa ainda, e em consequência, o direito alemão o princípio da livre contratação entre os cônjuges sem quaisquer limites (a não ser os relativos às regras de validade de qualquer negócio jurídico independentemente das partes serem ou não casadas).

A regra da mutabilidade foi também adotada em Macau e no Brasil, com vista a agilizar a vida negocial entre os cônjuges[141].

---

[140] Nomeadamente, as normas relativas à proteção do terceiro de boa fé dos §§ 892º e 932º do BGB (Beitzke/Lüderitz, *ob. cit.*, p. 119, e Lüderitz/Dethloff, *ob. cit.*, p. 101, MünchKomm – *Kanzleiter*, § 1412 Rdn. 10, pp. 574 e 575, Staudinger, *ob. cit.*, § 1412 Rdn. 47-50, pp. 412 e 413, e Gernhuber//Coester-Waltjen, *ob. cit.*, § 33, IV, 3, pp. 357 e 358).

[141] V., arts. 1566º e 1578º do Cód. Civil de Macau. Com o novo Cód. Civil brasileiro, que entrou em vigor em 2003, os cônjuges podem alterar o seu regime de bens, mediante autorização judicial (art. 1639º, § 2º). Proíbe, porém, o mesmo código a constituição de sociedades entre cônjuges, sós ou com terceiros, sempre que o regime de bens seja o da comunhão geral ou da separação obrigatória de bens (tentando, assim, evitar a fraude ao regime de bens adotado). Têm, em todo o caso, os cônjuges a possibilidade de alterar o seu regime de bens, por convenção matrimonial, para poderem constituir uma sociedade.

V.
Necessidade de alargamento do âmbito de autorregulamentação das relações patrimoniais entre os cônjuges

O princípio da imutabilidade limita o campo da autorregulamentação das relações patrimoniais entre os cônjuges, atendendo sobretudo à superveniência de acontecimentos imprevisíveis no momento da celebração da convenção antenupcial. Alterando-se a situação económica dos cônjuges, cuja modificação é frequente, o regime por eles fixado pode já não corresponder às suas necessidades, podendo sofrer com isso prejuízos patrimoniais[142]. Várias têm sido as razões apresentadas pela doutrina estrangeira para admitir a mutabilidade[143].

---

[142] Marie-Pierre Champenois-Marmier/Madeleine Faucheux, *ob. cit.*, p. 80, e Terré/Simler, *ob. cit.*, p. 160. Podem os cônjuges ter necessidade de iniciar uma nova atividade comercial, de alienar uma parte dos seus bens... e o regime inicialmente adotado não lhes permitir tais possibilidades.

[143] Em França os cônjuges alteram o seu regime patrimonial por razões que se prendem com necessidades da sua vida profissional, com a obtenção de vantagens fiscais, para facilitar a transmissão dos bens por via sucessória ou por afrouxamento do relacionamento conjugal (permitindo que os cônjuges, abandonando um regime de comunhão, passem a gerir livremente os seus bens e com essa autonomia evitar que se divorciem). V., Jean-Pierre Ferrandes, "Le point de vue du notaire: pourquoi changer de régime matrimonial?", in AAVV, *Le régime matrimonial à l'épreuve du temps et des séparations conjugales*, sob a direção de Jacques Foyer/Catherine Labrusse-Riou, Paris, Economica, 1986, pp. 21-28. Quanto às razões de ordem profissional, pode acontecer que um dos cônjuges passe a exercer uma atividade que envolva riscos para o património do casal, pelo que entendem convencionar o regime da separação de bens. A passagem para este regime permite aos cônjuges salva-

Como já referimos a propósito do âmbito do princípio da imutabilidade, nem sempre os cônjuges pretendem alterar o seu regime matrimonial por razões fraudulentas (p. ex., se um dos cônjuges, assumindo riscos económicos na sua atividade, não quer responsabilizar o outro por tal). Além disso, a garantia dos interesses dos credores no caso de alteração direta do regime de bens é assegurada por um sistema de publicidade e inoponibilidade. Podem, além disso, recorrer aos meios gerais, como o princípio da *fraus omnia corrumpit* ou da impugnação pauliana[144].

Mas, e como já dissemos, mesmo a eliminação do princípio da imutabilidade apenas permitirá aos cônjuges alterarem o seu estatuto patrimonial mediante a celebração de uma nova convenção matrimonial. Com efeito, não ficarão os cônjuges autorizados a modificar o seu estatuto patrimonial inicial por via indireta como, aliás, acontece nos países que consagraram um sistema de "mutabilidade controlada" ou que aboliram o princípio da imutabilidade, onde os cônjuges não podem afetar o seu estatuto indiretamente através de atos jurídicos celebrados entre eles ou com terceiros.

Como vimos, no ordenamento jurídico francês existe atualmente um sistema que permite a modificação da convenção matrimonial por ato notarial, em alguns

---

guardar os bens do património familiar que eram geridos por aquele que assume os riscos profissionais. As razões de ordem fiscal e sucessória prendem-se essencialmente com a alteração para um regime de comunhão geral, com atribuição total da propriedade ao cônjuge sobrevivo (evitando o pagamento, por este, das taxas relativas aos direitos sucessórios). Os autores franceses consideram que tal alteração não deve ser considerada como uma fraude à lei fiscal (Henri Fenaux, "Le changement de régime matrimonial et les droits des tiers", *RTDC*, ano 65º, 1967, pp. 572 e 573, Aubry/Rau, *ob. cit.*, p. 222 e nota 107, e A. Colomer, *Droit Civil...*, *cit.*, p. 165, nota 43).

Na Alemanha a possibilidade de alteração da convenção matrimonial é também considerada para permitir a adequação do estatuto patrimonial dos cônjuges aos seus interesses patrimoniais. Também aqui os objetivos dos cônjuges passam pela mesma ideia de proteção do património do casal e fins sucessórios.

[144] Henri Fenaux, *loc. cit.*, p. 574.

A ação revogatória (rescisória ou pauliana) pode definir-se como o poder, concedido pela lei aos credores, de rescindirem judicialmente os atos e contratos verdadeiros (e não simulados) celebrados pelos devedores em seu prejuízo (arts. 610º e segs.). Para tal será necessário o preenchimento de certos requisitos: a anterioridade da dívida, a insolvência do devedor e a má fé do alienante e do adquirente. V., Pires de Lima/Antunes Varela, *Noções fundamentais de Direito Civil*, vol. I, 6ª ed., Coimbra, Coimbra Editora, 1973, pp. 359-365.

Repare-se ainda que a dissipação de bens, com fraude aos credores, tem também tutela penal (v., art. 227º do Cód. Penal, que pune a insolvência dolosa). É a esta tutela penal no direito espanhol que se refere F. García Vicente, "Modificación del régimen económico del matrimonio: delito de alzamiento de bienes", *in* AAVV, sob a direção de J. R. San Román Moreno, *Regimén económico matrimonial y la protección de acreedores*, Madrid, Consejo General del Poder Judicial, 1995, pp. 395 e segs.

V. NECESSIDADE DE ALARGAMENTO DO ÂMBITO DE AUTORREGULAMENTAÇÃO

casos sujeito a homologação judicial (art. 1397º, 4º e 5º, do Cód. Civil francês). Portanto, os cônjuges passaram a poder, através de um ato notarial, modificar diretamente o seu regime matrimonial. Não lhes é, porém, permitido alterar o seu estatuto patrimonial indiretamente, através de atos jurídicos celebrados entre eles ou com terceiros[145]. Ou melhor, considera-se necessária, nomeadamente, a intervenção do juiz para aferir se a alteração da convenção envolve prejuízo

---

[145] Como refere Collette Saujot, "Le fondement des récompenses", *RTDC*, ano 68º, 1970, p. 703, citando Flour, o regime continua a ser imutável, embora judicialmente mutável (escrevia a autora antes da alteração legislativa, em 2007, já referida, que afastou, por princípio, a necessidade de homologação judicial. Em todo o caso, o seu entendimento mantém-se atual, considerando referir-se ao ato notarial). A jurisprudência da *Cour de Cassation* considera que existe uma modificação ilícita do regime matrimonial legal ou convencional quando, sem intervenção judicial, os contratos celebrados durante o casamento tenham como consequência a alteração ou afastamento dos efeitos legais ou convencionais que deveriam produzir as cláusulas da convenção matrimonial ou as disposições da lei. Não podem, assim, os cônjuges considerar aquisição do património comum um bem que, de acordo com a convenção matrimonial, deveria ser próprio, ou o inverso. V., Rieg/Lotz, *Technique des régimes matrimoniaux*, 2ª ed., Paris, Litec, 1984, p. 344, e Terré/Simler, *ob. cit.*, pp. 161 e 162. Por outro lado, a jurisprudência tem considerado admissível a possibilidade de os cônjuges, que podem modificar o seu regime matrimonial, poderem alterar o estatuto de um bem determinado (considerando-o comum ou próprio ainda que pelo regime matrimonial tivesse outra qualificação), respeitando os requisitos do art. 1397º do Cód. Civil francês. V., Flour/Champenois, *ob. cit.*, p. 176, e A. Colomer, *Droit Civil...*, *cit.*, p. 162.
A propósito da sub-rogação, A. Galasso, *ob. cit.*, pp. 295-300, admite que um cônjuge possa, fora dos casos previstos no art. 179º do Cód. Civil italiano, declarar que o bem é próprio do seu cônjuge, alterando o estatuto de um bem (que, pelas regras do regime matrimonial, seria comum). Mas a questão é também discutida na doutrina e jurisprudência italianas – v., M. C. Lupetti, "Rifiuto del coacquisto: è il tramonto di un'epoca?", *Rivista del Notariado*, vol. LVII, nº 2, 2003, pp. 420-423.
Admitindo a lei espanhola a atribuição voluntária da qualidade de comum de um bem (art. 1355º do Cód. Civil espanhol) e a livre contratação entre os cônjuges (art. 1323º do Cód. Civil espanhol), a alteração do estatuto de um bem (de próprio a comum) é admitida e não carece de obedecer às regras da alteração das convenções matrimoniais (Lledó Yagüe, *et allii*, *ob. cit.*, p. 222), podendo os credores afetados socorrer-se dos meios gerais em caso de fraude (C. Vásquez Iruzubieta, *ob. cit.*, p. 126). O mesmo já não pode defender-se, pelo menos para alguma doutrina espanhola, no caso de passagem de um bem comum a próprio de um dos cônjuges (v., Lledó Yagüe, *et allii*, *ob. cit.*, pp. 223-225, com as duas posições perante o problema).
Também Dölle, *ob. cit.*, p. 769, a propósito do § 1370º do BGB, entretanto revogado, considerava que importava distinguir se o afastamento da regra da sub-rogação prevista na referida norma por acordo dos cônjuges implicava ou não uma alteração definitiva e direta do regime de bens. Ou seja, se os cônjuges acordassem o afastamento total do § 1370º do BGB, tal acordo deveria estar sujeito às regras das convenções matrimoniais, por implicar uma alteração do regime de bens; se, pelo contrário, acordassem apenas na determinação do estatuto concreto de um dado bem diferente do previsto no § 1370º do BGB, então tal acordo não necessitava de observar as regras das convenções matrimoniais, dado não ser uma alteração do regime de bens, mas uma mera modificação de uma consequência legal para uma concreta aquisição.

para os credores, nos casos de oposição, e qualquer alteração deve ser no interesse da família. Portanto, não poderá haver a referida alteração sem a observação dos requisitos da modificação das convenções matrimoniais (art. 1397º do Cód. Civil francês).

De igual modo, A. López, V.L. Montés e E. Roca consideram, à luz do art. 1323º do Cód. Civil espanhol, que é possível que sob a capa de uma transmissão entre os cônjuges, por via contratual, se possam iludir as normas relativas à modificação do regime económico matrimonial, possibilidade mais intensa quanto mais for o caráter de comunhão do regime matrimonial dos cônjuges[146].

Também na Alemanha os autores discutem se os cônjuges podem celebrar negócios jurídicos que alterem indiretamente o estatuto patrimonial, sem sujeição à formalidade da convenção matrimonial. De facto, e tendo sido a imutabilidade abolida há muito na Alemanha e vigorando o princípio da livre contratação entre cônjuges, o problema em causa é o de os cônjuges deixarem de observar a forma da convenção matrimonial e, por outro lado, poderem defraudar o princípio do *numerus clausus* dos tipos de regimes de bens.

Como refere Mª Rita Lobo Xavier, desenvolveu-se o conceito de "negócios entre cônjuges cujo resultado corresponda, do ponto de vista económico, ao resultado do regime de bens"[147]. Os cônjuges podem, através da realização de um contrato de Direito comum (p. ex., de sociedade), alcançar os mesmos resultados subjacentes aos regimes de bens. A celebração entre cônjuges de quaisquer contratos permitir-lhes-ia constituir os direitos e deveres correspondentes a uma convenção matrimonial, sem observar a respetiva forma. Por isso, alguns autores alemães têm defendido que as normas relativas à convenção matrimonial devem igualmente aplicar-se a negócios celebrados entre cônjuges cujo resultado económico seja idêntico ao que resultaria de tal convenção[148]. De facto, a função da convenção matrimonial[149] pode ser levada a cabo por meio de outros negócios

---

[146] A. López/V.L. Montés/E. Roca, *et allii*, *Derecho de Familia*, sob a direcçção de E. Roca i Trías, 3ª ed., Valencia, Tirant lo blanch, 1997, pp. 100 e 101.

[147] Mª Rita A. G. Lobo Xavier, *Limites à autonomia privada...*, cit., p. 150.

[148] Importará distinguir a convenção matrimonial de outros atos patrimoniais celebrados entre os cônjuges, ou seja, importará saber se o negócio jurídico em causa pressupõe a existência do vínculo conjugal, se se refere às relações decorrentes do regime de bens enquanto tais, ou se o negócio poderia ser celebrado entre pessoas não casadas (p. ex., uma doação, um empréstimo ou até um contrato de sociedade que não envolvam uma alteração fundamental no regime de bens). V., Beitzke, *Familienrecht*, München/Berlin, Biederstein Verlag, 1947, p. 63, Dölle, *ob. cit.*, p. 665, e Mª Rita A. G. Lobo Xavier, *Limites à autonomia privada...*, cit., p. 151, nota 73.

[149] *Ordnungsfunktion* ou função de regulação como referem Gernhuber/Coester-Waltjen, *ob. cit.*, § 32, I, 2, pp. 345 e 346, expressão também usada por Mª Rita A. G. Lobo Xavier, *Limites à autonomia privada...*, cit., p. 151.

jurídicos. Por isso, tais negócios devem obedecer à mesma forma da convenção matrimonial. E isto vale mesmo para os negócios simulados que impliquem transferências de bens contrárias à função própria de outros tipos negociais e que possam enquadrar-se no âmbito da função da convenção matrimonial. Tem sido, contudo, entendido, nesta lógica, que os contratos de sociedade entre cônjuges não estão sujeitos às regras da convenção matrimonial ainda que, pela constituição de um património comum, possam implicar a constituição de uma situação jurídica semelhante à da comunhão de bens. Isto porque o fim visado por tais negócios não é, em geral, a regulação de um regime de bens (função da convenção matrimonial)[150].

Com a autonomia e independência recíprocas dos cônjuges e com um sistema de publicidade que acautele interesses de terceiros a imutabilidade não parece ter razão de ser[151]. Por outro lado, mesmo que exista, os cônjuges conseguirão

---

[150] Gernhuber/Coester-Waltjen, *ob. cit.*, § 32, I, 7-11, pp. 347 e 348. Por isso também já se considera como convenção matrimonial um contrato de sociedade entre cônjuges que implique uma modificação do direito de participação nos adquiridos no regime supletivo (Gernhuber/Coester-Waltjen, *ob. cit.*, § 32, I, 12-14, p. 348). V., Mª Rita A. G. Lobo Xavier, *Limites à autonomia privada...*, *cit.*, p. 152.

[151] Como defende Pamplona Corte-Real, *ob. cit*, p. 87, nota 130, e p. 114, nota 225, a regra da imutabilidade é obsoleta face à afirmação da individualidade e paridade na relação conjugal. Mª Leonor Beleza, "Efeitos do casamento", *in* AAVV, *Reforma do Código Civil*, Ordem dos Advogados, Lisboa, Livraria Petrony, 1981, p. 120, fala da "regra caduca da imutabilidade dos regimes de bens". Também Leite de Campos, *ob. cit.*, pp. 379, 380 e 385, defende que as relações patrimoniais entre os cônjuges devem estabelecer-se como entre duas pessoas estranhas. Propõe, assim, a opção por uma separação patrimonial e por uma "imutabilidade flexível e controlada". Já Braga da Cruz, "Problemas relativos aos regimes de bens...", *loc. cit.*, pp. 342 e 343, entendia que a imutabilidade, como uma violência contra a liberdade dos contraentes, só se justificava se houvesse interesses morais e sociais para tal. Por isso, e conforme afirma Esperança Pereira Mealha, *ob. cit.*, p. 36, quando cessarem tais interesses deve igualmente cessar a limitação à liberdade contratual. No mesmo sentido, Colomer, *L'instabilité...*, *ob. cit.*, p. 281, nota 7.
Repare-se que as exceções à imutabilidade previstas no art. 1715º, não constituem verdadeiras exceções – v., Leite de Campos, *ob. cit.*, p. 384, Antunes Varela, *ob. cit.*, p. 443, e Pereira Coelho//Guilherme de Oliveira, *ob. cit.*, p. 490, nota 228, para quem apenas a revogação dos pactos sucessórios importa alteração direta à convenção antenupcial. Os "demais casos" previstos na lei (art. 1715º, al. *d*)), é fundamentalmente o previsto no art. 825º do Cód. de Processo Civil, onde se estipula a possibilidade de se requerer a separação de bens. Pereira Coelho/Guilherme de Oliveira, *ob. cit.*, p. 490, em nota, incluem também o caso da ausência e da morte presumida e da insolvência (art. 141º, nº 1, al. *b*), do CIRE). Com efeito, o art. 108º confere ao cônjuge do ausente o direito de requerer inventário e partilha e o art. 115º declara que a morte presumida, ainda que não dissolva o casamento, produz os mesmos efeitos que a morte, ou seja, a partilha dos bens comuns. No mesmo sentido, Pires de Lima/Antunes Varela, *Código Civil...*, *cit.*, p. 404, e Antunes Varela, *ob. cit.*, p. 444. Quanto ao art. 825º do Cód. de Processo Civil, Adriano Paiva, *ob. e loc. cit.*, p. 383, nota que os cônjuges não podem alterar o seu regime de bens, mas um terceiro, por força do regime da responsabilidade por dívidas, pode "obrigar" o cônjuge não devedor a requerer a separação de bens. Repare-se, porém,

sempre indiretamente efetuar transferências entre os diferentes patrimónios, gerando desequilíbrios patrimoniais que a imutabilidade visa prevenir (pela constituição de sociedades e abertura e manutenção de contas bancárias, não proibidas mesmo na interpretação ampla do princípio da imutabilidade). Ora, se o objetivo é evitar desequilíbrios patrimoniais parece que outros mecanismos o conseguem prevenir (sub-rogação) e corrigir (compensações). O principal problema reside na proteção de terceiros, acautelada, por um lado, pelo sistema de publicidade e pela eficácia não retroativa da alteração da convenção e, por outro lado, pela possibilidade de recurso aos meios gerais de Direito, como a alegação de fraude, negócio indireto ou impugnação pauliana[152]. É fundamentalmente quando os cônjuges modificam, sobretudo em situações de crise económica, um regime de comunhão em que estavam casados pelo regime de separação, atribuindo os bens comuns, na liquidação da comunhão, ao cônjuge não devedor, fugindo ao cumprimento das dívidas contraídas pelo outro cônjuge antes da modificação da convenção matrimonial (e pelas quais respondiam anteriormente os referidos bens, então comuns), que a proteção dos terceiros credores mais se justifica[153]. Daí a importância do princípio da irretroatividade das convenções de modificação, bastando aos credores demonstrar, p. ex., que a dívida contraída

---

que, em todo o caso, o cônjuge não está obrigado a tal e se a intenção da manutenção da imutabilidade é a proteção de terceiros, não se justifica neste caso. Por isso, o art. 1715º abre aqui uma exceção. Nota também Francisco Barona, "O contrato-promessa de partilha dos bens comuns do casal", in AAVV, *Comemorações dos 35 anos do Código Civil e dos 25 anos da Reforma de 1977. Direito da Família e das Sucessões*, Coimbra, Coimbra Editora, 2004, p. 406, nota 12, que as exceções previstas no art. 1715º denotam uma tendência da lei para admitir a passagem de um regime de comunhão para um de separação. Mas o contrário já não se verifica, dado que a passagem de um regime de separação para um de comunhão implicaria um maior risco de um dos cônjuges se enriquecer à custa do outro. Também o ordenamento jurídico francês, e paralelamente à possibilidade de alteração por acordo dos cônjuges do regime matrimonial, prevê a alteração por força da separação judicial de bens ou de medidas judiciais de proteção (art. 1396º, 3º, do Cód. Civil francês), ou seja, as relativas aos arts. 217º, 219º, 220º-1, 1426º, e 1429º do Cód. Civil francês (v., Rieg/Lotz, *ob. cit.*, pp. 352 e 353).

[152] Beitzke/Lüderitz, *ob. cit.*, p. 111, ao fazerem referência ao princípio da imutabilidade no ordenamento jurídico francês, consideram exagerado o receio de se afetarem direitos de terceiros com a modificação da convenção matrimonial. A posição dos terceiros será sempre acautelada pela possibilidade de estes impugnarem a alteração (quando esta visa precisamente prejudicar esses terceiros).

[153] Lledó Yagüe, *et allii, ob. cit.*, p. 146, traduz exatamente isso, ou seja, podendo os cônjuges alterar livremente o seu regime de bens no decurso do casamento, o problema coloca-se quando a modificação causa um prejuízo a terceiros que concluíram com um dos cônjuges certos negócios dos quais resultaram dívidas e pelas quais deveriam responder os antigos bens comuns. Por isso a consagração no art. 1317º do Cód. Civil espanhol da irretroatividade das alterações para proteção de direitos adquiridos de terceiros de boa fé.

antes da modificação era comum (quando, obviamente, essa modificação os prejudica). E o mesmo se diga quando estão em causa contratos entre cônjuges que implicam uma alteração indireta do regime de bens. Assim, permitir-se-á aplicar o regime da responsabilidade por dívidas que vigorava anteriormente à modificação da convenção, evitando que esta modificação sirva para prejudicar os terceiros credores. Com isto, não será quase necessário o recurso aos meios gerais[154].

Portanto, defendemos um alargamento da autonomia e independência dos cônjuges no sentido de, por contratos de Direito comum, autorregulamentarem as suas relações jurídicas. Os sistemas jurídicos em geral encaminham-se para o alargamento da liberdade de contratação entre os cônjuges[155]. Contudo, não podemos esquecer que certos contratos afetam não apenas as suas relações recíprocas, mas também interesses de terceiros. São estes que importa acautelar na celebração de cada contrato. Admitindo a mutabilidade[156], com ato notarial ou declaração prestada perante o funcionário do registo civil e um sistema de publicidade adequado, e fixando a não retroatividade das alterações introduzidas na convenção matrimonial (não permitindo que as alterações possam ser opostas a terceiros que tenham adquirido os seus direitos anteriormente à alteração)[157],

---

[154] Neste sentido, Lledó Yagüe, *et allii, ob. cit.*, p. 147, citando a decisão do STS, de 27 de outubro de 1989.

[155] Guilherme de Oliveira, "A reforma do direito da família de Macau", *RLJ*, ano 132º, 1999, p. 105, e *Temas..., cit.*, p. 308. Refere o mesmo autor ("Um direito da família europeu?...", *loc. cit.*, p. 109, e *Temas..., cit.*, p. 326), que, no que diz respeito aos negócios entre cônjuges, o direito português está "envelhecido".
De referir ainda que o afastamento da possibilidade de contratos entre cônjuges justificava-se à luz do direito anterior em que a mulher ficava subordinada ao marido com o casamento. De facto, assumindo que pelo casamento os cônjuges passariam a ser "dois numa só carne" não poderiam celebrar contratos entre si por poderem configurar negócios consigo mesmo (Eduardo da Silva Carvalho, *ob. cit.*, p. 40, Pereira Coelho/Guilherme de Oliveira, *ob. cit.*, p. 106, e Cornu, "Le contrat entre époux. Recherche d'un critère général de validité", *RTDC*, ano 51º, 1953, p. 463). Além disso, a mulher casada "adquiria" uma incapacidade de celebrar negócios jurídicos, não podendo, assim, celebrar quaisquer contratos (incluindo com o marido).

[156] A mutabilidade pode ser sob determinadas condições (como sob controlo judicial) ou uma mutabilidade sem restrições, como já vimos ao referir outros ordenamentos jurídicos. Defendendo também a abolição do princípio da imutabilidade, *de jure condendo*, v., Mª Rita A. G. Lobo Xavier, *Limites à autonomia privada..., cit.*, p. 494.

[157] De facto, parece suficiente um ato notarial ou declaração prestada perante o funcionário do registo civil, acompanhado de uma publicidade bem organizada e do princípio da não retroatividade dos respetivos efeitos. É também o que Mª Rita A. G. Lobo Xavier, *Limites à autonomia privada..., cit.*, p. 188, defende ao dizer que "para a proteção dos seus interesses (dos cônjuges) e dos de terceiros bastam as regras gerais (...), bem como uma adequada publicidade das modificações das convenções matrimoniais. Também poderá ter oportunidade a aplicação das regras relativas à impugnação pauliana, no caso de se verificar que as alterações de facto prejudicam os credores".

acautela-se essa proteção relativamente à alteração direta do regime patrimonial, mas importa fixar meios de proteção, mesmo existindo a imutabilidade, para os terceiros (essencialmente, para o que nos importa, credores), no caso de transferências patrimoniais indiretas e encobertas que visam o mesmo resultado que a alteração do regime de bens. Os interesses de terceiros podem ser preventivamente acautelados pela estipulação de restrições à celebração de certos contratos entre cônjuges que afetem ou possam afetar os seus interesses.

Alguns autores alemães defendem, quanto aos contratos (nomeadamente, de sociedade) celebrados entre cônjuges que modifiquem a disciplina do direito matrimonial, que devem estar sujeitos às regras da alteração da convenção matrimonial[158]. Ou seja, o contrato deve obedecer à forma da convenção matrimonial. Se a não observar o contrato será nulo por falta de forma[159]. Desde que observada

---

Como refere a mesma autora (pp. 186 e 187), e reportando-se ao sistema jurídico francês antes da alteração legislativa em 2007, o controlo judicial tem sido criticado em França, devido à dúvida quanto aos seus objetivos, ainda que haja autores que continuem a defender o controlo judicial, sobretudo para ajuizar o interesse da família. De facto, uma das intenções do legislador foi a de proteger os cônjuges e terceiros na hipótese de a referida alteração constituir uma tentativa de fraude. Só que o pedido pode ser apresentado de forma a dissimular a fraude. Além de que as eventuais vítimas da fraude (os credores, os filhos ou um dos cônjuges) já dispõem da proteção das regras gerais. Acresce ainda que existem outros meios pelos quais os cônjuges podem atingir o seu objetivo fraudulento e até de forma mais perigosa para eles, para os seus herdeiros e para os terceiros. De facto, é possível os cônjuges conseguirem o resultado da alteração do regime através da manipulação das técnicas da sub-rogação real e da celebração de contratos de mandato, de trabalho e de doação, ou ainda por meio de seguros de vida ou de contas bancárias solidárias. Os que defendem a necessidade de manutenção do controlo judicial, assentam na preocupação, da doutrina estrangeira em geral, de uma justa regulação de conjunto dos interesses patrimoniais dos cônjuges e da família. Contudo, e como entende a autora citada (p. 188), não se vê motivo para que a liquidação do regime de bens que preceda a alteração da convenção matrimonial na constância do casamento não observe estritamente as regras desse regime.
Júlio Gomes, *loc. cit.*, p. 547, defende que, se se vier a abolir o princípio da imutabilidade, deverá prescindir-se do controlo judicial, pois a intervenção do tribunal seria "ilegítima, abusiva e tendencialmente inútil".
[158] V. também, Mª Rita A. G. Lobo Xavier, *Limites à autonomia privada...*, cit., p. 152, nota 75, *in fine*.
[159] Christian Rothemund, *Erklärungstatbestand und eherechtliche Schranken bei der Begründung einer Ehegatten-Innengesellschat*, München, VVF, 1987, pp. 102-105. Estão nessa situação as determinações do contrato de sociedade que abranjam a totalidade do património dos cônjuges com desrespeito pela forma necessária para a convenção matrimonial, e as que sejam dirigidas contra a essência do regime que vigore entre eles, mesmo que com observância da forma da convenção matrimonial (mesmo autor e obra, p. 106). No mesmo sentido, Gernhuber/Coester-Waltjen, *ob. cit.*, § 20, III, 25, p. 184, § 32, I, 12-14, p. 348, e § 32, IV, 6, p. 353. Contra, entendendo que os cônjuges, desde que casados no regime de participação nos adquiridos ou no de separação, podem celebrar entre si quaisquer contratos como se fossem pessoas estranhas, não tendo que observar

V. NECESSIDADE DE ALARGAMENTO DO ÂMBITO DE AUTORREGULAMENTAÇÃO

a forma da convenção matrimonial os cônjuges podem modificar o regime de bens, praticando atos que impliquem transferências de bens entre eles. Tais modificações devem também estar sujeitas a registo para produzir efeitos face a terceiros[160].

Ora tal opção poderá aceitar-se entre nós, quando os contratos entre cônjuges impliquem uma alteração indireta do regime matrimonial.

Também alguns autores espanhóis[161] consideram que alguns contratos entre os cônjuges, como o mandato ou a sociedade, que impliquem alterações das regras do regime matrimonial, ainda que não alterem propriamente este, devem também estar sujeitos a registo, nos termos do art. 1333º do Cód. Civil espanhol, para proteção dos terceiros credores.

Por isso, será de admitir a contratação entre cônjuges como regra, ainda que não se encarem os mesmos cônjuges como estranhos. Defende Mª Rita Lobo Xavier haver certos contratos entre cônjuges cuja celebração deverá ser proibida pelas consequências intoleráveis que a especificidade da relação matrimonial e a precariedade do contrato introduz no regime do Direito comum (será o caso do contrato de compra e venda); outros em que, estando em causa bens imóveis, bastará a obrigação de mencionar e registar a precariedade do contrato resultante de os contraentes serem cônjuges; outros ainda implicam regras específicas quando celebrados entre os cônjuges (como acontece nos contratos de sociedade)[162]. A necessidade de acomodação do Direito comum quando aplicado aos contratos concluídos entre cônjuges não resulta apenas da situação especial das partes, mas é muitas vezes imposta pela proteção de interesses de terceiros[163].

---

a forma prevista para a convenção matrimonial (ainda que impliquem uma alteração nas relações patrimoniais dos cônjuges), v., Dieter Giesen, *ob. cit.*, p. 183, e Schwab, *ob. cit.*, pp. 96 e 108.

[160] MünchKomm – *Kanzleiter*, § 1412 Rdn. 3, p. 573, e Vor § 1558 Rdn. 6, p. 767.

[161] Antonio Cabanillas Sanchez, "La contratación entre cónyuges", *Anuario de Derecho Civil*, tomo XXXVIII, nº 3, 1985, p. 549, e J. E. Mora Mateo, *ob. e loc. cit.*, p. 219.

[162] Mª Rita A. G. Lobo Xavier, *Limites à autonomia privada...*, cit., pp. 599 e 600.

[163] A necessidade de acomodação dos regimes dos contratos de Direito comum quando celebrados entre cônjuges é também referida pela doutrina francesa (Cornu, "Le contrat entre époux", *loc. cit.*, pp. 469 e 491 e 492, Pierre Julien, *ob. cit.*, p. 152, e A. Colomer, *Droit Civil...*, cit., p. 8) e pela doutrina alemã (que, além de desenvolver a figura dos "contratos de cooperação" (*Kooperationverträge*), para designar os negócios jurídicos familiares cujo regime é influenciado pela situação conjugal, entende que mesmo quando os cônjuges celebram entre si contratos de Direito comum, a aplicação do regime correspondente a tais contratos deverá sofrer a influência do direito matrimonial. V., Gernhuber/Coester-Waltjen, *ob. cit.*, § 19, II, 19-23, pp. 154 e 155, e § 20, III, 29-34, pp. 185-187).

A especialidade dos contratos entre cônjuges face aos celebrados entre estranhos é também referida por Luis Martinez Calcerrada, *El nuevo derecho de família (Filiación, patria potestad y régimen económico del matrimonio)*, tomo I, 3ª ed., Madrid, 1983, pp. 209 e 210.

Ora, não nos repugna admitir, como no ordenamento jurídico alemão, o princípio da livre contratação entre cônjuges, sem qualquer proibição legal (mesmo em relação ao contrato de compra e venda estando em causa bens próprios)[164]. A única restrição, para salvaguarda da eventual posição influenciável de um cônjuge e proteção de terceiros (credores), será a sujeição dos referidos contratos à forma legal das convenções matrimoniais quando impliquem alteração das regras reguladoras das relações patrimoniais entre os cônjuges e terceiros e a determinação da não retroatividade dos efeitos dos mesmos contratos a terceiros

---

Esta adaptação das regras do Direito comum está presente na regulação da *impresa familiare* do direito italiano (art. 230º-bis do Cód. Civil italiano), destinada sobretudo a assegurar uma justa e proporcional remuneração do trabalho prestado na família ou numa pequena empresa familiar (e podendo funcionar independentemente do regime de bens vigente entre os cônjuges). Repare--se, em todo o caso, o caráter residual deste instituto, ou seja, vigorará se não existir, p. ex., uma sociedade, uma associação em participação ou uma relação laboral (entre outros, v., G. Oppo, "Dell'impresa familiare", *in* AAVV, *Commentario alla riforma del diritto di famiglia*, sob a direção de Carraro/Oppo/Trabucchi, vol. I, tomo I, Padova, Cedam, 1977, p. 521, e "Responsabilità patrimoniale e nuovo diritto di famiglia", *Rivista di Diritto Civile*, ano XXII, I, 1976, p.128, F. Galgano, *Diritto civile e commerciale*, vol. IV, 3ª ed., Padova, Cedam, 1999, p. 126, e E. Mariani, "L'impresa familiare", *in* AAVV, *Manuale del nuovo Diritto di Famiglia*, sob a direção de G. Cassano, 2ª ed., Piacenza, Casa Editrice La Tribuna, 2003, pp. 774 e 775, e nota 6).

[164] É evidente que os cônjuges não podem, no decurso do casamento, dispor dos bens comuns entre si, atendendo à natureza jurídica do património comum. Mas parece constituir uma obstrução exagerada à liberdade dos cônjuges impedi-los de dispor entre si, com as cautelas a apresentar no texto, de bens próprios. Pense-se, p. ex., o caso de os cônjuges, casados no regime supletivo legal, ponderando um pedido de divórcio, mas não querendo continuar a pagar como até aí a casa que adquiriram em compropriedade antes do casamento por empréstimo bancário, pretendem atribuir a um deles a mesma casa. Ora, não sendo permitida a compra e venda entre cônjuges terão de esperar pelo divórcio, ficando presos até lá a uma situação que não querem (e forçando o pedido de divórcio) ou simular uma venda a um terceiro que depois alienará ao cônjuge que pretende adquirir sozinho a casa. Podem também pedir a divisão de coisa comum (art. 1412º e arts. 1052º e segs. do Cód. de Processo Civil), mas também esta exige um processo judicial com todos os encargos e custos inerentes (e entre este e o divórcio provavelmente pedirão o divórcio). Repare-se que é lícita a divisão de coisa comum sem que seja afetada pelo princípio da imutabilidade. Na divisão, os cônjuges limitam-se a transformar cada quota numa parte especificada da coisa comum (v., o ac. do STJ, de 09.11.2000 (*Col. Jurisp.*, tomo III, 2000, p. 113)).
Aliás, e como refere Mª Pilar Alvarez Olalla, *ob. cit.*, pp. 321 e 322, os próprios credores podem sair mais prejudicados se se proíbe a contratação entre os cônjuges. De facto, admitindo-se que possam contratar entre si, os cônjuges utilizarão os meios legais gerais de transmissão patrimonial, de acesso aos credores (compra e venda, doação, etc.) que, no caso de os mesmos contratos defraudarem os seus direitos e os prejudicarem, podem recorrer às normas de proteção gerais (como a ação de simulação ou a impugnação pauliana). Ora, proibindo-se os mesmos contratos os cônjuges tentam alcançar os mesmos objetivos por via encoberta e simulada, dificultando a defesa dos direitos dos credores.

que contrataram com os cônjuges (evitando, p. ex., a transmissão de bens do património de um dos cônjuges para o outro com vista a esvaziar o património do devedor)[165].

A acrescentar ainda que os terceiros têm sempre os meios gerais de defesa (nomeadamente, a impugnação pauliana), além de poderem prevenir-se, como acontece na maioria dos negócios celebrados entre uma pessoa casada e um terceiro que implique a contração de dívidas, exigindo que o outro cônjuge também se obrigue.

---

[165] Já em 1938, Jean Hémard, *loc. cit.*, p. 733, defendia a livre contratação entre os cônjuges. Só seria de proibir os contratos que, em concreto, afetassem as relações entre os cônjuges no decurso do casamento.

VI.
Alteração do estatuto patrimonial dos cônjuges por transferências encobertas e regime da responsabilidade por dívidas (o caso especial das sociedades e contas bancárias)

Admitindo a flexibilização do princípio da imutabilidade (por uma mutabilidade com um sistema de publicidade que acautele interesses de terceiros) e o controlo dos contratos celebrados entre os cônjuges que impliquem transferências patrimoniais indiretas, para salvaguarda da posição dos terceiros credores, importa analisar em especial duas situações em que ocorrem tais transferências patrimoniais. Limitamo-nos à análise das sociedades entre cônjuges e das contas bancárias pelo relevo que podem assumir em matéria de dívidas e de alteração do regime da responsabilidade por dívidas previsto no Cód. Civil[166]. Ou seja, estas

---

[166] É evidente que qualquer contrato entre os cônjuges que implique transferências patrimoniais entre eles (doação, compra e venda...), pode conduzir ao mesmo resultado de prejuízo aos credores por diminuição da sua garantia patrimonial. Em todo o caso, parece-nos importante referir aqueles que pela introdução de uma nova disciplina jurídica (Direito das Sociedades ou Direito Bancário) implicam alterações nas regras reguladoras do regime matrimonial.

Queremos ainda deixar uma nota quanto às doações entre cônjuges. O princípio da livre revogabilidade não parece salvaguardar direitos de terceiros credores. Visa essencialmente acautelar o equilíbrio entre os diferentes patrimónios existentes. Ora, os terceiros credores podem também ser defraudados, e ainda com mais notoriedade de que numa venda, no caso de um cônjuge resolver fazer uma doação ao outro, com o único objetivo de "libertar" o seu património das dívidas que con-

matérias são analisadas do ponto de vista do princípio da imutabilidade. Porém, pretendemos analisá-las também no sentido de, dadas as transferências patrimoniais que implicam, alterarem as regras da responsabilidade por dívidas dos cônjuges e os poderes de administração e disposição sobre os bens decorrentes do regime matrimonial. Podem os cônjuges, pela simples contratação entre si ou com terceiros, alterar o seu estatuto patrimonial, nomeadamente, em matéria de administração e disposição dos bens e responsabilidade por dívidas[167].

À medida que o princípio da imutabilidade foi cedendo e o estatuto dos cônjuges foi caminhando para a igualdade, as restrições à capacidade negocial dos cônjuges, inicialmente justificadas pela imutabilidade, foram perdendo o sentido e os vários sistemas jurídicos foram-nas abandonando[168]. Estas restrições são exceções aos princípios gerais da autonomia privada e da liberdade contratual e, por isso, devem ser interpretadas no sentido menos restrito da capacidade dos cônjuges.

1. Contrato de sociedade

A realização de um contrato de sociedade permite que os cônjuges modifiquem a repartição dos seus bens, dos seus poderes e do respetivo passivo. Com a constituição de uma sociedade entre cônjuges podem ocorrer transferências de

---

traiu. Resta ao credor o recurso aos meios gerais. Sendo assim, nada obsta a que o mesmo possa ocorrer no caso de venda entre cônjuges. Isto é admitir tal contrato ainda que com as cautelas necessárias, ou seja, acautelando direitos de credores anteriores à sua celebração e permitindo aos terceiros o recurso aos meios gerais de defesa da sua garantia patrimonial. Com isto pretendemos apenas dizer que se o principal objetivo da imutabilidade é a proteção de terceiros, os seus direitos poderão ficar assegurados de outra forma, como já referimos (além de que, mesmo atualmente, ao admitir-se as doações entre cônjuges, os terceiros não são protegidos pela imutabilidade). Por outro lado, a salvaguarda do equilíbrio patrimonial entre os cônjuges parece ficar devidamente acautelada por outros mecanismos a que faremos referência.

[167] O que conduzirá à possibilidade de alteração dos referidos regimes no decurso do casamento e eventualmente e, em paralelo, de alteração do regime de bens vigente entre os cônjuges, quando os mesmos cônjuges não podem alterar o seu regime de bens no decurso do casamento (princípio da imutabilidade) nem convencionar sobre os regimes da responsabilidade por dívidas ou de administração e disposição dos bens (art. 1699º, nº 1, als. *b*) e *c*)). Admitir-se livremente a celebração de quaisquer contratos entre cônjuges, independentemente das suas consequências, seria votar à inutilidade as referidas disposições legais. Defendendo a livre contratação entre cônjuges, dada a autonomia recíproca cada vez mais acentuada entre eles, importará analisar a utilidade da manutenção das normas legais referidas e do princípio da imutabilidade. Por outro lado, é importante determinar alguns limites à referida contratação, justificados fundamentalmente pela proteção de terceiros que contratem com os cônjuges, mesmo admitindo a revogação do princípio da imutabilidade.

[168] Pereira Coelho/Guilherme de Oliveira, *ob. cit.*, p. 449.

VI. ALTERAÇÃO DO ESTATUTO PATRIMONIAL DOS CÔNJUGES POR TRANSFERÊNCIAS

bens, sendo de destacar a ultrapassagem do regime da responsabilidade por dívidas[169].

Imagine-se o caso de um cônjuge, sócio de uma sociedade comercial ou mesmo sócio único de uma sociedade unipessoal, realizar com um terceiro um determinado contrato, no exercício da atividade comercial. A dívida daí decorrente apenas onera o património societário independentemente de, pela verificação do regime do art. 1691º, a dívida poder ser considerada comum. Por interposição de uma nova pessoa jurídica o cônjuge pode afastar a aplicação do regime da responsabilidade por dívidas do casal[170]. Os cônjuges podem utilizar o contrato de sociedade para afastar a comunicabilidade das dívidas provenientes do exercício do comércio por algum deles ou com o objetivo de limitar a carga fiscal a recair sobre os rendimentos do casal. Atendendo a isso, a nossa lei limita a constituição de sociedades entre cônjuges, ou seja, não admite que os cônjuges possam constituir entre si ou com terceiros sociedades pelas quais possam assumir responsabilidade ilimitada pelas dívidas sociais.

Por outro lado, a aquisição de uma participação social numa sociedade pode originar uma dívida (relativamente às entradas em dinheiro diferidas, mas também em relação às não diferidas[171] – importando saber quem responderá por elas ou, uma vez realizadas, quem as suporta definitivamente). A responsabilidade pela dívida resultante da aquisição de participações sociais, consideradas comuns ou próprias de um dos cônjuges, deverá reger-se pelas regras da responsabilidade por dívidas dos cônjuges, ou seja, poderá ser comum ou própria consoante preencha ou não os pressupostos legais nesse sentido. Assim, pode tal dívida ser comum se contraída por ambos os cônjuges ou por um com o consentimento do outro (art. 1691º, nº 1, al. *a*)). Já parece difícil que a aquisição de uma participação social configure uma dívida destinada a ocorrer aos encargos

---

[169] Como referia Alberto Pimenta, *Sociedades entre cônjuges*, Coimbra, Coimbra Editora, 1953, pp. 11--13, as sociedades constituídas por cônjuges visam, além de fortalecer o crédito e obter vantagens concedidas por lei às sociedades, limitar os riscos do comércio e alterar, em benefício de um dos cônjuges, os poderes legais de administração dos bens do casal ou a comparticipação nos bens trazidos para o casal.

[170] Sobretudo se o património societário for constituído por bens comuns. De facto, pela constituição de uma sociedade de responsabilidade limitada os cônjuges criam um património separado do próprio património comum, excluindo os bens comuns da responsabilidade pelas dívidas comuns e onerando-os com dívidas societárias (que, por aplicação das regras da responsabilidade por dívidas dos cônjuges, podem ser comuns ou próprias). É a este problema que Antonio Cabanillas Sanchez, "La contratación...", *loc. cit.*, p. 567, se refere.

[171] Contra, João Espírito Santo, "Sociedades e Cônjuges", *in* AAVV, *Estudos em memória do Professor Doutor João de Castro Mendes*, Lisboa, Lex, 1995, p. 401, nota 109, que apenas questiona o problema das entradas diferidas.

normais da vida familiar ou que onere doações, heranças ou legados (arts. 1691º, nº 1, al. *b*), e 1693º). Poderá, eventualmente considerar-se contraída em proveito comum pelo cônjuge administrador (art. 1691º, nº 1, al. *c*))[172] ou considerar-se contraída no exercício do comércio (art. 1691º, nº 1, al. *d*)), desde que possa considerar-se no exercício habitual do comerciante que pratica o ato[173]. Caso assim não se entenda a dívida resultante da aquisição da participação social será da exclusiva responsabilidade do cônjuge adquirente (art. 1692º).

Coisa diferente é a responsabilidade decorrente do exercício da atividade societária, sujeita às regras do Direito das Sociedades. Poderão surgir problemas no caso de um dos cônjuges ser sócio de uma sociedade de responsabilidade ilimitada, respondendo pessoalmente pelas dívidas sociais. Ora, neste caso, poderá questionar-se se o cônjuge não sócio pode ser responsabilizado pela dívida. Parece-nos que, e apesar de se tratar de dívidas da sociedade (ainda que face a esta o cônjuge sócio seja responsável e, por isso, não deixa de ser dívida perante um terceiro – a sociedade) e não propriamente de dívidas dos cônjuges face a terceiros, se os credores demonstrarem que a dívida integra uma das situações previstas no art. 1691º, poderá responsabilizar não só o cônjuge sócio como também o outro cônjuge e o património comum. Aliás, é a essa solução que conduz o art. 1691º, nº 1, al. *d*), quando se trata do empresário em nome individual[174]. De facto, pela dívida que um contrai, nomeadamente no exercício da sua profissão, pode vir a responder o outro e o património comum. Por isso, mesmo as sociedades em que apenas um dos cônjuges intervém como sócio de responsabilidade ilimitada podem implicar osmoses de patrimónios e a responsabilização por dívidas que nada têm propriamente a ver com as relações dos cônjuges com terceiros. Por isso, a preocupação do legislador em restringir a constituição de sociedades entre cônjuges aos casos em que apenas um dos cônjuges assuma responsabilidade ilimitada, se bem possa reduzir os riscos, não afasta os perigos relativos à responsabilização do património familiar e do outro cônjuge por tais dívidas. Diferente seria se, por regra, pelas dívidas contraídas por um dos cônjuges apenas respondesse esse cônjuge, integralmente, como tivemos já oportunidade de referir.

---

[172] Contra, João Espírito Santo, *ob. e loc. cit.*, p. 401, para quem a aquisição de participações sociais não deve configurar-se como um ato de administração.

[173] Quanto à noção de exercício do comércio para efeitos desta al. *d*) v., Cristina M. A. Dias, *Do regime da responsabilidade por dívidas...*, cit., pp. 254 e segs.

[174] Contra, João Espírito Santo, *ob. e loc. cit.*, pp. 402 e 403, para quem "repugna" admitir essa possibilidade de responsabilizar o outro cônjuge. Tal seria admitir "(...) a total impotência do cônjuge do adquirente para travar a sua responsabilização por dívidas da sociedade (...)". Só assim não seria se o cônjuge do sócio tivesse prestado o seu consentimento para a aquisição. Mas não é a isso que o regime da responsabilidade por dívidas do casal pode, em geral, conduzir?

VI. ALTERAÇÃO DO ESTATUTO PATRIMONIAL DOS CÔNJUGES POR TRANSFERÊNCIAS

Até à entrada em vigor do atual art. 8º do Cód. das Sociedades Comerciais (com o Dec.-Lei nº 262/86, de 2 de setembro)[175], duas questões centrais eram colocadas à doutrina e à jurisprudência. A primeira relativa à questão de saber o que se entendia por "participação" dos cônjuges na mesma sociedade, isto é, saber em que medida a sociedade entre cônjuges (proibida pelo nº 2 do art. 1714º) era diferente da sociedade em que os cônjuges participavam (participação permitida pelo nº 3, no respeitante às sociedades de capitais), sendo que alguns autores consideravam absolutamente proibida a sociedade entre os dois cônjuges (por mais facilmente violar a imutabilidade do regime de bens) e a exceção do nº 3 apenas se aplicaria às sociedades entre um ou os dois cônjuges e terceiros[176].

---

[175] De referir que o Cód. Civil de 1867 não proibia expressamente a participação dos cônjuges em sociedades, fosse a participação dos cônjuges com outros numa sociedade, fosse a constituição de sociedades apenas entre os cônjuges. Mas nem por isso a doutrina da altura deixou de se pronunciar sobre a questão, atenta a consagração do princípio da imutabilidade. Assim, alguma doutrina via na participação dos cônjuges na mesma sociedade um modo de violar o poder marital e a imutabilidade (v., p. ex., Pinto de Mesquita, "Sociedades de cônjuges", *Revista da Ordem dos Advogados*, ano 3º, 1943, pp. 217-221, e Pires de Lima, *apud* Alberto Pimenta, *ob. cit.*, pp. 21-23, decorrendo a nulidade das sociedades entre os cônjuges como consequência da proibição da venda entre os mesmos). Outros, porém, admitiam, como regra, a validade das sociedades entre cônjuges (v., p. ex., José Tavares, *Sociedades e Empresas Comerciais*, 2ª ed., Coimbra, Coimbra Editora, 1924, p. 77, Cunha Gonçalves, *Tratado de Direito Civil, em comentário ao Código Civil Português*, vol. VII, Coimbra, Coimbra Editora, 1933, pp. 212 e 213, Alberto Pimenta, *ob. cit.*, pp. 27-52 e pp. 75-111, e Pereira Coelho, *ob. cit.*, pp. 348 e 349, nota 1), entendendo que não podia afirmar-se, em termos absolutos, que a constituição de sociedades entre cônjuges ofendesse o poder marital ou o princípio da imutabilidade. Por isso, só seriam nulas, por fraude à lei, nos casos em que se verificasse ofensa de regras imperativas, designadamente, quando o contrato de sociedade restringisse ou suprimisse os poderes legais de administração do marido ou quando alterasse o regime matrimonial de bens (António Caeiro, *ob. e loc. cit.*, pp. 8 e 9). Portanto, ainda que os contratos de sociedade celebrados entre cônjuges não fossem negócios contra a lei, podiam, em certos casos, ser negócios em fraude à lei. Seriam em fraude à lei, p. ex., os negócios que pretendessem contornar as regras da administração dos bens dos cônjuges, o princípio da imutabilidade, o princípio da livre revogabilidade das doações entre casados, etc. (Pereira Coelho, *ob. cit.*, pp. 348 e 349, nota 1). Sobre a evolução do regime das sociedades entre cônjuges, v., João Espírito Santo, *ob. e loc. cit.*, pp. 378-393.
A mesma discussão decorria em França onde também não existia uma norma proibitiva das sociedades entre cônjuges (v., A. Colomer, *Droit Civil..., cit.*, pp. 175 e 176).

[176] V,. por todos, J. G. Sá Carneiro, "Sociedades de cônjuges. Subsídios para a interpretação do art. 1714º do Código Civil", *Revista dos Tribunais*, ano 86º, 1968, p. 305, Pinto Furtado, *Curso de Direito das Sociedades*, 2ª ed., Coimbra, Almedina, 1986, p. 113, Pires de Lima/Antunes Varela, *Código Civil..., cit.*, pp. 401 e 402, e Mª Rita A. G. Lobo Xavier, "Sociedades entre cônjuges...", *loc. cit.*, pp. 258-261. Outra corrente doutrinal entendia que participar significava fazer parte e, por isso, era irrelevante que se tratasse de uma sociedade apenas com os dois cônjuges ou também com terceiros. Neste último sentido, Mª Ângela Coelho, "A limitação da responsabilidade do comerciante em nome individual", *Revista de Direito e Economia*, anos VI/VII, 1980/1981, pp. 32 e 33, e Vasco G. Lobo Xavier/Mª

A segunda prendia-se com o disposto no n º 3 do art. 1714º quanto ao conceito de sociedades de capitais, ou seja, aferir se as sociedades por quotas[177] eram abrangidas ou não pela referência às sociedades de capitais[178].

Ângela Coelho, "Ónus da impugnação especificada; sociedade de dois cônjuges e validade das transmissões de partes sociais a ela conducentes", *Revista de Direito e Economia*, anos X/XI, 1984/85, pp. 322 e 323, e António Caeiro, *loc. cit.*, p. 27.

[177] Às quais a doutrina e a jurisprudência reconhecem um caráter híbrido, podendo, em concreto, funcionar como sociedades de pessoas ou como sociedades de capitais, em função da configuração deste tipo societário. Como referem António Caeiro/Mª Ângela Coelho, "Proibição de cessão de quotas sem consentimento da sociedade e constituição de usufruto sobre a quota", *Revista de Direito e Economia*, ano VIII, nº 1, 1982, p. 72, "não tem qualquer interesse debater a natureza jurídica do tipo legal da "sociedade por quotas" em abstrato, discutir se a sociedade por quotas é uma sociedade de pessoas ou de capitais ou se constitui um tipo misto ou híbrido". Com efeito, afirmam os autores que tal discussão não tem sentido, dado que constitui característica marcante deste tipo social a sua maleabilidade e flexibilidade que tanto permite às partes, de acordo com os seus interesses, adotar um estatuto que aproxime a sociedade das sociedades de capitais puras, como as autoriza a constituir uma pessoa coletiva fechada, em tudo semelhante às sociedades de pessoas.

[178] Não nos cabe, no âmbito deste estudo, a análise dos problemas relativos às sociedades entre cônjuges. Por isso, indicamos apenas as principais questões sem outros desenvolvimentos, centrando-nos na questão central que aqui nos ocupa. Sobre as questões enunciadas no texto, v., entre outros, J. G. Sá Carneiro, *loc. cit.*, pp. 291-306, pp. 346-354 e pp. 387-392, Ferrer Correia, "Lei das sociedades comerciais (anteprojeto)", *BMJ*, nº 191º, 1969, p. 93, nota 182, Mª Ângela Coelho, *loc. cit.*, pp. 31-33, Vasco G. Lobo Xavier/Mª Ângela Coelho, *loc. cit.*, pp. 321-323, António Caeiro, *loc. cit.*, pp. 10 e segs., e jurisprudência citada nas pp. 27 e 28, Pinto Furtado, *ob. cit.*, pp. 112-116, Pires de Lima/Antunes Varela, *Código Civil...*, *cit.*, pp. 402 e 403, Mª Rita A. G. Lobo Xavier, "Reflexões sobre a posição do cônjuge meeiro em sociedades por quotas", Separata do *Boletim da Faculdade de Direito da Universidade de Coimbra*, ano XXXVIII, Coimbra, 1993, pp. 7-9 e pp. 20 e segs., "Sociedades entre cônjuges...", *loc. cit.*, pp. 255-263, e *Limites à autonomia privada...*, *cit.*, pp. 228 e segs., Castro Mendes, *Direito da Família*, Lisboa, AAFDL, 1997, pp. 160-165, Brito Correia, *Direito Comercial. Sociedades Comerciais*, vol. II, s.l., AAFDL, 1997, pp. 94-96, Antunes Varela, *ob. cit.*, pp. 435-440, e Pereira Coelho/Guilherme de Oliveira, *ob. cit.*, pp. 455 e 456.

Considera Mª Rita A. G. Lobo Xavier, *Limites à autonomia privada...*, *cit.*, pp. 234 e segs., que o nº 2 proíbe as sociedades entre cônjuges porque a lei pressupõe uma violação do princípio da imutabilidade em tais casos. No nº 3 do art. 1714º a lei apresenta como exceção ao nº 1 do mesmo art. 1714º, e não ao seu nº 2, a possibilidade de os cônjuges participarem com outros na mesma sociedade de capitais. É que, como considera a autora, a probabilidade de alteração indireta do estatuto patrimonial dos cônjuges é maior no caso das sociedades entre apenas os dois cônjuges e, por isso, a lei proibiu-as (p. 238). Admite, porém, a possibilidade de os cônjuges virem a constituir fraudulentamente uma sociedade com um terceiro, atribuindo-lhe uma participação social ínfima, tratando-se de um "homem de palha" (o posicionamento de um dos cônjuges como *Strohmann* é referido por Günter H. Roth, "Die Ehegatten-GmbH in Recht und Praxis", *FamRZ*, ano 31º, nº 4, 1984, p. 328, ao reportar-se à altura em que a lei alemã exigia pelo menos duas pessoas para a constituição de uma sociedade. Admitindo-se as sociedades entre cônjuges, um cônjuge surgia normalmente na posição de sócio numa sociedade onde, na realidade, apenas o outro cônjuge participava. Mas, em princípio,

VI. ALTERAÇÃO DO ESTATUTO PATRIMONIAL DOS CÔNJUGES POR TRANSFERÊNCIAS

O problema das sociedades entre cônjuges (sós ou com terceiros) veio a ser resolvido pelo disposto no art. 8º do Cód. das Sociedades Comerciais, que permite a constituição de sociedades entre cônjuges e a participação destes em sociedades, desde que só um deles assuma responsabilidade ilimitada. A possibilidade de constituição terá sido admitida "em homenagem à iniciativa privada, às necessidades da atividade comercial, à livre organização do capital produtivo, pesem os sacrifícios que estes propósitos tenham de impor ao princípio tradicional da preservação das massas patrimoniais definidas por um regime de bens imutável"[179].

Portanto, a proibição de constituir sociedades ou de participar em sociedades com outrem é limitada aos casos em que os dois cônjuges assumem responsabilidade ilimitada pelas dívidas sociais[180]. Se assim fosse o património de cada um

---

nas sociedades com outros esse perigo já não é tão frequente, pelo que só se limitou a sua constituição quando ele exista. Ou seja, quando ambos os cônjuges assumissem responsabilidade ilimitada pelas dívidas sociais. Mesmo o art. 8º do Cód. das Sociedades Comerciais não pode ser encarado como derrogação da proibição do art. 1714º, nº 2. De facto, deverá proceder-se ao exame casuístico dos contratos de sociedade entre cônjuges para se ajuizar a sua conformidade com o direito matrimonial. Por isso, os contratos de sociedade, permitidos pelo referido art. 8º, podem sempre ser invalidados se o seu conteúdo concreto violar o princípio da imutabilidade em sentido amplo (implicar transferências patrimoniais indiretas). Considera, por isso, a autora que o art. 8º do Cód. das Sociedades Comerciais apenas refere o problema, para evitar a referência a sociedades de capitais, da responsabilidade pelas dívidas sociais, não tendo sido intenção do legislador comercial pronunciar-se quanto à polémica das sociedades entre os cônjuges e a sua ligação com o princípio da imutabilidade (p. 246, nota 246).

[179] Pereira Coelho/Guilherme de Oliveira, *ob. cit.*, p. 454. Acrescentam os autores que a livre constituição e participação em sociedades (com o limite da responsabilidade ilimitada dos cônjuges) pode significar modificações nas massas patrimoniais do casal, que não seriam permitidas no quadro do Direito da Família, fora do domínio societário. Esta liberdade pode, porém, originar prejuízos aos credores dos cônjuges que veriam as suas garantias diminuídas pela modificação das massas patrimoniais do casal. Melhor teria sido, por isso, estabelecer como limite para a livre constituição de sociedades a proteção dos direitos adquiridos por terceiros antes do registo da constituição do novo ente social. Chamando também a atenção da necessidade de advertir terceiros de que se trata de uma sociedade com uma situação especial (a sociedade entre cônjuges), Mª Rita A. G. Lobo Xavier, *Limites à autonomia privada...*, cit., p. 624, entende que melhor seria a consagração de um tipo contratual autónomo de sociedades entre cônjuges à semelhança da *impresa familiare* do direito italiano.

[180] Consagrou o art. 8º do Cód. das Sociedades Comerciais o entendimento de que a proibição prevista no art. 1714º, nº 2, visava a participação dos cônjuges em sociedades em que assumissem ambos responsabilidade ilimitada, autorizando a lei que os cônjuges participassem na mesma sociedade anónima, em comandita simples ou por ações, desde que só um deles fosse sócio de responsabilidade ilimitada, bem como na mesma sociedade por quotas, ainda que os cônjuges fossem os únicos sócios. Ou seja, o problema da distinção entre sociedades de pessoas e de capitais passa pela questão da responsabilidade dos sócios. Tal posição era já anteriormente defendida por António Caeiro,

dos cônjuges e, existindo, o património comum misturava-se com o património societário, implicando alteração dos poderes de administração e disposição dos

"A destituição judicial de administrador ou gerente de sociedade civil, em nome coletivo e por quotas", *RDES*, ano XV, nº 4, 1968, p. 446, nota 31, "Sobre a participação dos cônjuges...", *ob.* e *loc. cit.*, pp. 13 e 14, e "As sociedades de pessoas no Código das Sociedades Comerciais", Separata do número especial do *Boletim da Faculdade de Direito da Universidade de Coimbra, Estudos em homenagem ao Professor Doutor Eduardo Correia*, Coimbra, 1988, pp. 28 e 29. V. também, J. G. Sá Carneiro, *loc. cit.*, pp. 353 e 354 e p. 392, e Ferrer Correia, "Sobre a projetada reforma da legislação comercial portuguesa", *Revista da Ordem dos Advogados*, ano 44º, tomo I, 1984, p. 15, nota 1.
Questão relevante, sobretudo na decisão concreta dos casos pelos tribunais, é a da análise da qualificação do art. 8º do Cód. das Sociedades Comerciais, ou seja, saber se se apresenta como norma inovadora ou interpretativa. António Caeiro, "As sociedades de pessoas...", *ob. e loc. cit.*, pp. 29-36, defende a natureza interpretativa do artigo em causa, encontrando o seu sentido útil na clarificação do disposto no art. 1714º, que consagrou, assim, a corrente interpretativa por si defendida a propósito da participação dos cônjuges em sociedades (no mesmo sentido, Rodrigo Santiago, *Dois estudos sobre o Código das Sociedades Comerciais*, Coimbra, Almedina, 1987, p. 68). Por sua vez, Antunes Varela, *ob. cit.*, p. 439, entende que o art. 8º do Cód. das Sociedades Comerciais constitui uma verdadeira derrogação do princípio da imutabilidade, surgindo, portanto, como norma inovadora (no mesmo sentido, Pinto Furtado, *Código das Sociedades Comerciais*, 4ª ed., Lisboa, Livraria Petrony, 1991, p. 33, Mª Rita A. G. Lobo Xavier, "Sociedades entre cônjuges...", *loc. cit.*, pp. 272 e 273, Castro Mendes, *ob. cit.*, p. 162, e João Espírito Santo, *ob. e loc. cit.*, p. 418).
Ainda que partilhando da mesma conceção ampla do princípio da imutabilidade, Mª Rita A. G. Lobo Xavier, "Sociedades entre cônjuges...", *loc. cit.*, pp. 264-267, e *Limites à autonomia privada...*, *cit.*, pp. 242-249, apresenta uma outra posição quanto a esta questão. De facto, considera que o art. 8º do Cód. das Sociedades Comerciais apenas veio esclarecer que nem todas as sociedades entre cônjuges são, à partida, inválidas; somente aquelas que os cônjuges constituem entre si sob a forma de sociedades em nome coletivo ou de sociedades em comandita em que ambos sejam comanditados. Fora destes casos, os contratos de sociedade são válidos, porque nenhum ou só um dos cônjuges assume responsabilidade ilimitada, salvo se o seu conteúdo concreto defraudar o princípio da imutabilidade. Assim, o art. 8º apenas enuncia um princípio de validade das sociedades entre cônjuges sob reserva da compatibilidade do seu conteúdo com o regime matrimonial de bens (com o estatuto imperativo de base, o regime de bens, o princípio da imutabilidade, a revogabilidade das doações entre casados). Ou seja, um contrato de sociedade deve ser considerado nulo, por violação do princípio da imutabilidade, sempre que o seu resultado económico coincida com o resultado económico de uma alteração do regime patrimonial do casamento e, por isso, seja "materialmente" uma convenção matrimonial (p. 249). Se os cônjuges celebrarem entre si um contrato de sociedade incompatível com o seu estatuto patrimonial, o contrato será, para a autora, nulo por violação da norma imperativa do art. 1714º (art. 294º). A declaração de nulidade determina a entrada em liquidação da sociedade, devendo a partilha efetuar-se de acordo com as regras do respetivo regime de bens e não com as estipuladas no contrato de sociedade, porventura o meio utilizado pelos cônjuges para alcançarem os seus propósitos de alteração do estatuto patrimonial. Aproxima-se a autora da posição defendida por Pereira Coelho, *ob. cit.*, 1965, pp. 348 e 349, numa altura em que o Cód. de Seabra não previa a proibição de sociedades entre cônjuges, e como já o referimos. Marta Costa, "Sociedades entre cônjuges", *Lex Familiae – Revista Portuguesa de Direito da Família*, ano 1, nº 2, 2004, p. 85, consi-

VI. ALTERAÇÃO DO ESTATUTO PATRIMONIAL DOS CÔNJUGES POR TRANSFERÊNCIAS

bens (p. ex., pela constituição da sociedade pode colocar-se nas mãos de um dos cônjuges, como sócio, poderes de administração que não resultam do regime matrimonial)[181] e do regime da responsabilidade por dívidas (p. ex., bens comuns podiam responder por dívidas da sociedade contraídas por um dos cônjuges, sem que, pela lei civil, fossem dívidas comuns, e com prejuízo para os credores dos cônjuges, não comerciais)[182].

Não negamos que o facto de um dos cônjuges responder ilimitadamente pelas dívidas sociais, sobretudo no caso de sociedades apenas entre os cônjuges, pode implicar um desvio das regras da responsabilidade por dívidas. Com efeito, se um dos cônjuges responder ilimitadamente, desaparecendo o património societário, responde pessoalmente tal cônjuge e subsidiariamente a sua meação nos bens comuns. Isto pode implicar, por um lado, um benefício ao outro cônjuge que não responde pela dívida (até solidariamente, nos termos do art. 1695º, nº 1, se o regime de bens for de comunhão), embora a dívida possa qualificar-se como comum, nomeadamente, se ambos os cônjuges beneficiaram com ela. O que não impede que o credor possa intentar uma ação declarativa com vista ao reconhecimento da comunicabilidade da dívida em causa e, com isso, responsabilizar ambos os cônjuges e até o património comum. Por outro lado, pode prejudicar os terceiros credores civis dos cônjuges que veem reduzir o seu património de

---

dera tal posição motivo de incerteza e insegurança jurídicas. Apesar de considerarmos existir este risco, não é esse argumento que nos leva a afastar tal posição, mas o facto de, aderindo à conceção restrita, considerarmos que o art. 8º do Cód. das Sociedades Comerciais implicou uma alteração ao regime do art. 1714º. É esta a posição de Pereira Coelho/Guilherme de Oliveira, *ob. cit.*, p. 454, que, defendendo o sentido restrito do princípio da imutabilidade, entendem que o art. 8º do Cód. das Sociedades Comerciais revogou os nºs 2 e 3 do art. 1714º, permitindo a constituição e participação dos cônjuges em sociedades, com o limite relativo à responsabilidade por dívidas. Aliás, o próprio preâmbulo do Dec.-Lei nº 262/86, de 2 de setembro, que aprovou o Cód. das Sociedades Comerciais, afirma tratar-se de uma modificação do regime do art. 1714º.
Os nºs 2 e 3 do art. 1714º continuam, obviamente, a ter plena aplicação às sociedades civis. O disposto no art. 8º do Cód. das Sociedades Comerciais só se aplica às sociedades comerciais e civis sob a forma comercial, aplicando-se o regime do Cód. Civil às sociedades civis.

[181] Como a administração exclusiva de certos bens comuns que, não fosse a existência da sociedade, estariam sujeitos à regra da administração conjunta (Hubert Michel, "Le statut des parts et actions de société au regard des régimes matrimoniaux", *in* AAVV, *Les sociétés et le patrimoine familial – convergences et confrontations*, Bruxelles, Bruylant, 1996, p. 89).

[182] Como refere Castro Mendes, *ob. cit.*, p. 163, parece querer evitar-se, com a constituição de uma sociedade em que ambos os cônjuges assumam responsabilidade ilimitada, a fusão do património familiar com o património da sociedade e a afetação do património do casal aos riscos de uma atividade empresarial e a consequente responsabilização (ilimitada) desse património por dívidas decorrentes dessa atividade. Além disso, por força das regras do contrato de sociedade, podia um dos cônjuges ter que suportar a totalidade do passivo da sociedade, com claro benefício do outro (Henri Mazeaud, *et allii, ob. cit.*, p. 72).

garantia (seja o património próprio do cônjuge seja o comum). Se ambos os cônjuges assumirem responsabilidade ilimitada mais se acentuam os referidos riscos. Ao que acresce que se o regime vigente entre os cônjuges for o de separação de bens, através da responsabilidade ilimitada pelas dívidas societárias produz-se a comunicação dos patrimónios do marido e da mulher contra o respetivo regime matrimonial.

Contudo, tais questões não são decisivas para afetar este tipo de contratos entre cônjuges e o critério para a admissibilidade, ainda que justificável em parte, não será talvez o melhor.

De facto, o eventual benefício de um cônjuge e prejuízo do outro foi assumido voluntariamente pelos cônjuges ao constituir a sociedade. Depois, o prejuízo dos credores civis também existiria no caso de qualquer outra dívida que responsabilizasse o património próprio de um dos cônjuges e a sua meação nos bens comuns. Quanto ao facto de limitar a possibilidade de os cônjuges participarem na mesma sociedade à responsabilidade ilimitada de apenas um deles, entendemos que os riscos de fusão do património familiar com o societário existem, ainda que em menor grau, no caso de apenas um dos cônjuges assumir responsabilidade ilimitada[183]. Além disso, tais riscos existem seguramente se cada um dos cônjuges assumir essa responsabilidade em sociedades diferentes.

De notar, ainda, que o legislador proibiu que os cônjuges participassem na mesma sociedade, em termos de ambos responderem pessoal e ilimitadamente pelas dívidas sociais, mas dispôs que, vigorando um dos regimes de comunhão, as dívidas comerciais de um dos cônjuges responsabilizam os bens comuns e subsidiária e solidariamente os bens próprios de qualquer um dos cônjuges (arts. 1691º, nº 1, al. *d*), e 1695º, nº 1)[184]. Mesmo existindo o princípio da imutabilidade e restringindo a constituição das sociedades entre os cônjuges àquelas onde ape-

---

[183] Neste sentido, Antunes Varela, *ob. cit.*, p. 442.

[184] De facto, os cônjuges não podem constituir entre si sociedades comerciais em que ambos assumam responsabilidade ilimitada mas já poderão exercer ambos o seu comércio, assumindo responsabilidade ilimitada. Pereira Coelho/Guilherme de Oliveira, *ob. cit.*, p. 494, nota 239, referem que a possibilidade de os cônjuges constituírem entre si sociedades de capitais, para admitir uma participação menos arriscada financeiramente, não deixa de ser incoerente com o regime estabelecido no art. 1691º, nº 1, al. *d*). Por isso, António Caeiro, "Sobre a participação dos cônjuges...", *ob.* e *loc. cit.*, p. 31, entendia que a proibição da responsabilização solidária e ilimitada, no domínio societário, só tinha valor autónomo quando os cônjuges fossem casados em separação de bens, pois só aí se excluía a responsabilização de todos os bens do casal. Criticando esta posição, no sentido de que, mais do que no regime da responsabilidade por dívidas, é na constituição e dissolução das sociedades que o princípio da imutabilidade pode ser posto em causa, bem como ao nível dos poderes de administração, que podem ser diferentes das regras do direito matrimonial, v., Pereira Coelho/Guilherme de Oliveira, *ob. cit.*, pp. 451 e 452.

VI. ALTERAÇÃO DO ESTATUTO PATRIMONIAL DOS CÔNJUGES POR TRANSFERÊNCIAS

nas um deles assume responsabilidade ilimitada, parece-nos ser evidente uma alteração na determinação dos bens e nas regras da administração dos bens comuns (o estabelecimento comercial), passando a reger as regras do Direito das Sociedades.

Suponha-se ainda a seguinte situação: um dos cônjuges é sócio de uma sociedade de responsabilidade limitada (até o sócio único de uma sociedade por quotas unipessoal) e, por isso, não responde pessoalmente face aos credores pelas dívidas da sociedade. Contudo, e como acontece na generalidade dos casos, o credor, para garantia da sua posição, exige normalmente a garantia pessoal do seu devedor (p. ex., com a prestação de fiança ou o aval)[185]. Ora, nesses casos, não só passa a responder o cônjuge sócio como também a sua meação no património comum, se casado em regime de comunhão. Aliás, pode mesmo, desde que venha a demonstrar-se que a dívida integra as als. *c)* e/ou *d)* do nº 1 do art. 1691º, responsabilizar os bens comuns e o outro cônjuge (art. 1695º), podendo ser o outro cônjuge a responder na totalidade pela dívida. Há, de facto, uma desarticulação entre este regime da responsabilidade por dívidas decorrente do art. 1691º, nº 1, al. *d)*, com a proibição de os cônjuges constituírem ou participarem em sociedades onde assumam responsabilidade ilimitada. Não que se negue esta limitação, mas sobretudo porque não se justifica a responsabilidade do Cód. Civil, e que, aliás, já várias vezes criticámos. Se a razão é a de evitar a fusão de patrimónios, societário e conjugal, alterando as regras de administração e disposição dos bens, essa fusão existe pela simples aplicação do regime das dívidas comerciais previsto no Cód. Civil.

Repare-se ainda na consequência que a violação do previsto no art. 1714º, nº 3, e no art. 8º do Cód. das Sociedades Comerciais, podia acarretar, sobretudo antes da alteração introduzida por este art. 8º[186]. De facto, como preceitos imperativos, a sua violação acarreta a nulidade do contrato de sociedade. Significa isto que pelas dívidas eventualmente contraídas pelos cônjuges no exercício da atividade societária não responde a sociedade, que é como se nunca existisse, mas os cônjuges que serão pessoalmente responsáveis pelas mesmas. Mas mais – pela verificação dos pressupostos do art. 1691º, nº 1, al. *d)*, se os cônjuges estiverem casados em regime de comunhão, responde também o património comum. Portanto, o terceiro credor, que pode arguir a nulidade da sociedade por ambos os cônjuges assumirem responsabilidade ilimitada, pode conseguir um reforço da

---

[185] Como é prática das entidades bancárias para garantia do pagamento das dívidas sociais no caso de insolvência da sociedade.
[186] É a esta questão que se refere Mª Rita A. G. Lobo Xavier, "Sociedades entre cônjuges...", *loc. cit.*, pp. 277-280.

garantia patrimonial, por aplicação das regras do direito matrimonial (sendo nula a sociedade não serão de aplicar as regras do direito societário). Ou seja, em vez de obter o seu pagamento pelos bens afetos à sociedade, conseguiria responsabilizar os cônjuges sócios pessoalmente e o património comum. Em situações como estas, deverá o credor tentar obter o pagamento pelos bens da sociedade, o que o Cód. das Sociedades Comerciais acautela ao fixar a não retroatividade dos efeitos da declaração de nulidade do contrato de sociedade. De facto, a nulidade determina a liquidação da sociedade, devendo a partilha operar-se de acordo com as regras estipuladas no contrato (salvo se tais regras forem em si mesmas inválidas – arts. 52º e 165º do Cód. das Sociedades Comerciais)[187].

---

[187] Podem ainda os cônjuges invocar a existência de uma sociedade de facto.
A questão da aplicação dos princípios da sociedade de facto só se coloca quando, na base da constituição da "sociedade" entre os cônjuges não se encontrem as necessárias declarações de vontade nesse sentido. Se estas existiram, a sociedade, civil ou comercial, seguirá o respetivo regime.
A aplicação das regras da sociedade de facto surge, essencialmente, como forma de regular os problemas da partilha da união de facto quando se "ficciona" a existência de uma sociedade entre os conviventes, presumindo-se um acordo, de facto, entre eles. A constituição da sociedade presume-se do comportamento dos conviventes, sem que estes tenham expressamente convencionado nesse sentido (Telma Carvalho, "A união de facto: a sua eficácia jurídica", in AAVV, Comemorações dos 35 anos do Código Civil e dos 25 anos da Reforma de 1977. Direito da Família e das Sucessões, Coimbra, Coimbra Editora, 2004, p. 234). Faltando o formalismo da constituição da sociedade, ou seja, não havendo qualquer ato que exteriorize o contrato de constituição entre os conviventes, a questão é a da consideração da existência de uma sociedade de facto, à qual se aplicarão as regras do tipo societário em causa e, na maioria dos casos, das sociedades civis. Com efeito, enquanto que em relação às sociedades civis a regra é a da liberdade de forma (art. 981º), as sociedades comerciais, cuja constituição exige a redução a escrito do contrato de sociedade, com reconhecimento presencial das assinaturas dos seus subscritores (salvo se forma mais solene for exigida para a transmissão dos bens com que os sócios entram para a sociedade, devendo, neste caso, o contrato revestir essa forma – art. 7º, nº 1, do Cód. das Sociedades Comerciais), estarão sujeitas às regras das sociedades civis na falta de forma – art. 36º, nº 2, do Cód. das Sociedades Comerciais.
Sobre estas questões, quanto às sociedades comerciais, v., Ferrer Correia, Lições de Direito Comercial, Lisboa, Lex, 1994, pp. 369 e segs., Pupo Correia, Direito Comercial, 4ª ed., Lisboa, SPB-Editores e Livreiros, Lda., 1996, pp. 362 e segs., e Brito Correia, ob. cit., pp. 186 e segs. Qualquer um dos autores chama a atenção para a distinção entre essa sociedade irregular, por falta de forma, e as sociedades aparentes, onde há, face a terceiros, a aparência de existência de uma sociedade mas não há qualquer contrato de sociedade (não existindo qualquer sociedade – art. 36º, nº 1, do Cód. das Sociedades Comerciais), ao passo que nas sociedades irregulares esse contrato existe e apenas não foi observada a forma legal. Ora, na união de facto se existir a aparência face a terceiros de uma sociedade o mais normal será que entre os conviventes tenha, efetivamente, existido um acordo de constituição da mesma. Quanto à aplicação das regras das sociedades às uniões de facto, v., Cristina M. A. Dias, Do regime da responsabilidade por dívidas..., cit., pp. 1030 e segs.
Louis de Naurois, "Les sociétés entre concubins", Revue Critique de Législation et de Jurisprudence, ano LXXVII, tomo LVII, 1937, pp. 672 e segs., distingue ainda, relativamente ao ordenamento jurídico

VI. ALTERAÇÃO DO ESTATUTO PATRIMONIAL DOS CÔNJUGES POR TRANSFERÊNCIAS

Em todo o caso, é também ao nível das transferências dos bens entre os diferentes patrimónios que a constituição das sociedades entre cônjuges se manifesta. A sociedade pode ser um meio de esvaziar o património do casal, lesando os credores dos cônjuges que não sejam credores da sociedade. De facto, pode haver transferências de bens do património próprio de cada um dos cônjuges ou até do comum para a sociedade[188]. E, por isso, a lei deveria acautelar essa possibilidade permitindo apenas a constituição de sociedades onde menos provavelmente tal acontecerá. Porém, é por via da limitação da responsabilidade por dívidas que se restringe a constituição de tais sociedades, não impedindo, por isso, qualquer transferência patrimonial dos bens. Restará sempre, e em todo o caso, ao credor lesado o recurso aos meios gerais de Direito comum, como a impugnação pauliana.

Mª Rita Lobo Xavier refere que os cônjuges podem facilmente alterar a composição inicial das respetivas massas patrimoniais pela constituição de uma sociedade. Será o caso, por ex., de o valor dos bens que integram a entrada de cada um dos cônjuges ser propositadamente aumentado ou diminuído em relação ao valor dos bens que fazem parte da entrada do outro, de modo a que daí resultem diferenças (não correspondentes à realidade) entre o valor das respetivas participações sociais. Ou o caso de serem inseridas no contrato certas cláusulas estipulando uma repartição dos lucros ou da quota de liquidação diferente da que existiria de acordo com a proporção das entradas. Pode também dar-se, no funcionamento da sociedade, e vigorando entre os cônjuges um dos regimes de comunhão, a possibilidade de tornarem próprios os rendimentos que deveriam ser comuns. De facto, nesses regimes, os lucros são comuns, mesmo que as participações sociais sejam próprias. Mas os cônjuges podem evitar a sua entrada na comunhão levando-os a reservas, provocando assim a valorização dos seus bens

---

francês, a sociedade de facto (sociedade irregular quanto ao fundo ou forma, colocando-se o problema da liquidação da sociedade nula: tendo existido na realidade fáctica, a liquidação far-se-á de acordo com a sociedade que, de facto, existiu) e a sociedade criada de facto (não tem na sua constituição um contrato expressamente formulado, não há vontade de criação de uma verdadeira sociedade, mas do comportamento dos "sócios" resulta face a terceiros a existência de uma sociedade). V. também, Henri Mazeaud, *et allii*, *ob. cit.*, pp. 14-16, e *Leçons de Droit Civil. La famille*, vol. III, tomo I, 7ª ed., Paris, Montchrestien, 1995, pp. 45 e 46, e Terré/Fenouillet, *ob. cit.*, pp. 529 e 530.

[188] E o inverso também pode acontecer, com prejuízo dos credores societários. Além disso, a constituição de uma sociedade em que apenas um dos cônjuges seja sócio único pode implicar também contratos entre um dos cônjuges e a sociedade em que o outro é o único sócio, ou seja, na realidade, contratos entre cônjuges que podem mesmo ser nulos (p. ex., o contrato de compra e venda) à luz do art. 1714º. Assim, pode defraudar-se a proibição do art. 1714º, com prejuízo não só dos credores comuns e societários, como também do outro cônjuge ou do património familiar, pela constituição de uma sociedade, novo ente jurídico.

próprios. Havendo um aumento do capital da sociedade por incorporação de reservas, cada um dos cônjuges receberá aqueles lucros transformados em participações sociais próprias (art. 1728º: bens adquiridos em virtude da titularidade de bens próprios). Também no momento da liquidação podem ocorrer transferências patrimoniais se o bem que constituiu a entrada de um dos cônjuges passar a fazer parte do lote do outro[189].

Na Alemanha, onde os cônjuges podem regular as suas relações patrimoniais utilizando os contratos que são permitidos nas relações entre quaisquer outras pessoas, podem os cônjuges realizar um contrato de sociedade entre eles. Contudo, a doutrina e a jurisprudência fazem algumas restrições quanto aos bens que podem entrar para o capital social da sociedade em nome coletivo – OHG (*offene Handelsgesellschaft* – que permite a constituição entre os cônjuges de um outro tipo de comunhão para além do regime de comunhão eventualmente convencionado), ou seja, quando os cônjuges vivem em regime de comunhão, só podem constituir entre si uma OHG se a entrada for composta por *Vorbehaltgut* de cada um dos cônjuges[190]. Quanto à constituição de sociedades de capitais entre os cônjuges, casados em regime de comunhão, ou à sua participação nessas sociedades, não existem especificidades, ou seja, podem os cônjuges constituir entre eles ou com terceiros uma sociedade por quotas sem necessidade de as suas entradas serem preenchidas com bens reservados (*Vorbehaltgut*)[191].

Discute-se também na Alemanha saber em que condições se pode reconhecer uma "sociedade interna" (*Inenngesellschaften*)[192] entre os cônjuges, nomeadamente

---

[189] Mª Rita A. G. Lobo Xavier, *Limites à autonomia privada...*, cit., pp. 236 e 237. V. também, Pierre Julien, *ob. cit.*, pp. 99-101.

[190] V., Mª Rita A. G. Lobo Xavier, *Limites à autonomia privada...*, cit., p. 165, nota 105, Staudinger, *ob. cit.*, § 1408 Rdn. 27, p. 368, e Langenfeld, *ob. cit.*, p. 44.

O § 1418º do BGB refere-se aos bens reservados (*Vorbehaltsgut*). Trata-se dos bens que foram declarados como tal na convenção matrimonial, ou dos bens adquiridos *mortis causa* ou por doação por um dos cônjuges desde que o *de cujus* ou o doador determine o caráter reservado dos bens, ou dos bens adquiridos por um dos cônjuges em virtude do seu património reservado, como a indemnização pela destruição, dano ou subtração de um elemento pertencente ao património reservado ou bens adquiridos por ato jurídico relativo aos bens reservados.

[191] Langenfeld, *ob. cit.*, p. 44. Em todo o caso, mesmo a constituição de sociedades por quotas pode colocar algumas questões no caso de as quotas dos cônjuges sócios integrarem o património comum (v., Günter H. Roth, *loc. cit.*, p. 329).

Também no direito italiano as sociedades entre cônjuges têm particularidades se eles estão casados em regime de comunhão. V., para um resumo das posições assumidas na doutrina italiana, Mª Rita A. G. Lobo Xavier, *Limites à autonomia privada...*, cit., p. 245, em nota.

[192] Trata-se daquelas sociedades pessoais, que podem constituir-se tacitamente, que não produzem efeitos externos, mas apenas efeitos obrigacionais entre os sócios (internamente). Externamente só um dos sócios é que realiza o negócio, que, porém, terá efeitos obrigacionais entre os sócios. Este

quando os cônjuges têm bens ou dívidas em contitularidade, e a sua compatibilidade com o direito matrimonial. A incompatibilidade existirá, e, em consequência, a nulidade do contrato por falta de observância da forma prevista para as convenções matrimoniais, no caso de se poder concluir que o resultado económico de um determinado contrato de sociedade entre cônjuges é equivalente ao da alteração da convenção matrimonial. Importará, no caso concreto, aferir se, como efeito do contrato, são afetados os direitos ou deveres constituídos por força do direito matrimonial[193]. Tal ocorre, por desrespeito das normas relativas à administração e disposição dos bens, se o contrato de sociedade tiver como objeto a totalidade do património dos cônjuges ou se as suas cláusulas se opõem à essência do regime que vigora entre eles (mesmo que tenha sido observada a forma da convenção matrimonial)[194]. No âmbito deste estudo, importa referir que, para a doutrina alemã, um contrato de sociedade interna entre os cônjuges não pode também afetar o regime da responsabilidade por dívidas, ou seja, a proteção dos credores exige que os cônjuges não possam constituir bens comuns (e nas sociedades internas não existe um património separado)[195].

Portanto, mesmo na Alemanha, onde não existe o princípio da imutabilidade, chama-se a atenção para o facto de certas sociedades entre cônjuges poderem ser inválidas por violação das normas do estatuto patrimonial dos cônjuges.

E o mesmo se passa em França, onde o princípio da imutabilidade foi atenuado.

As sociedades entre cônjuges eram inicialmente proibidas pela jurisprudência francesa, ainda que a lei não as proibisse expressamente, por se entenderem con-

---

tipo de sociedades pode realizar-se entre os cônjuges quando, p. ex., celebram de forma tácita um contrato de sociedade sem realizar o património social (Beitzke/Lüderitz, *ob. cit.*, p. 114, e Lüderitz/Dethloff, *ob. cit.*, pp. 141 e 142, e Gernhuber/Coester-Waltjen, *ob. cit.*, § 20, III, 26-28, pp. 184 e 185). Estas sociedades normalmente só se descobrem quando o casamento fracassa e, portanto, estará fundamentalmente em causa a aplicação das regras da liquidação da sociedade. Trata-se de encontrar uma solução justa para a divisão dos rendimentos do trabalho em comum no fim de um casamento fracassado (e, por isso, o recurso a tal figura era também utilizado para encontrar essa contribuição financeira pelo trabalho prestado). É fundamental, em todo o caso, que os requisitos para a constituição da sociedade estejam preenchidos, como a *affectio societatis*. V., Manfred Lieb, *Die Ehegattenmitarbeit im Spannungsfeld zwischen Rechtsgeschäft, Bereicherungsausgleich und gesetzlichem Güterstand*, Tübigen, J.C.B. Mohr (Paul Siebeck), 1970, pp. 5-55 e pp. 193-200, e Mª Rita A. G. Lobo Xavier, *Limites à autonomia privada...*, *cit.*, p. 251, nota 251. Esta autora entende que a situação que configura uma "sociedade interna" entre cônjuges pode corresponder à nossa sociedade civil ou à associação em participação.

[193] Christian Rothemund, *ob. cit.*, pp. 103 e 104, e Gernhuber/Coester-Waltjen, *ob. cit.*, § 20, III, 25, p. 184, § 32, I, 12-14, p. 348, e § 32, IV, 6, p. 353.
[194] Sobre estas questões v., Mª Rita A. G. Lobo Xavier, *Limites à autonomia privada...*, *cit.*, pp. 254-256.
[195] V., Christian Rothemund, *ob. cit.*, pp. 110-113.

trárias ao princípio da imutabilidade[196]. Em 1958 o legislador considerou válidas as sociedades entre cônjuges em que estes participassem com outros sócios e, mais tarde, em 1966, veio também admitir as sociedades apenas entre os cônjuges (art. 1841º, 2º, do Cód. Civil francês), acompanhando a evolução verificada no domínio da capacidade da mulher[197]. Em 1982 a lei veio determinar que as sociedades entre apenas dois cônjuges seriam válidas mesmo que as respetivas entradas fossem constituídas somente por bens comuns. Em todo o caso, ressalvava-se sempre o facto de os cônjuges só poderem validamente fazer parte da mesma sociedade se não fossem ambos ilimitadamente responsáveis pelas dívidas sociais. Esta limitação foi abolida com a Reforma de 1985, dispondo o art. 1832º, 1º, do Cód. Civil francês, que os cônjuges podem ser sócios de uma mesma sociedade, sozinhos ou com terceiros, participando ambos, ou não, na respetiva gestão, e mesmo que empreguem apenas bens comuns como entradas numa sociedade já em funcionamento. Uma vez constituída, a sociedade entre os cônjuges está sujeita às regras do Direito das Sociedades, como qualquer outra sociedade[198].

Em todo o caso, apesar de não haver atualmente qualquer restrição à constituição de sociedades entre cônjuges, há autores que consideram que um contrato de sociedade entre cônjuges, celebrado com o objetivo de defraudar o regime matrimonial, não é válido de acordo com o princípio de que *fraus omnia corrumpit*[199] ou se visar tornar irrevogável uma doação entre cônjuges[200].

---

[196] E, enquanto existiu, ao exercício do poder marital. V., Jean Hémard, *loc. cit.*, pp. 719-721, e A. Colomer, *Droit Civil...*, *cit.*, p. 175. Entendia-se, de facto, que a constituição de sociedades entre cônjuges era um modo de afastar a subordinação da mulher ao marido. A qualidade de sócios conferir-lhes-ia um estatuto jurídico de igualdade, incompatível com o poder marital. A mulher poderia, como sócia, fiscalizar a administração dos bens da sociedade pelo marido ou mesmo, se fosse gerente, exercer poderes de disposição e administração de bens que não teria se não fosse a sociedade. V. também, Catherine-Thérèse Barreau, "Sociétés entre époux", *Enciclopédie Juridique Dalloz, Repertoire sociétés*, tomo V, 2005, pp. 4-6.

[197] De facto, numa altura em que a mulher não detinha poderes de administração e disposição dos bens comuns, conferidos ao marido, e mesmo que pudesse deter a qualidade de sócia, a constituição de uma sociedade onde os sócios fossem apenas os dois cônjuges faria centralizar nas mãos do marido o exercício dos direitos relativos à totalidade das partes sociais (comuns), o que não era compatível com a então regulamentação do Direito das Sociedades (Jacques Bardoul, "Droit des sociétés et régime de communauté entre époux", *Revue des Sociétés*, ano 94º, 1976, p. 630, nota 1).

[198] Janine Revel, "Droit des sociétés et régime matrimonial: préséance et discrétion", *Recueil Dalloz Sirey*, V, 1993, p. 33.

[199] A. Colomer, *Droit Civil...*, *cit.*, pp. 176 e 177. V. também, para o direito belga, Léon Raucent, *Droit patrimonial de la famille. Les régimes matrimoniaux*, 3ª ed., Louvain-La-Neuve, Cabay, Libraire-éditeur, 1986, nº 196.

[200] M. Grimaldi, *et allii*, *ob. cit.*, p. 84. Não podem, portanto, os cônjuges utilizar a constituição de uma sociedade para modificar o seu regime matrimonial sem observar as regras legais dessa modi-

VI. ALTERAÇÃO DO ESTATUTO PATRIMONIAL DOS CÔNJUGES POR TRANSFERÊNCIAS

Também no direito italiano é possível os cônjuges constituírem entre si ou com terceiros uma sociedade de capitais (que só seria afetada nos termos gerais do art. 2332º do Cód. Civil italiano) e mesmo uma sociedade de pessoas assumindo responsabilidade ilimitada[201]. De facto, não se colocou no direito italiano a questão de a relação conjugal afetar a autonomia dos cônjuges em constituir uma sociedade entre si ou com terceiros[202]. Porém, a constituição de uma socie-

---

ficação (Axel Depondt, *Les sociétés civiles de famille dans la gestion de patrimoine*, Paris, Maxima, 1996, p. 101).

[201] Schlesinger, "Della comunione", in AAVV, *Commentario alla riforma del diritto di famiglia*, sob a direção de Carraro/Oppo/Trabucchi, vol. I, tomo I, Padova, Cedam, 1977, p. 386, e De Paola/A. Macri, *ob. cit.*, p. 297. Como escreve Santosuosso, *Beni ed attività economica della famiglia*, Torino, Utet, 1995, p. 439, a responsabilidade ilimitada assumida por um dos cônjuges numa sociedade, sendo a participação social bem dele, não se estende, por força do regime de comunhão, ao outro cônjuge. O regime de comunhão não deve limitar a atividade do cônjuge sócio, sendo a participação deste numa sociedade de pessoas muito semelhante ao exercício de uma atividade separada prevista no art. 177º, al. *c*), do Cód. Civil italiano. Em todo o caso, entende-se que a participação dos cônjuges, casados em regime de comunhão, numa sociedade em comandita simples, está condicionada ao facto de apenas um deles assumir responsabilidade ilimitada, nos termos do art. 2267º do Cód. Civil italiano (mesmo autor e obra citados, p. 443).

O problema das sociedades apenas entre os cônjuges colocava-se em Itália no caso do regime de comunhão, atendendo ao facto de a existência do património comum evitar o requisito da pluralidade das partes necessário para a criação de sociedades (art. 2247º do Cód. Civil italiano). A doutrina prevalente afastava o entendimento, dado que o património comum não é detentor de personalidade jurídica própria e o facto de constituir um património separado, face aos patrimónios próprios dos cônjuges, não significa que a entrada de bens comuns na sociedade seja por um ente diferente dos cônjuges (A. Morano/M. Morelli, "Partecipazione di coniugi a società di persone e compatibilità con il regime della comunione legale", *Rivista del Notariado*, ano XL, I, 1986, pp. 646 e 647, e Giorgio Marasà, "Società in nome collettivo tra coniugi e comunione legale", in AAVV, *Questioni di diritto patrimoniale della famiglia (discusse da vari giuristi e dedicate ad Alberto Trabucchi)*, Padova, Cedam, 1989, p. 238).

[202] M. Claudia Andrini, "La società tra coniugi in diritto francese", *Rivista di Diritto Civile*, ano XXX, I, 1984, pp. 115 e 122, e Giorgio Marasà, *ob. e loc. cit.*, p. 242.

Como refere A. Fusaro, *Il regime patrimoniale della famiglia*, Padova, Cedam, 1990, pp. 75 e 326, reportando-se à decisão do Trib. Reggio Emilia, de 2 de março de 1981, a constituição de uma sociedade em nome coletivo entre cônjuges, com entradas com bens próprios, não implica uma modificação do regime de bens. A dúvida que na doutrina italiana se coloca é a da compatibilização do regime da comunhão com o das sociedades em nome coletivo ou civis, no caso de estar em causa a constituição de uma sociedade para gerir uma *azienda coniugale*. Entende-se que tal apenas será possível quando a *azienda* deixar de integrar a comunhão (art. 191º do Cód. Civil italiano), sob pena de implicar uma derrogação a normas inderrogáveis (art. 210º do Cód. Civil italiano). Com efeito, a constituição de uma sociedade implica a alteração das regras da administração da comunhão e da responsabilidade por dívidas (passando a reger as normas societárias, nomeadamente, respondendo o património social e não a comunhão pelas dívidas, e respondendo os cônjuges/sócios ilimitada e solidariamente pelas dívidas sociais (art. 2291º do Cód. Civil italiano) e não nos termos do art. 190º

dade entre cônjuges, em princípio admissível, não pode implicar uma alteração indireta das normas relativas à administração dos bens (e responsabilidade por dívidas – art. 210º do Cód. Civil italiano)[203]. Sendo as normas relativas à administração dos bens e à responsabilidade por dívidas inderrogáveis (art. 210º, 3º, do Cód. Civil italiano), mesmo quando os cônjuges acordem um regime convencional de comunhão, não faria sentido que os mesmos cônjuges pudessem alterar tal regime por via indireta (constituindo uma sociedade entre si e vigorando o regime de comunhão). A constituição de sociedades em que ambos os cônjuges, casados em regime de comunhão, assumam responsabilidade pode implicar violação de normas imperativas, dada a divergência das normas reguladores da comunhão e da sociedade em matéria de repartição da participação social, da administração e responsabilidade por dívidas e, por isso, tal constituição será também nula[204].

Por seu lado, decorre do art. 1323º do Cód. Civil espanhol a plena liberdade de constituição de sociedades entre cônjuges no direito espanhol, ao contrário do anteriormente estipulado (nos arts. 1677º e 1334º do Cód. Civil espanhol até à Lei 11/1981, de 13 de maio) onde se proibia também as sociedades (universais) entre cônjuges[205]. Contudo, e como refere Manuel Albaladejo, se o contrato cele-

---

do Cód. Civil italiano) e uma eventual alteração na igualdade da quota do bem comum (*azienda*) – Paola Ferrero, "Società fra coniugi in regime di comunione legale: nel dubbio, prudenza...", *Giurisprudenza commerciale. Società e fallimento*, ano VII, nº 2, 1980, pp. 236 e 237, P. Marchetti, "Sui rapporti tra "impresa coniugale" e disciplina societaria", *Quadrimestre – Rivista di diritto privato*, nº 3, 1986, pp. 580 e 581, A. Morano/M. Morelli, *loc. cit.*, pp. 655-657, Giorgio Marasà, *ob. e loc. cit.*, pp. 253 e 254, Antonio Serra, "Azienda coniugale e società", *in* AAVV, *La comunione legale – Problematiche e questioni a venticinque anni dalla riforma*, Milano, Giuffrè Editore, 2003, pp. 19-25, e Francesco Pianu, "La società tra coniugi in regime di comunione legale dei beni: aspetti di interesse notariale", *in* AAVV, *La comunione legale – Problematiche e questioni a venticinque anni dalla riforma*, Milano, Giuffrè Editore, 2003, pp. 171 e 172. Neste sentido, v. também, na jurisprudência, a decisão do Tribunal Casale Monferrato, de 30 de março de 1979 (citada por Mario Finocchiaro, "Del regime patrimoniale della famiglia", *in* AAVV, *Nuova rassegna di giurisprudenza sul Codice Civile*, sob a direção de Casare Ruperto/Vittorio Sgroi, Milano, Giuffrè Editore, 1994, p. 1388).
Entre nós, e apesar de não ser discutida esta questão, pode configurar-se um problema idêntico no caso de os cônjuges constituírem uma sociedade para gerirem um estabelecimento comercial comum. Como refere Antonio Pavone La Rosa, "Comunione coniugale e participazioni sociali", *Rivista delle società*, ano 24º, 1979, p. 21, o exercício dos direitos inerentes à participação social é regulado de acordo com as normas próprias do tipo de sociedade em que o cônjuge participa.
[203] A. Galasso, *ob. cit.*, pp. 258-262.
[204] Lucia Giaccardi Marmo, "La participazione in società di persone nel sistema della comunione legale tra coniugi", *Giurisprudenza commerciale. Società e fallimento*, ano VII, nº 1, 1980, p. 649, e Santosuosso, *ob. cit.*, p. 440.
[205] V., Mª José Herrero García, *Contratos onerosos entre cónyuges*, Salamanca, Publicaciones del Departamento de Derecho Civil 2ª Catedra, 1976, pp. 483-488, Espín Cánovas, "La igualdad conyugal en

brado implicar uma modificação do regime de bens deverá sujeitar-se à forma prevista para a referida modificação (art. 1327º do Cód. Civil espanhol)[206]. Quanto mais intenso for o regime comunitário mais difícil serão as relações contratuais entre os cônjuges. Pode, por isso, haver certos ajustes à absoluta liberdade contratual entre os cônjuges se os negócios que celebram vierem desvirtuar e alterar indiretamente as regras do regime matrimonial.

De tudo isto decorre que também no direito comparado as sociedades entre cônjuges podem ser proibidas se implicarem uma violação das regras do direito matrimonial e do estatuto patrimonial dos cônjuges, dado que, obviamente, podem provocar transferências patrimoniais entre os patrimónios existentes. Também entre nós, e como referimos, Mª Rita Lobo Xavier defende que um contrato de sociedade deve ser considerado nulo, por violação do princípio da imutabilidade, sempre que o seu resultado económico coincida com o resultado económico de uma alteração do regime patrimonial do casamento e, por isso, seja "materialmente" uma convenção matrimonial[207].

Parece-nos que a constituição de sociedades entre cônjuges, ainda que possa implicar transferências patrimoniais que podem afetar o regime da responsabilidade patrimonial por dívidas, deve admitir-se na medida em que permite aos cônjuges uma melhor organização da sua comunhão de vida do ponto de vista patrimonial. Como já referimos, nem sempre os cônjuges constituem ficticiamente as sociedades[208], ou seja, podem visar os mesmos objetivos que dois estra-

---

la reforma del Código Civil (Leys de 13 Mayo y 7 Julio 1981)", in AAVV, *El nuevo derecho de familia español*, Madrid, Reus, 1982, pp. 17 e 18, e J. J. Solchaga Loitegui, "Negocios jurídicos entre cónyuges", in AAVV, *Regimén económico matrimonial y la protección de acreedores*, sob a direcção de J.R. San Román Moreno, Madrid, Consejo General del Poder Judicial, 1995, pp. 148-151.

[206] Manuel Albaladejo, *Curso de Derecho Civil. Derecho de Familia*, vol. IV, 7ª ed., Barcelona, Bosch, 1996, p. 126. V. também, A. Cabanillas Sánchez, "La contratación...", *loc. cit.*, p. 544, e "La mutabilidad...", *loc. cit.*, pp. 234 e 235, e J. J. Solchaga Loitegui, *ob. e loc. cit.*, p. 132.

[207] Mª Rita A. G. Lobo Xavier, *Limites à autonomia privada...*, cit., p. 249.

[208] Rodrigo Santiago, *ob. cit.*, p. 61, considera que as sociedades entre cônjuges são formas de violação da irrestrição da responsabilidade patrimonial dos comerciantes em nome individual. Antes do aparecimento do e.i.r.l. (Dec.-Lei nº 248/86, de 25 de agosto), muitas vezes os cônjuges constituíam entre si sociedades com o objetivo de afastar a comunicabilidade das dívidas provenientes do exercício do comércio.

De referir que não abordamos aqui o problema da validade das sociedades em geral, ou seja, tal como qualquer outra sociedade também a sociedade constituída entre cônjuges pode ser inválida por um qualquer vício na sua constituição. O problema que nos ocupa é, pelo contrário, a especificidade das sociedades entre cônjuges e, em consequência, a sua existência independentemente da sua válida e eficaz constituição. Mas se os cônjuges constituem uma sociedade visando indiretamente um outro fim, ou seja, ficticiamente ou com fraude à lei, aplicar-se-ão as respetivas regras que sancionam tais negócios. Já Alberto Pimenta, *ob. cit.*, pp. 97-111, chamava a atenção para o facto de a

nhos procuram ao realizar tais contratos. É evidente que a constituição de uma sociedade pode implicar uma nítida fraude ao art. 1691º, nº 1, al. *d*), bastando a constituição da referida sociedade para que o património comum e os patrimónios próprios dos cônjuges não respondam pela dívida[209]. Mas podem também ter como real objetivo o exercício de uma determinada atividade em comum ainda que, não podemos esquecer, a especial relação existente entre os cônjuges pode afetar o funcionamento da sociedade, propiciando as transferências entre os patrimónios (com eventual prejuízo dos credores sociais, comuns e pessoais), alteração das regras de administração e disposição dos bens e da responsabilidade por dívidas[210]. E é esta especial relação entre os cônjuges que impõe certas especificidades ao contrato de sociedade.

constituição de uma sociedade entre cônjuges poder visar uma limitação dos riscos do comércio, podendo constituir uma sociedade fictícia ou simulada. Também Mª Ângela Coelho, *loc. cit.*, p. 6, falava da sociedade fictícia, como forma de limitar a responsabilidade do comerciante em nome individual. Ora, os cônjuges podem efetivamente visar uma limitação da sua responsabilidade decorrente do art. 1691º, nº 1, al. *d*), que pode conduzir à criação de uma sociedade fictícia se na realidade não visam os fins de uma sociedade e um dos "sócios" não passa de um "homem de palha". De facto, e como continuava a autora citada (p. 30), ainda que reportando-se a uma altura em que ainda não se admitiam as sociedades unipessoais (e, por isso, a constituição de uma sociedade com o cônjuge era uma forma de contornar essa limitação), muitas das sociedades entre cônjuges são sociedades fictícias "que acobertam verdadeiras empresas individuais".

[209] É, aliás, uma outra razão para a sua abolição. De facto, a norma apenas funcionará no caso do pequeno comerciante que é cada vez mais raro.

[210] Refere Mª Rita A. G. Lobo Xavier, *Limites à autonomia privada...*, *cit.*, p. 261, que a especial relação de confiança entre os cônjuges pode conduzir à ocorrência de liberalidades entre os cônjuges, quer na constituição quer no funcionamento da sociedade; ou levar a que um dos cônjuges confie totalmente na gestão do outro e o funcionamento da sociedade não siga os trâmites previstos na lei (p. ex., não haja lugar a verdadeiras assembleias gerais ou a verdadeiras deliberações sociais ou até convocatórias).

A preocupação de colocar os bens do casal ao abrigo da execução de eventuais credores no caso de um dos cônjuges exercer uma atividade profissional que envolva alguns riscos pode levar um dos cônjuges a efetuar "atribuições patrimoniais" (a expressão é de Mª Rita A. G. Lobo Xavier, *Limites à autonomia privada...*, *cit.*, passim, para se reportar aos atos pelos quais um dos cônjuges aumenta o património do outro à sua custa, sendo mais abrangente que a mera liberalidade) ao outro. Para evitar prejuízos ao cônjuge que não exerce a atividade, convencionam o regime de separação de bens. Mas querendo ter alguns bens em compropriedade (p. ex., a casa de morada comum), não querem que os credores venham executar a quota do devedor. Assim, o cônjuge que realiza a atividade profissional atribui ao outro a sua parte no bem em causa (a casa de morada da família). Mesmo nestes casos os credores podem impugnar tais atos nos termos gerais. No direito alemão, podem os credores impugnar os atos de disposição gratuitos que ocorreram nos dois anos que precederam a dívida e os atos não gratuitos que se verificaram no último ano (Mª Rita A. G. Lobo Xavier, *Limites à autonomia privada...*, *cit.*, p. 410, nota 564).

Daí que se proíba a constituição de sociedades entre cônjuges em que ambos assumam responsabilidade ilimitada pelas dívidas sociais[211]. Duvidamos, em todo o caso, que esta seja a melhor forma. De facto, o problema das alterações indiretas do regime de bens não passa apenas pelo problema da responsabilidade por dívidas, como vimos. Melhor seria admitir a constituição de sociedades entre os cônjuges, como regra, e sujeita às regras gerais do Direito das Sociedades. Se, porém, tal constituição implicasse uma alteração do regime de bens vigente entre os cônjuges deveria estar sujeita às regras da alteração das convenções matrimoniais (a admitir a abolição da imutabilidade) ou estar sujeita ao princípio da imutabilidade, sem que isso signifique a adoção do conceito amplo do mesmo (especificando-se isto mesmo no art. 1714º, em vez da redação atual).

E o mesmo valeria, como no direito alemão, para qualquer contrato entre cônjuges (evitando-se as atuais polémicas em torno da interpretação ampla ou restrita da imutabilidade e assegurando uma maior autonomia negocial entre os cônjuges). Temos consciência, todavia, que, a manter-se o princípio da imutabilidade, a maioria de tais contratos serão nulos por implicarem alteração do regime de bens e, com isso, uma violação à regra da imutabilidade.

Em todo o caso, admitindo e acautelando algumas especificidades às sociedades em geral, não nos parece necessário preservar o princípio da imutabilidade. O que será importante é prever outros mecanismos que permitam restabelecer o equilíbrio patrimonial entre os cônjuges eventualmente quebrado em consequência da constituição da sociedade e salvaguardar a posição de terceiros credores contra determinados atos fraudulentos[212].

O princípio da imutabilidade e a cessão de quotas entre cônjuges

Quanto às sociedades entre cônjuges queremos ainda referir uma questão que, todavia, apenas indiretamente toca o regime da responsabilidade por dívidas, no

---

[211] Parece que esta limitação resulta da incapacidade histórica da mulher. Numa altura em que, vigorando o poder marital, o marido administrava e dispunha da generalidade dos bens, responsabilizando-os por dívidas, pretendia-se acautelar o património da mulher contra dissipações do marido administrador (que poderia fazer entrar bens da mulher numa sociedade onde ele já assumisse responsabilidade ilimitada). Abolido o poder marital, e vigorando a igualdade jurídica entre os cônjuges, a manutenção da referida limitação assenta na proteção do próprio núcleo familiar, impedindo a perda dos seus meios de subsistência. V., Giorgio Marasà, *ob. e loc. cit.*, p. 241.

[212] Esta mesma ideia vale para outros contratos celebrados entre cônjuges e até para os movimentos de contas bancárias. O mesmo defende Mª Rita A. G. Lobo Xavier, *Limites à autonomia privada...*, *cit.*, p. 262, nota 275. Também Pierre Julien, *ob. cit.*, p. 101, a propósito das sociedades entre cônjuges, considerava que a sua validade dependia da aferição no caso concreto da alteração ou não das regras de repartição e equilíbrio dos bens entre os cônjuges.

sentido de saber que bens respondem por uma dada dívida. Referimo-nos à cessão de quotas entre cônjuges (que se liga à proibição da compra e venda entre cônjuges).

Entendendo a imutabilidade em sentido amplo, a cessão de quotas entre cônjuges[213], porque necessariamente envolve uma alteração na composição das massas patrimoniais (a quota, sendo bem próprio de um dos cônjuges passará a bem próprio do outro, alterando-se as regras de administração e disposição sobre a mesma) será sempre nula à luz do princípio da imutabilidade, referido em termos gerais no nº 1 do art. 1714º[214].

Defendendo o sentido restrito do princípio da imutabilidade, nos termos expostos, importa analisar o valor de uma cessão de quotas entre os cônjuges. Neste ponto, é relevante considerarmos não só o princípio da imutabilidade, mas também o art. 228º, nº 2, do Cód. das Sociedades Comerciais, que dispensa o consentimento da sociedade, para a eficácia da cessão, no caso de cessão de quotas entre cônjuges, entre ascendentes e descendentes ou entre sócios.

Depois de, nos arts. 225º a 227º, o Cód. das Sociedades Comerciais regular a transmissão da quota por morte do seu titular, ocupa-se, nos arts. 228º a 231º, da transmissão entre vivos e da cessão da quota. Com efeito, a lei distingue a transmissão entre vivos e a cessão, ainda que não apresente qualquer critério distintivo. Assim, a cessão da quota é "uma subespécie da espécie "transmissão entre vivos" e a sua característica diferencial reside na voluntariedade do facto transmissivo"[215].

---

[213] Quanto à análise da titularidade da quota e da necessidade de se tratar de um bem próprio para se aferir da sua validade face ao princípio da imutabilidade, v., *infra*, pp. 119-121.

[214] Tal como a compra e venda entre cônjuges, expressamente prevista no art. 1714º, nº 2. Mesmo assim, defendendo o sentido amplo, e incluindo, por isso, a proibição da cessão no nº 1 do art. 1714º, Mª Rita A. G. Lobo Xavier, *Limites à autonomia privada...*, cit., p. 222, nota 206, ainda refere que, no caso de a cessão comportar uma venda, apenas poderá ser válida quando os cônjuges estejam separados judicialmente de pessoas e bens, dado que o contrato de compra e venda é nulo entre cônjuges. Se incorporar uma doação ter-se-á, para admitir a sua validade à luz da conceção ampla, de admitir a sua livre revogabilidade e a sua incidência sobre bens próprios do doador. Isto significaria que, caso a caso, ter-se-ia de aferir a validade da cessão. Como veremos mais adiante não é este o nosso entendimento, não pelo problema da análise casuística (que até defendemos para aferir a validade dos contratos face à alteração das regras do regime de bens), mas pelo facto de entendermos a cessão como um negócio em si diferente da venda ou da doação.

[215] Raúl Ventura, *Comentário ao Código das Sociedades Comerciais. Sociedades por Quotas*, vol. I, 2ª ed. (reimpressão), Coimbra, Almedina, 1993, p. 577. Sobre a cessão de quotas, v., entre outros, Pinto Furtado, *Código das Sociedades Comerciais*, cit., pp. 213-216, Abílio Neto, *Código Comercial. Código das Sociedades Comerciais. Legislação complementar – anotados*, 11ª ed., Lisboa, Livraria Petrony, 1993, pp. 518 e segs., Brito Correia, *ob. cit.*, pp. 367-369, A. Pereira de Almeida, *Sociedades Comerciais*, 2ª ed., Coimbra, Coimbra Editora, 1999, pp. 193-199, e J. Coutinho de Abreu, *Curso de Direito Comercial. Das Sociedades*, vol. II, Coimbra, Almedina, 2002, pp. 358-365.

Não há, por isso, transmissão da quota nem cessão quando o ato tem um efeito extintivo da quota, ou quando sobre a quota é constituído um direito de usufruto[216] ou quando a aquisição da quota é originária. Por outro lado, não há cessão da quota quando faltar um ato voluntário do seu titular (como no caso da perda da quota a favor da sociedade, nos termos do art. 204º do Cód. das Sociedades Comerciais ou da arrematação e adjudicação judiciais). A transmissão entre vivos excede, portanto, a cessão, compreendendo todo o ato cujo efeito seja a substituição do titular da quota.

A natureza jurídica da cessão de quotas deverá atender a duas questões[217]: o da natureza da quota e o da natureza das relações jurídicas de sociedade.

Admitindo que a quota é um conjunto de direitos e vinculações resultantes do contrato de sociedade[218], a análise das questões enunciadas fica restrita aos institutos jurídicos compatíveis com essa natureza. Por outro lado, a lei trata a cessão como um só ato jurídico, não devendo desdobrar-se em tantos atos quantos os direitos ou as vinculações cuja titularidade se altera.

O instituto jurídico capaz de enquadrar todas estas características é a cessão da posição contratual, regulada nos arts. 424º e segs. do Cód. Civil[219].

Qualificada a cessão de quotas como cessão da posição contratual, a regulamentação da cessão de quotas é constituída pelos preceitos que lhe são especialmente dedicados, a seguir pelos preceitos reguladores da cessão da posição contratual e, na medida em que esta não seja completa, pelos preceitos disciplinadores da cessão de créditos e da transmissão de obrigações e pelos preceitos reguladores do negócio material em que a cessão de quotas se inclua. De facto, o art. 425º do Cód. Civil dispõe que a forma de transmissão, a capacidade de dispor e de receber, a falta e vícios de vontade, as relações entre as partes definem-

---

[216] A constituição de um usufruto não é tida como cessão de quotas, no entendimento de Raúl Ventura, *ibidem*. A tese contrária é defendida por António Caeiro/Mª Ângela Coelho, *loc. cit.*, pp. 76-79, e constava do art. 49º do Anteprojeto de Lei das Sociedades por Quotas (Ferrer Correia/Vasco Lobo Xavier/Mª Ângela Coelho/António Caeiro, "Sociedades por quotas de responsabilidade limitada. Anteprojeto de Lei – 2ª redação", Separata da *Revista de Direito e Economia*, ano III, nºs 1 e 2, 1977, e ano V, nº 1, 1979, p. 55).
[217] Seguimos aqui a exposição de Raúl Ventura, "Cessão de Quotas", Separata da *Revista da Faculdade de Direito da Universidade de Lisboa. Volume de homenagem ao Professor Doutor Abel de Andrade*, vol. XXI, 1967, pp. 9 e segs., e *Comentário ao Código das Sociedades Comerciais...*, *cit.*, pp. 578 e segs.
[218] Raúl Ventura, *Comentário ao Código das Sociedades Comerciais...*, *cit.*, p. 578. V. também, J. Coutinho de Abreu, *ob. cit.*, pp. 342-350.
[219] Tal entendimento tem também sido adotado noutros países. Apesar de tudo, a qualificação da cessão de quotas como cessão da posição contratual tem sofrido algumas críticas. V., sobre esta questão, Raúl Ventura, "Cessão de quotas", *loc. cit.*, pp. 11 e segs., e *Comentário ao Código das Sociedades Comerciais...*, *cit.*, pp. 579 e segs.

se em função do tipo do negócio que serve de base à cessão. A cessão não é um ato abstrato nem um ato com causa genérica. Cada cessão integra se num contrato translativo. Assim, a cessão duma quota poderá integrar-se numa venda, numa permuta, numa doação[220]. A cessão surgirá como o negócio completo e o consentimento da sociedade para essa cessão, quando é necessário, tem por objeto esse negócio completo. A cessão "é um contrato de *causa* variável, podendo ter por base um contrato de compra e venda, de doação, uma dação em cumprimento, etc."[221].

O art. 228º, nº 1, do Cód. das Sociedades Comerciais, determina que a transmissão de quotas entre vivos deve ser reduzida a escrito (v. art. 4º-A do mesmo código), ou seja, deixou de ser necessária, com o Dec.-Lei nº 76º-A/2006, de 29 de março, a escritura pública, com a respetiva intervenção notarial, bastando o mero registo por depósito (arts. 3º, nº 1, al. *c*), 53º-A, nºs 3 e 4, al. *a*), e 55º, nº 2, do Cód. de Registo Comercial). O registo é condição de eficácia do ato perante a sociedade (arts. 242º-A, 242º-B, 242º-E e 242º-F, do Cód. das Sociedades Comerciais). O disposto aplica-se a qualquer ato de transmissão entre vivos e não apenas à cessão.

A cessão de quotas, por regra, não produz efeitos para com a sociedade enquanto não for consentida por esta. É que a cessão de uma quota pode implicar um conflito de interesses. O sócio titular da quota tem interesse na realização imediata do valor pecuniário da quota, que consegue como meio de sair da sociedade. Os outros sócios podem ter interesse em que o seu sócio não seja substituído por um qualquer terceiro (ou um certo terceiro). Os credores da sociedade podem também ter interesse em que o sócio seja ou não substituído, conforme as obrigações deste para com a sociedade e a situação patrimonial do futuro adquirente da quota.

O interesse dos credores não veio, porém, condicionar a cessão e só releva para responsabilizar solidariamente cedente e cessionário pelas prestações rela-

---

[220] V., Santos Lourenço, *Das sociedades por cotas. Comentário à lei de 11 de abril de 1901*, Lisboa, 1926, p. 161, e Vaz Serra, "Cessão de créditos ou de outros direitos", Número especial do *BMJ*, 1955, pp. 10 e segs.

[221] Pires de Lima/Antunes Varela, *Código Civil Anotado*, vol. I, 4ª ed., Coimbra, Coimbra Editora, 1987, p. 403. Acrescentam os autores que, p. ex., se o pai cede onerosamente a um dos filhos, sem o consentimento dos demais, determinada posição contratual o contrato de cessão (integrando a compra e venda) é anulável, nos termos do art. 877º. De igual modo se aplicam à cessão as prescrições da forma, as regras de capacidade, as indisponibilidades... próprias da doação, quando tenha sido por meio de uma liberalidade em vida que as partes operaram a transmissão da posição contratual.

Como se verifica, aplicam-se as disposições relativas ao negócio base e não as proibições particulares impostas a esse negócio. V., *infra*, pp. 124 e 125.

VI. ALTERAÇÃO DO ESTATUTO PATRIMONIAL DOS CÔNJUGES POR TRANSFERÊNCIAS

tivas às quotas que estiverem em dívida à data da cessão. O credor social fica, desta forma, garantido pela responsabilidade do cedente ao lado do cessionário, não podendo pretender uma posição melhor do que a que tinha, quanto à solvabilidade dos responsáveis, à data da constituição do seu crédito (situação que se mantém ao conservar-se a responsabilidade do cedente).

Quanto aos interesses do sócio cedente e dos outros sócios, a lei atual alterou o regime da lei anterior. Com efeito, esta partia da livre transmissão da quota, dando prioridade ao interesse do sócio cedente, permitindo, porém, que, contratualmente, se estipulassem restrições, no interesse dos outros sócios. O art. 228º, nº 2, do Cód. das Sociedades Comerciais, inverte a solução, tornando regra geral a necessidade do consentimento da sociedade, salvo estipulação contratual em contrário[222]. Esta necessidade do consentimento da sociedade é uma limitação imposta à vontade do titular da quota e, por isso, apenas se aplica à cessão.

Assim, o consentimento da sociedade é requisito legal de eficácia da cessão de quotas. A falta de consentimento da sociedade não implica, por isso, a invalidade da cessão, mas apenas a sua ineficácia para com a sociedade[223]. Enquanto a cessão não for consentida, a sociedade pode ignorá-la, tudo se passando como se a cessão não tivesse existido (é ao cedente que a sociedade exigirá o cumprimento de obrigações e é ele que exerce os direitos sociais). Uma vez consentida, a cessão deverá ser comunicada à sociedade por escrito para se tornar eficaz, salvo se houver reconhecimento expresso ou tácito pela sociedade (art. 228º, nº 3, do Cód. das Sociedades Comerciais). Portanto, a eficácia da cessão relativamente à sociedade depende de dois factos: o consentimento (quando seja necessário) e a comunicação ou reconhecimento[224].

---

[222] Como refere António Caeiro, "A sociedade por quotas no Projeto de Código das Sociedades", *Revista do Notariado*, ano VI, nºs 3-4 (Julho-Dezembro), 1985, p. 332, a necessidade do consentimento justifica-se pois a prática demonstra que os interessados afastam o modelo da sociedade de capitais pura, em que a pessoa do sócio não releva, adotando antes o modelo da sociedade fechada, em que se controla as cessões de quotas, evitando a entrada para a sociedade de quem não convenha.

[223] O art. 228º, nº 2, do Cód. das Sociedades Comerciais, refere expressamente que "não produz efeitos para com a sociedade".

[224] De referir que a transmissão de quotas de sociedades por quotas está obrigatoriamente sujeita a registo, nos termos do art. 242º-A do Cód. das Sociedades Comerciais e do art. 3º, al. *c*), do Cód. de Registo Comercial, devendo ser requerido no prazo de dois meses a contar da data em que o facto tiver sido titulado (art. 15º, nº 2, do Cód. de Registo Comercial).
O contrato de sociedade pode, porém, dispensar o consentimento da sociedade, em geral ou para determinadas situações (art. 229º, nº 2, do Cód. das Sociedades Comerciais). Paralelamente, o nº 3 do art. 229º do Cód. das Sociedades Comerciais determina que o contrato de sociedade pode exigir o consentimento desta para todas ou algumas cessões previstas no nº 2 do art. 228º do Cód. das Sociedades Comerciais. Na verdade, por regra, *a cessão de quotas entre cônjuges, entre ascendentes e descendentes ou entre sócios* não necessita do consentimento da sociedade (art. 228º, nº 2, 2ª parte,

O nosso problema incide sobre a cessão de quotas entre cônjuges. Com efeito, não carecendo, em princípio, do consentimento da sociedade, tal cessão será eficaz perante a sociedade em todos os casos. Mesmo quando o consentimento seja contratualmente exigido para a cessão entre cônjuges, e este não for dado, a cessão será válida e apenas ineficaz[225]. Portanto, o legislador comercial partiu da validade da cessão de quotas entre cônjuges e torna-a eficaz (ou ineficaz se o consentimento for exigido) sem consentimento da sociedade. O problema é a aferição dessa mesma validade da cessão à luz do Direito Civil e do princípio da imutabilidade.

Até ao Dec.-Lei nº 76º-A/2006, de 29 de março, e tendo em consideração que a cessão de quotas de sociedades comerciais por quotas estava sujeita a escritura pública (art. 228º, nº 1, do Cód. das Sociedades Comerciais, e art. 80º, nº 2, al. *h*), do Cód. de Notariado), era de questionar se o notário poderia celebrar uma cessão de quotas entre cônjuges. De facto, muitos notários recusavam a sua realização e mesmo quando a realizavam os conservadores do registo comercial negavam o seu registo. A partir da referida legislação, basta um documento escrito para a cessão de quotas. Além disso, o conservador deixa de fazer juízos de legalidade dos atos sujeitos a registo, como a cessão de quotas entre cônjuges. Contudo, apesar de tais atos de cessão poderem ser registados, importa aferir da sua validade e legalidade à luz do direito substantivo.

Alguns autores entendem que a proibição da compra e venda entre cônjuges terá sido derrogada, no que respeita à cessão de quotas entre cônjuges, através

---

do Cód. das Sociedades Comerciais). Não está também sujeita ao consentimento da sociedade, e nem contratualmente o poderá estar, a transmissão da quota em processo executivo ou de liquidação de patrimónios, nos termos do art. 239º, nº 2, do Cód. das Sociedades Comerciais. No caso da cessão de quotas entre sócios, que, admitida a sociedade por quotas entre cônjuges, podem ser cônjuges, a dispensa legal do consentimento justifica-se porque o cessionário não levanta objeções por parte da sociedade. No caso de cessão entre cônjuges ou entre ascendentes e descendentes a lei "faz prevalecer os interesses familiares do titular da quota a possíveis interesses da sociedade" (Raúl Ventura, *Comentário ao Código das Sociedades Comerciais...*, cit., p. 585).

[225] Tratando-se de uma violação dos estatutos e não da lei basta a mera ineficácia, que acautela também a proteção dos interesses sociais. Mas, não faria qualquer sentido que, em alguma hipótese, o legislador considerasse a cessão de quotas entre cônjuges como nula e, mesmo assim, lhe conferisse eficácia ou a sancionasse apenas com a ineficácia no domínio das sociedades comerciais. Como refere Raúl Ventura, "Cessão de quotas", *ob. e loc. cit.*, p. 105, a notificação, prevista no art. 228º, nº 3, do Cód. das Sociedades Comerciais, pressupõe a existência duma cessão e a validade desta. Acresce que, e tal como referem Ferrer Correia/Vasco Lobo Xavier/Mª Ângela Coelho/António Caeiro, *loc. cit*, p. 61, a lei exclui a necessidade de consentimento naqueles casos atendendo à ligação especial existente entre os cessionários e os sócios existentes. Sabendo da existência dessa ligação especial nem por isso o legislador admitiu algumas reservas à validade da cessão entre cônjuges.

VI. ALTERAÇÃO DO ESTATUTO PATRIMONIAL DOS CÔNJUGES POR TRANSFERÊNCIAS

do nº 2 do art. 228º do Cód. das Sociedades Comerciais. Esta norma surgiria como uma restrição à proibição da compra e venda entre cônjuges não separados judicialmente de pessoas e bens, não deixando dúvidas quanto à validade de tal cessão[226].

Outros, porém, entendem que a norma do Cód. das Sociedades Comerciais deverá ser interpretada em conjugação com as normas do Cód. Civil que se referem à compra e venda e à doação entre cônjuges. Assim, o referido art. 228º, nº 2, não pretendeu derrogar ou modificar a proibição da compra e venda entre cônjuges e apenas dispensa o consentimento da sociedade para a cessão de quotas entre cônjuges que, nos termos da lei civil, for de considerar válida. Quando tal cessão se realizar através de um contrato de compra e venda só seria válida se os cônjuges estivessem separados judicialmente de pessoas e bens (art. 1714º, nº 2); se se tratar de um contrato de doação entre cônjuges casados num dos regimes de comunhão, tal cessão de quotas seria válida desde que a quota cedida constitua um bem próprio do cônjuge doador (art. 1764º), devendo respeitar-se a livre revogabilidade da mesma (sendo nula se os cônjuges estiverem casados no regime imperativo de separação de bens (art. 1762º)). Entendem, portanto, que a cessão de quotas deve ser regulada pelo negócio que lhe é subjacente, pelo que as restrições relativas à compra e venda e à doação entre cônjuges valem, de igual modo, quando esses negócios estejam na base de uma cessão de quotas. Também quanto à cessão de quotas a filhos ou netos se dispensa o consentimento da sociedade, mas sem prejuízo do disposto no art. 877º, não tendo havido intenção de modificar esta proibição[227].

Temos nesta matéria uma posição diferente[228].

Em primeiro lugar importa analisar a titularidade da quota como bem comum do casal ou bem próprio de um dos cônjuges[229]. Com efeito, uma participação

---

[226] Pires de Lima/Antunes Varela, *Código Civil...*, cit., vol. IV, p. 400, e Pinto Furtado, *Código das Sociedades Comerciais*, cit., pp. 33 e 213.

[227] António Caeiro, "As sociedades de pessoas...", *ob. e loc. cit.*, p. 53, nota 42ª, Mª Rita A. G. Lobo Xavier, *Reflexões sobre a posição do cônjuge meeiro...*, loc. cit., pp. 159 e 160, e *Limites à autonomia privada...*, cit., p. 222, nota 206, Castro Mendes, *ob. cit.*, p. 178, e J. Coutinho de Abreu, *ob. cit.*, p. 359.

[228] Como, aliás, já o manifestámos no estudo "Algumas reflexões em torno da cessão de quotas entre cônjuges", in AAVV, *Estudos em homenagem ao Prof. Doutor Manuel Henrique Mesquita*, vol. I, Coimbra, Coimbra Editora, 2009, pp. 659 e segs.

[229] Excluímos a análise da atribuição da qualidade de sócio, ou seja, em função do regime de bens é possível que a quota venha a integrar os bens comuns do casal, matéria que poderá traduzir um conflito entre o regime legal das sociedades e o regime matrimonial de bens. Neste caso, questionava-se sobre a atribuição da qualidade de sócio apenas ao cônjuge através do qual a quota entrou para a comunhão [ficando o outro numa posição semelhante à que resulta do contrato de "associação à quota", tendo direito a quinhoar no valor patrimonial da quota comum – Ferrer Correia, "Sociedades

social pode ingressar na comunhão conjugal através da intervenção de ambos os cônjuges no ato da sua aquisição ou através da intervenção de apenas um deles.

por quotas – cessão de quota a meeiro de sócio", *Col. Jurisp.*, tomo IV, 1989, pp. 31-36. Neste sentido já se havia pronunciado Cunha Gonçalves, *Comentário ao Código Comercial Português*, vol. I, Lisboa, Empresa Editora J. B., 1914, p. 349, aliás citado por Ferrer Correia, *Lições..., cit.*, p. 220, nota 3. V. também, Vaz Serra, "Anotação ao ac. do STJ, de 24 de outubro de 1969", *RLJ*, ano 103º, 1970/71, pp. 524 e 525, e o ac. do STJ, de 28.11.1969 (*BMJ*, nº 191º, 1969, p. 300), que considera que o cônjuge do sócio não é sócio da sociedade, sendo apenas "associado ao quinhão"] ou a atribuição dessa qualidade a ambos os cônjuges que seriam comproprietários da quota (Raúl Ventura, "Sociedades por quotas – cessão de quota a meeiro de sócio", *Col. Jurisp.*, tomo IV, 1989, pp. 37-45. V. também, em estudo anterior do mesmo autor, para a qualificação de ambos os comproprietários da quota como sócios, "Compropriedade da quota", *Scientia Iuridica*, vol. XV, 1966, p. 284 e pp. 301-303). A questão foi objeto de consagração expressa no art. 8º, nºs 2 e 3, do Cód. das Sociedades Comerciais.
V., sobre esta questão da atribuição da qualidade de sócio, bem como os problemas a ela conexos, como a administração da quota comum e a partilha dessa participação social comum, Mª Rita A. G. Lobo Xavier, *Reflexões sobre a posição do cônjuge meeiro..., loc. cit.*, pp. 19 e segs.. A mesma discussão era colocada em França, onde a jurisprudência e a doutrina tentavam conciliar o regime matrimonial com o Direito das Sociedades, efetuando uma distinção entre *"titre"* e *"finance"*. Ou seja, a qualidade de sócio seria atribuída ao cônjuge que detivesse a participação social, apenas integrando a comunhão o valor das partes sociais. V., entre outros, Jean Derruppé, "Regimes de communauté et droit des sociétés", *JCP* 1971.I.2403, Jacques Bardoul, *loc. cit.*, pp. 610-630, e Didier Martin, *Le conjoint de l'artisan ou du commerçant (Statu professionnel, fiscal, social, matrimonial et successoral)*, Paris, Sirey, 1984, pp. 198-209. Atualmente o art. 1832º-2, 2º, do Cód. Civil francês, atribui a qualidade de sócio ao cônjuge que adquiriu a participação social (v., Catherine-Thérèse Barreau, *ob. e loc. cit.*, pp. 21 e 22). Atribui-se a qualidade de sócio também ao cônjuge adquirente no direito italiano, ainda que a quota possa integrar a comunhão. Discute-se fundamentalmente a questão de saber se a participação social numa sociedade de responsabilidade ilimitada integra a comunhão imediata (como as participações em sociedades de capitais) ou *de residuo* (porque a situação do cônjuge assemelha-se à de um empresário em nome individual e, portanto, aproximável ao previsto no art. 178º do Cód. Civil italiano) (v., Corsi, "Comunione legale e società tra coniugi", *Il Diritto di Famiglia e delle Persone*, ano VIII, 1979, pp. 848 e 849, e "Comunione e partecipazioni sociali", *in* AAVV, *La comunione legale – Problematiche e questioni a venticinque anni dalla riforma*, Milano, Giuffrè Editore, 2003, pp. 28-34 (fala este autor do valor da participação social como Ferrer Correia defendia entre nós), De Paola/A. Macri, *ob. cit.*, pp. 114 e 298, T. Auletta, *ob. cit.*, pp. 171 e 172, E. Bergamo, "Comunione legale e partecipazioni societarie: il criterio della destinazione", *Giur. It.*, ano 152º, nºs 8-9, 2000, pp. 1606-1609, Franco Anelli, "L'amministrazione della comunione legale", *in* AAVV, *Trattato di Diritto di Famiglia di Paolo Zatti. Regime patrimoniale della famiglia*, Franco Anelli/Michele Sesta, vol. III, Milano, Giuffrè Editore, 2002, pp. 307 e 308, Bruno de Filippis, *Trattato Breve di Diritto di Famiglia*, Padova, Cedam, 2002, pp. 224 e 225, e A. Galasso, *ob. cit.*, pp. 211-215).
De igual modo, no direito espanhol a qualidade de sócio é atribuída a quem adquiriu a participação social, cabendo-lhe a ele o exercício de todos os direitos e obrigações inerentes à mesma, ainda que esta possa ser comum. Sendo comum, o que não afeta as relações entre a sociedade e o cônjuge sócio, podem os credores da comunhão executar a referida participação social (v., F. J. Gardeazábal del Río, "La sociedad de gananciales", *in* AAVV, *Instituciones de derecho privado. Familia*, sob a direção

VI. ALTERAÇÃO DO ESTATUTO PATRIMONIAL DOS CÔNJUGES POR TRANSFERÊNCIAS

Se ambos participam nesse ato, ambos são seus titulares e essa quota comum estará subordinada ao regime da contitularidade, previsto nos arts. 222º e segs. do Cód. das Sociedades Comerciais, sem prejuízo das regras sobre administração e disposição dos bens do casal. Se só um dos cônjuges for considerado sócio, para efeitos do art. 8º, nº 2, do Cód. das Sociedades Comerciais, a quota não deixa de ser bem comum (aplicando-se quanto à administração e disposição da mesma as regras do regime matrimonial)[230] pelo facto de só esse cônjuge se assumir como sócio nas relações com a sociedade.

O problema que nesta matéria se coloca é o de saber se poderá um dos cônjuges, contitular ou "único" sócio, ceder a quota, bem comum, ao outro cônjuge. Se aplicarmos as regras de administração dos bens comuns do casal, a quota seria administrada conjuntamente por ambos os cônjuges, embora cada um deles tivesse legitimidade para a prática de atos de administração ordinária (art. 1678º, nº 3). Excecionalmente, os poderes de administração poderiam ser atribuídos a um dos cônjuges, se se verificar alguma das exceções previstas no nº 2 do art.

---

de Víctor M. Garrido de Palma, tomo IV, vol. 2, Madrid, Civitas, 2002, pp. 54-62). Juan Cadarso Palau, *Sociedad de gananciales y partipaciones sociales*, Madrid, Tecnos, 1993, pp. 48 e segs., analisa o problema da compatibilização do direito societário (sobretudo se está em causa uma sociedade de índole personalista), que exige uma titularidade exclusiva pelo cônjuge sócio da participação social, e o regime patrimonial dos cônjuges que pode implicar a comunicabilidade da mesma participação, ingressando nos bens comuns. Também em Espanha a distinção entre a qualidade de sócio e o conteúdo patrimonial da participação social (*emolumentum*) é referida para resolver a questão (mesmo autor e obra, pp. 94-104 e pp. 120-128). O problema é que, sendo sócio apenas um dos cônjuges, e apenas ele exercendo os direitos e deveres sociais, se a participação social for comum, no momento da liquidação da comunhão por morte do cônjuge sócio, o outro cônjuge não pode ocupar a posição de sócio ainda que tenha direito à participação social como bem comum (Juan Cadarso Palau, *ob. cit.*, p. 125), questão resolvida entre nós pelo art. 8º, nº 3, do Cód. das Sociedades Comerciais. Atendendo aos problemas colocados por tal teoria, Juan Cadarso Palau, *ob. cit.*, pp. 129-132, considera preferível entender que o direito societário regula a titularidade da participação social independentemente de a mesma ser própria ou comum, matéria a regular pelo direito matrimonial. No momento da dissolução da comunhão conjugal, será determinante distinguir o tipo de sociedade em causa para a possível transmissão da qualidade de sócio (pp. 157-170).

[230] Como refere Mª Rita A. G. Lobo Xavier, *Reflexões sobre a posição do cônjuge meeiro...*, *loc. cit.*, pp. 90 e 91, podia questionar-se a compatibilização da solução do nº 2 do art. 8º do Cód. das Sociedades Comerciais com as regras da administração dos bens comuns do casal. À partida, poder-se-ia pensar que a questão da administração de uma quota social, bem comum do casal, estaria resolvida por essa disposição legal. Se nas relações com a sociedade só um dos cônjuges é considerado sócio só este deverá participar na vida social, exercendo todos os poderes de administração e disposição inerentes à quota comum. É evidente que uma coisa é a qualidade de sócio e outra a administração de uma quota. Se a primeira é resolvida pelo art. 8º, nº 2, do Cód. das Sociedades Comerciais, a segunda deverá respeitar as regras do regime matrimonial de bens.

1678º[231]. Significa isto que se ambos administram a quota, qualquer um deles carece do consentimento do outro para alienar ou onerar a participação social comum (art. 1682º, nº 1). Se, eventualmente, a administração estiver entregue, nos casos excecionais referidos, a um dos cônjuges poderá este dispor da quota comum sem consentimento do outro (art. 1682º, nº 2). Mas poderá aliená-la ao cônjuge meeiro na quota?

Entendemos que não[232]. Com efeito, uma coisa será a alienação a um terceiro, outra a alienação ao cônjuge meeiro. O que aqui está em causa é a natureza jurídica da comunhão, como património de mão comum[233], de cujos elementos os cônjuges não podem dispor antes da respetiva dissolução. Por essa razão não são também possíveis as doações entre cônjuges de bens comuns (art. 1764º) nem as compensações entre os patrimónios próprios e o comum no decurso do regime matrimonial de bens[234].

Restringimos, assim, a questão à cessão de quotas entre cônjuges casados no regime de separação de bens ou num regime de comunhão desde que a quota seja bem próprio de um dos cônjuges.

---

[231] Repare-se que nesses casos, se a administração da quota comum pertencer a um dos cônjuges terá este poderes de disposição, nos termos do art. 1682º, nº 2.

[232] Contra, Janine Revel, *loc. cit.*, pp. 37 e 38, que admite a cessão de uma quota, bem comum, de um cônjuge ao outro, sendo que apenas se altera a qualidade de sócio e não a titularidade da mesma quota (que continua bem comum).

[233] V., Pereira Coelho/Guilherme de Oliveira, *ob. cit.*, p. 507, onde se apresenta a seguinte definição: "(...) os bens comuns constituem uma massa patrimonial a que, em vista da sua especial afetação, a lei concede um certo grau de autonomia, e que pertence aos dois cônjuges, mas em bloco, podendo dizer-se que os cônjuges são, os dois, titulares de um único direito sobre ela". V. também, Pires de Lima/Braga da Cruz, *ob. cit.*, p. 98, Pires de Lima/Antunes Varela, *Código Civil...*, *cit.*, vol. IV, pp. 436 e 437, Antunes Varela, *ob. cit.*, pp. 454 e segs., e Heinrich Ewald Hörster, *ob. cit.*, pp. 197 e segs. Já Paulo Merêa, *Evolução dos Regimes Matrimoniais*, vo. I, Coimbra, Imprensa da Universidade, 1913, p. 81, nota 3 e p. 82, em 1913, referia que a comunhão do tipo germânico é produto de uma organização social e económica essencialmente comunitária, identificando a comunhão conjugal com a *Gesammte Hand* alemã (*ob. cit.*, vol. II, p. 129).

[234] V., Mª Rita A. G. Lobo Xavier, *Limites à autonomia privada...*, *cit.*, p. 199, e Cristina M. A. Dias, *Compensações devidas pelo pagamento de dívidas...*, *cit.*, pp. 260 e segs.
De igual modo, e como refere Mª Rita A. G. Lobo Xavier, *ob. cit.*, p. 227, é também a natureza e os fins do património comum que estão na base da relutância da doutrina francesa em aceitar as vendas entre cônjuges que envolvam bens comuns. V., a este propósito, Flour/Champenois, *ob. cit.*, p. 167.
Além disso, para os defensores do sentido amplo do princípio da imutabilidade, a cessão de um bem comum a um dos cônjuges implicaria a passagem de um bem comum para bem próprio, violando o referido princípio (a não ser que se entendesse, como Janine Revel, *ibidem*, que a cessão não altera a titularidade da quota, que permanece comum, mas apenas modifica a qualidade de sócio).

VI. ALTERAÇÃO DO ESTATUTO PATRIMONIAL DOS CÔNJUGES POR TRANSFERÊNCIAS

Partimos também, e pelas razões acima já referidas, da conceção restrita do princípio da imutabilidade. Assim, tal princípio está consagrado no nº 1 do art. 1714º, sendo as proibições do seu nº 2 estabelecidas, a título excecional, relativamente a negócios sobre bens concretos. Sendo assim, a cessão de quotas, constituindo um negócio sobre bens concretos, não está expressamente prevista no art. 1714º.

Alegam alguns autores, já referidos, que a cessão poderá constituir uma venda entre cônjuges e esta, por força do art. 1714º, nº 2, é nula. Logo, a cessão seria igualmente nula.

É evidente que, como dissemos, a cessão, não sendo um negócio abstrato, pode traduzir uma compra e venda, mas o nº 2 do art. 1714º é taxativo ao referir o contrato de compra e venda, reportando-se às regras dos arts. 874º e segs., e não outros contratos[235]. O nº 2 do art. 1714º supõe que o contrato celebrado entre os cônjuges seja uma verdadeira venda[236]. A cessão de quotas, podendo traduzir uma venda, ou uma doação, ou uma permuta, ou uma dação em cumprimento..., não é uma venda, uma doação, ou uma permuta, ou uma dação em cumprimento, mas uma cessão de quotas[237].

---

[235] Aliás, a lei permite a dação em cumprimento que facilmente se pode confundir com uma venda e, como tal, arrastada pela proibição do nº 2 do art. 1714º. A referência ao contrato de compra e venda é em termos restritos e limitados ao contrato regulado nos arts. 874º e segs. Como referem Pires de Lima/Antunes Varela, *Código Civil..., cit.*, vol. IV, p. 400, a existência objetiva da dívida, que a dação visa solver, bem como o relativo equilíbrio de valores entre a prestação em dívida e a atribuição efetuada, bastam para afastar o espectro da suspeição, que está na raíz da nulidade da venda entre casados.

[236] V., Pereira Coelho/Guilherme de Oliveira, *ob. cit.*, pp. 464 e 465 e p. 492.

[237] Não pretendemos, obviamente, adotar a posição do ordenamento jurídico alemão para quem a cessão é um contrato abstrato, não se confundindo com o contrato pelo qual se assume a obrigação de ceder, ainda que frequentemente a cessão vá unida a esse negócio base. Não é, como vimos, este o entendimento do direito português onde a cessão se integra num contrato translativo. O que pretendemos afirmar no texto é que a aplicação das regras deste contrato base não fazem da cessão uma venda, uma doação, uma permuta, uma dação em cumprimento..., mas apenas determinam a eventual aplicação das suas regras. Contra este entendimento parece pronunciar-se Lorette Rousseau, "Les cessions entre époux de parts sociales et d'actions", in AAVV, *Les sociétés et le patrimoine familial – convergences et confrontations*, Bruxelles, Bruylant, 1996, p. 121, quanto ao direito belga, que prevê também a cessão de partes sociais entre os cônjuges sem necessidade do consentimento da sociedade, ao considerar que essa cessão está sujeita às regras do direito civil, ou seja, as vendas entre cônjuges são proibidas (salvo as exceções previstas no art. 1595º, 1º a 4º, do Cód. Civil belga) e as doações apenas são válidas se livremente revogáveis. Não deixa, porém, a autora de considerar ser de afastar a proibição das vendas entre cônjuges em geral como fez o direito francês (p. 127). Pensamos que, com tal argumentação, se confunde, como referimos, os contratos em causa com a aplicação das suas regras.

O facto de a cessão de quotas poder ter como negócio base uma venda, não quer isso dizer que se deverá estender a proibição do contrato de compra e venda entre cônjuges à cessão de quotas. É que uma coisa é a aplicação das normas do contrato de compra e venda e outra coisa, completamente diferente, é estender a proibição da compra e venda a esse contrato[238].

A cessão de quotas, assumindo-se como cessão da posição contratual (arts. 424º e segs.), implica que a forma de transmissão, a capacidade de dispor, a falta e vícios da vontade e as relações entre as partes se definam em função do tipo de negócio que serve de base à cessão (art. 425º). Assim, se o negócio base for uma venda ser-lhe-á aplicável as regras deste contrato[239]. Por isso, se a cessão implicar um venda de pais a filhos, sem consentimento dos outros filhos, e sem consentimento, por não ser necessário, da sociedade, a cessão será anulável (art. 877º)[240]. E isto por aplicação das regras do contrato de compra e venda. Se a cessão for entre cônjuges, e por aplicação das regras da compra e venda, nada aí consta que invalide esta cessão. A sua nulidade só resultaria da aplicação não das normas do contrato de compra e venda, mas de uma aplicação da proibição do contrato de compra e venda entre cônjuges, nos termos do art. 1714º (o que excluímos)[241].

---

[238] O que assentaria numa interpretação extensiva do disposto no nº 2 do art. 1714º. Como refere J. Batista Machado, *Introdução ao Direito e ao Discurso Legitimador*, Coimbra, Almedina, 1993, p. 193, na interpretação extensiva visa-se a aplicação da norma a casos não previstos pela sua letra mas compreendidos pelo seu espírito. "Só a interpretação extensiva seria sugerida, justificada e postulada pela *valoração* da norma (...)" (J. Batista Machado, *Lições de Direito Internacional Privado*, 3ª ed., Coimbra, Almedina, 1992, p. 101).

[239] Além disso, sempre que o negócio base seja um contrato oneroso poder-se-á aplicar as regras reguladoras do contrato de compra e venda, nos termos do art. 939º.

[240] O art. 228º, nº 2, do Cód. das Sociedades Comerciais, dispensa também o consentimento da sociedade, conferindo eficácia à cessão, no caso de cessão de quotas entre ascendentes e descendentes, sendo certo que, nos termos do art. 877º, tal cessão, comportando uma venda, poderá ser anulável se não tiver existido consentimento dos outros descendentes. Repare-se que neste caso é uma norma reguladora do contrato de compra e venda (consta dos arts. 874º e segs.).

[241] No mesmo sentido, v., Guilherme de Oliveira, "Sobre o contrato-promessa de partilha dos bens comuns...", *loc. cit.*, p. 281 e nota 5, ao referir que, a propósito do contrato-promessa de partilha, a proibição da compra e venda entre cônjuges deveria, por interpretação extensiva do art. 1714º, nº 2, alargar-se a todos os negócios onerosos que impliquem uma transmissão do domínio. Porém, mostra-se apreensivo quanto ao alargamento da proibição fundar-se no art. 939º do Cód. Civil, que manda aplicar as regras da compra e venda aos outros negócios onerosos. "Na verdade, aqui trata-se de aplicar o art. 1714º, nº 2, aos outros negócios onerosos; mas esta norma não é bem "uma norma da compra e venda" – é uma norma do direito patrimonial da Família, ou dos regimes de bens". Além disso, o art. 1714º, nº 2, é uma norma que limita o princípio da liberdade contratual e, como tal, excecional. Defendendo a conceção restrita do princípio da imutabilidade, qualquer proibição de contratos entre cônjuges deverá estar consagrada na lei, como o faz o art. 1714º, nº 2, o que não

VI. ALTERAÇÃO DO ESTATUTO PATRIMONIAL DOS CÔNJUGES POR TRANSFERÊNCIAS

As situações são legalmente distintas. Por isso, se a cessão comportar uma doação entre cônjuges, serão de aplicar as regras deste contrato. E aí há que observar as disposições relativas às doações entre casados, o que implicará, nomeadamente, a livre revogabilidade das mesmas.

Não vemos, pelo exposto, como a cessão de quotas entre cônjuges possa ser nula.

A proibição da cessão por imposição do princípio da imutabilidade só poderia estar consagrada no n.º 1 do art. 1714º. Todavia, ao celebrarem a cessão de quotas os cônjuges nem alteram as regras que valem acerca da propriedade dos bens, no decurso do casamento, nem modificam as normas aplicáveis ao regime de bens vigente, ou seja, não se alteram os critérios pelos quais resulta a qualificação de um bem como próprio de um ou do outro cônjuge, ou comum. Além disso, a saída do património de um dos cônjuges da quota encontra como seu paralelo a entrada do montante pago pelo outro (que, por sua vez, sai do património deste com a entrada da quota).

Para mais, o elemento histórico auxilia este entendimento. Na verdade, o legislador comercial conhecia o art. 1714º e nem por isso, ao referir a cessão entre cônjuges, veio explicitar que esta, comportando uma venda, apenas seria válida se os cônjuges estivessem separados de pessoas e bens. Se era esse o seu objetivo deveria tê-lo expressamente referido. Se não o fez, e assumindo que não foi por esquecimento, é porque não pretendia restringir essa cessão independentemente do negócio que lhe estivesse na base.

Importa também referir que, admitindo as sociedades entre cônjuges, quando ambos os cônjuges são sócios (sendo a quota bem próprio de cada um deles), a cessão também não carece do consentimento da sociedade para ser eficaz face a esta (art. 228º, n.º 2, *in fine*, do Cód. das Sociedades Comerciais) e também aqui o legislador nada veio acrescentar. Parecerá um tanto absurdo proibir a cessão de quotas, que integre uma venda, entre sócios que, por coincidência, são também cônjuges. Existindo um ente jurídico autónomo (a sociedade), a proibição da cessão seria limitar a autonomia negocial no domínio comercial, com prejuízo para o dinamismo e a vida societária. E situações destas podem frequentemente ocorrer, a partir do momento em que se permite que os cônjuges sejam sócios da mesma sociedade (por quotas)[242]. E na prática não há diferença entre esta ces-

---

acontece com a cessão. Afirmando a validade dos contratos entre cônjuges cuja proibição não resulte da lei, v., Jean Hémard, *loc. cit.*, pp. 677 e 678.

[242] Pense-se no caso de uma sociedade por quotas constituída, originária ou supervenientemente, apenas por dois cônjuges. Se um deles, por qualquer motivo, pretender sair da sociedade seria negar--lhe a possibilidade de ceder a sua quota ao outro único sócio, forçando à cessão a um terceiro, que carece do consentimento da sociedade, e seria, na maioria dos casos, simulada (as vendas em triân-

são entre sócios e cônjuges e aquela em que só um dos cônjuges é sócio e pretende ceder a sua quota ao outro.

Acresce que, podendo ser nula, como certos autores referem, quando afetar o princípio da imutabilidade (quando comportar uma venda sem os cônjuges estarem separados de pessoas e bens), nesses casos o art. 228º, nº 2, do Cód. das Sociedades Comerciais, expressamente conferiria eficácia a um ato nulo. Mesmo para quem entenda que a aplicação das normas do contrato de compra e venda implica a proibição da compra e venda entre cônjuges, tem de resolver esta incongruência legal nascida da compatibilização (ou incompatibilização) do Direito da Família com o Direito Comercial.

A razão subjacente à qual se poderia negar a validade da cessão de quotas entre cônjuges só poderia ser a que justifica a proibição da compra e venda entre cônjuges, ou seja, a necessidade de assegurar o equilíbrio patrimonial entre os cônjuges, evitando, no decurso da comunhão, o enriquecimento de um dos cônjuges à custa do outro. Ora, tal equilíbrio entre as massas patrimoniais próprias dos cônjuges tanto pode ser afetado se a cessão integrar uma venda, como se integrar uma doação ou qualquer outro negócio translativo. A cessão de quotas entre cônjuges deve ter um regime unitário[243]. Aliás, a proibição da cessão no caso de ela integrar uma venda, não estando os cônjuges separados de pessoas e bens,

---

gulo, como referem Philippe de Page/Benoît Cartuyvels, "Les cessions de parts entre époux", *in* AAVV, *Les contrats entre époux*, sob a direção de Jean Louis Jeghers, Bruxelles, Bruylant, 1995, p. 222, e Lorette Rousseau, *ob. e loc. cit.*, p. 107), ou à amortização da sua quota. A proibição da cessão de quotas poderá, assim, obstar ao dinamismo societário.

É verdade, todavia, que a esta solução se chegará no caso de a quota ser bem comum do casal e um dos cônjuges, sócio e contitular da quota, pretender abandonar a sociedade, cedendo a sua quota ao seu cônjuge e único sócio. Porém, neste caso, e aqui se distinguirá da situação anterior, além da sociedade como ente jurídico autónomo há uma outra realidade a considerar e cuja natureza jurídica proibirá tal cessão: a comunhão conjugal.

[243] Só poderá considerar-se inválida *de iure condendo* se, admitindo a mutabilidade como regra, um cônjuge ceder a quota que detém ao outro com o único fim de alterar o regime de bens sem sujeição às eventuais regras de forma e publicidade das convenções matrimoniais, como qualquer outro contrato entre cônjuges. Existindo a imutabilidade, no seu sentido restrito, não parece existir nulidade no contrato de cessão de quotas entre cônjuges. Pode, assim, a manutenção do princípio da imutabilidade conduzir a resultados mais liberais do que se não existisse (salvo se se defender a conceção ampla do mesmo princípio). Entendemos, de facto, que a conceção ampla, ainda que permitisse acautelar as alterações indiretas, restringe demasiado a autonomia negocial dos cônjuges, proibindo à partida os negócios entre os mesmos que impliquem violações do princípio da imutabilidade. Porém, com o conceito restrito, mais aberto aos contratos entre cônjuges, permite-se alterações indiretas do regime de bens que seriam mais controláveis vigorando a mutabilidade com regras formais e de publicidade a respeitar, dado que os mesmos contratos estariam sujeitos a tais regras se implicassem uma alteração do regime de bens (e já não uma nulidade dos mesmos como defende a conceção ampla da imutabilidade).

e a sua admissibilidade no caso de integrar uma doação, uma permuta, uma dação em cumprimento... pode gerar um resultado ilógico à luz da razão que está na base da proibição. Ou seja, se o objetivo da proibição é assegurar o equilíbrio patrimonial entre os cônjuges esse é afetado mais notoriamente na doação, ainda que livremente revogável, onde não há qualquer contrapartida.

Visando a imutabilidade a salvaguarda de terceiros credores podem sempre estes recorrer aos meios gerais de defesa contra a fraude ou dissipação do património. Melhor seria, fixando a mutabilidade como regra, estabelecer a publicidade e irretroatividade das alterações dos regimes de bens, como forma de proteção dos direitos adquiridos dos credores.

Por outro lado, se a cessão de quotas se considerar nula por integrar uma venda, propiciará negócios simulados, seja por interposição de uma terceira pessoa que adquire a quota do cônjuge cedente e, ulteriormente, a aliena ao outro cônjuge, seja pela celebração simulada de doações, ou permutas, ou outros negócios, que não venda, contornando, dessa forma, a suposta proibição legal.

Além de que a incerteza sobre a validade fomenta a insegurança e o subjetivismo[244].

Para mais, por via litigiosa pode alcançar-se o mesmo resultado que na cessão de quotas. No caso de execução judicial da quota, conforme dispõe o art. 239º, nº 5, do Cód. das Sociedades Comerciais, na venda ou na adjudicação judicial terão preferência, em primeiro lugar, os sócios e depois a sociedade ou uma pessoa por esta designada, que poderá ser o cônjuge do sócio. De notar que a transmissão de quotas em processo executivo ou no caso de insolvência não pode ser proibida ou limitada pelo contrato de sociedade (mesmo que a cessão de quotas entre cônjuges careça do consentimento da sociedade, nos termos do art. 229º, nº 3, na transmissão judicial, ao cônjuge, tal nunca é exigido). Repare-se que não há separação de pessoas e bens e pode ocorrer, neste caso, sem qualquer proibição ou limitação, a transmissão da quota.

Importa acrescentar que há todo o interesse em considerar válida a cessão[245]. A cessão de quotas entre cônjuges apresenta vantagens aferidas no âmbito socie-

---

[244] Até ao Dec.-Lei nº 76º-A/2006, de 29 de março, como vimos, sendo necessária a intervenção notarial e a apreciação da legalidade do ato feita ulteriormente pelo conservador, recusada a escritura num determinado notário, seria sempre mais ou menos fácil encontrar outro que se prestasse a fazê-la, ficando sempre a dúvida sobre a posição correta. Atualmente, não fazendo o conservador do registo comercial qualquer juízo de legalidade, sendo sempre registada a cessão de quotas, importa saber se o ato a registar é ou não válido.

[245] Também as doações entre casados (inicialmente olhadas com desconfiança) foram admitidas por se entender que serviam objetivos legítimos e atendendo a essa utilidade (Mª Rita A. G. Lobo Xavier, *Limites à autonomia privada...*, cit., p. 129).

tário, nomeadamente impedir a entrada de novos sócios, evitar a necessidade do consentimento da sociedade para a cessão, estimular o dinamismo comercial e empresarial... Além de que a cessão de quotas não afeta o equilíbrio entre as massas patrimoniais, não traduzindo, pelo menos por regra, o enriquecimento de um cônjuge à custa do outro, que sempre poderá ser corrigido, a existir, pelo pagamento dos créditos devidos ao respetivo cônjuge.

Uma última nota, para referir que nos ordenamentos jurídicos semelhantes ao nosso, mas nos quais vigora o princípio da "mutabilidade controlada" do regime de bens ou até da livre mutabilidade (como na Alemanha), não encontramos limitações à cessão de quotas entre cônjuges[246]. Quando muito, sendo o caso, e como qualquer outro contrato entre cônjuges, poderá ser inválida se, não respeitando as regras de alteração das convenções matrimoniais, implicar indiretamente uma alteração do regime patrimonial dos cônjuges, além de sujeita às regras gerais contra a fraude ou dissipação patrimonial.

2. Contas bancárias

As contas bancárias coletivas constituem prática habitual entre pessoas casadas[247]. São o meio normal de administração da vida patrimonial comum, sejam

---

[246] O ordenamento jurídico francês, p. ex., cuja solução em matéria de cessão inspirou a nossa, determina que as partes sociais são livremente cedidas entre cônjuges e entre ascendentes e descendentes, e isto quer a título oneroso quer a título gratuito (Georges Ripert/René Roblot, *Traité Élémentaire de Droit Commercial*, vol. I, 10ª ed., Paris, Librairie Générale de Droit et de Jurisprudence, 1980, p. 634). Catherine-Thérèse Barreau, *ob. e loc. cit.*, pp. 21 e 28, chama a atenção para o facto de que assim é desde que se trate de participações sociais próprias do cônjuge cedente, tal como também defendemos *supra* no texto. Aliás, a própria compra e venda entre cônjuges deixou de ser proibida em 1985, o que exclui a análise do problema com que nos deparamos no nosso ordenamento jurídico.
Por seu lado, no direito belga, discutia-se também o problema de saber se a cessão de partes sociais entre os cônjuges não afetava a proibição da venda e das doações irrevogáveis entre cônjuges (v., Philippe de Page/Benoît Cartuyvels, *ob. e loc. cit.*, pp. 209-232).
Paola Ferrero, *loc. cit.*, p. 239, traduz a liberdade de cessão ao referir que a liberdade de atuação do sócio não deve ser influenciada ou limitada por uma eventual relação familiar que o una a outro sócio.

[247] Como refere Mª Rita A. G. Lobo Xavier, *Limites à autonomia privada...*, cit., p. 301, nota 360, a prática de contas bancárias pertencentes a diversos titulares da mesma família parece ter tido origem na necessidade de realizar a transmissão *mortis causa* dos fundos depositados. Ao morrer um dos titulares (e proprietário único dos bens depositados) os fundos são retirados pelo sobrevivo como se fossem próprios, iludindo desta forma os regimes sucessório e fiscal. No mesmo sentido, J. M. Muñoz-Planas, *Cuentas bancarias com varios titulares*, Madrid, Civitas, 1993, p. 25. Este último autor, pp. 20 e 21, nota que a constituição de contas bancárias com vários titulares é frequente entre os cônjuges, permitindo o desenvolvimento económico da família, cujos créditos e despesas mais significativos ingressam na referida conta corrente.

VI. ALTERAÇÃO DO ESTATUTO PATRIMONIAL DOS CÔNJUGES POR TRANSFERÊNCIAS

as contas correntes (destinadas aos ganhos e despesas mais significativas da família), sejam contas a prazo (de poupança, destinadas a financiar despesas extraordinárias dos cônjuges, como a aquisição de uma casa). Por isso, é possível que também através delas se fundam valores próprios e comuns e ocorram transferências de valores provenientes das diversas massas patrimoniais.

O art. 1680º prevê a liberdade de constituição e movimentação de contas bancárias, independentemente de os valores depositados serem próprios ou comuns, podendo qualquer um dos cônjuges dispor dos valores em causa sem necessidade do consentimento do outro cônjuge[248]. A existência desta norma do art. 1680º, traduzindo a necessária autonomia e independência patrimonial entre os cônjuges, pode ser perigosa ao nível de responsabilidade por dívidas. Assim, e se os valores depositados forem bens comuns[249], pode um dos cônjuges utilizar os mesmos para pagamento de dívidas próprias, com prejuízo dos credores comuns e do outro cônjuge que, na falta de outros bens comuns, poderá ter que responder na totalidade pela dívida pela qual, não fosse a atuação do seu cônjuge, responderiam os bens comuns depositados. Isto sem prejuízo das devidas compensações nos termos do art. 1697º.

Por outro lado, e seguindo o entendimento de Mª Rita A. G. Lobo Xavier, *Limites à autonomia privada..., cit.*, p. 302, embora nas contas singulares tal também possa acontecer, é sobretudo nas contas coletivas ou plurais que é mais evidente a possibilidade de os cônjuges desvirtuarem o seu estatuto patrimonial pela abertura das referidas contas bancárias.

[248] Esta liberdade de disposição do dinheiro e contas bancárias está também presente no direito espanhol e com mais evidência, dado que aí a disposição de quaisquer bens comuns carece do consentimento de ambos os cônjuges, exceto se se tratar de dinheiro, valores ou direitos de crédito (arts. 1384º e 1385º do Cód. Civil espanhol).

[249] Refere Pires de Lima/Antunes Varela, *Código Civil..., cit.*, vol. IV, p. 293, que se um dos cônjuges depositar em seu nome exclusivo quantias que sejam comuns, "cabe naturalmente ao lesado reagir contra o abuso pelos meios adequados". Já nos interrogámos quanto a esses meios de defesa entre os cônjuges estando em causa bens comuns. De facto, se um cônjuge resolver depositar bens comuns numa conta exclusiva sua, e mesmo que não se trate de uma das exceções do art. 1678º, nº 2, à regra da administração conjunta, o depósito e movimentação da conta são atos de administração ordinária pelo que a administração cabe a cada um dos cônjuges (art. 1678º, nº 3, 1ª parte). Se se trata de "usurpação" de bens comuns por parte de um dos cônjuges trata-se das relações internas entre os mesmos, a regular apenas no momento da liquidação e partilha. Parece-nos, por isso, que o cônjuge lesado não pode opor-se à atuação do outro cônjuge em depositar e movimentar bens comuns numa conta bancária (podendo, obviamente, e se for o caso, requerer a separação judicial de bens ou o divórcio). Só poderá um cônjuge atuar, com recurso às regras gerais, se se tratar do depósito de bens próprios seus pelo seu cônjuge e que este depois disponha (salvo se investido num mandato), devendo demonstrar que se trata de bens próprios seus. Como veremos, os autores franceses admitem também o bloqueio da conta por esse cônjuge, provando a ausência de poderes do depositante sobre os bens.

Generalizou-se, paralelamente, a ideia de que sendo ambos os cônjuges contitulares de uma conta solidária, cada um pode efetuar sobre ela quaisquer movimentos, sem que o estatuto patrimonial seja invocável entre eles ou oponível ao Banco ou a terceiros. De facto, cada um dos cônjuges é credor do Banco pela totalidade das somas disponíveis e pode efetuar sozinho qualquer operação até ao esgotamento do crédito. Ora, os bens depositados podem ter diversas origens, ou seja, podem pertencer a patrimónios distintos aos quais correspondessem poderes de administração e de disposição diferentes[250]. Cada cônjuge pode fazer ingressar no seu património, por força do levantamento ou disposição de valores da conta solidária, somas que pertencem ao património do outro cônjuge ou ao património comum[251], afetando-se o princípio da imutabilidade por uma alteração na repartição dos bens[252].

A abertura de contas bancárias movimentadas por qualquer um dos cônjuges (contas coletivas solidárias)[253], ainda que permitam aos cônjuges juntarem o

---

[250] É frequente cada um dos cônjuges abrir uma conta de depósito à ordem onde são depositados os respetivos salários e que é administrada por aquele que aparece como primeiro titular. Contudo, mesmo essas contas são normalmente abertas em nome dos dois, o que não significa que o segundo titular se considere como o proprietário dos valores depositados na conta. De referir, e seguindo Mª Rita A. G. Lobo Xavier, *Limites à autonomia privada...*, cit., p. 306, nota 367, que o depósito bancário implica a transferência da propriedade do dinheiro entregue ao Banco. O Banco pode utilizar tal dinheiro, sendo o depositante apenas titular de um direito de crédito. Por isso, ao falar de proprietário refere a autora reportar-se a um momento anterior à entrega dos valores ao Banco para depósito.

[251] Michel Dupuis, "Une institution dérogeant aus régles des régimes matrimoniaux: le compte bancaire joint", *Recueil Dalloz Sirey*, VI, 1988, p. 41. A jurisprudência espanhola considera mesmo que o levantamento dos valores depositados na conta, que integra bens comuns, por um dos cônjuges (ingressando os mesmos no seu património próprio), não pode considerar-se uma apropriação indevida (J. M. Muñoz-Planas, *ob. cit.*, p. 155), por ser titular solidário da conta. O que não impede, tal como quaisquer contitulares das contas, a existência de uma possível fraude nas relações internas entre os contitulares, traduzida na existência de eventuais compensações ou reembolsos entre os cônjuges (J. M. Muñoz-Planas, *ob. cit.*, pp. 157 e 158 e pp. 169 e 170).

[252] As contas bancárias e os contratos de sociedade não são os únicos meios para alterar o regime matrimonial indiretamente. Pode, de igual modo, referir-se a manipulação das regras relativas à sub-rogação real de bens próprios, o mandato e o contrato de trabalho entre cônjuges, os seguros de vida (se o prémio é pago com salário de um dos cônjuges – bem comum – e visa beneficiar uma terceira pessoa. O Cód. de Seguros francês estabelece que mesmo neste caso nenhuma compensação será devida à comunhão, salvo no caso de os prémios serem manifestamente exagerados em relação às possibilidades dos cônjuges), as liberalidades entre cônjuges.

[253] Designa-se por conta coletiva ou plural a que é aberta em nome de vários titulares. Tais contas coletivas podem ser conjuntas, se só podem ser movimentadas por ambos os titulares, ou solidárias, quando cada um dos titulares tem legitimidade para as movimentar autonomamente (cada um dos cônjuges isoladamente pode levantar e transferir a soma que na conta se encontre depositada). Tam-

VI. ALTERAÇÃO DO ESTATUTO PATRIMONIAL DOS CÔNJUGES POR TRANSFERÊNCIAS

que ganham e gastarem em conjunto e permitam a concessão de crédito pelas instituições bancárias, perturbam a aplicação das normas do direito patrimonial da família. A existência de tais contas faz surgir um regime pretensamente autónomo e simplificado, assente no contrato de depósito e na prática bancária (à margem das regras do direito matrimonial). O estatuto patrimonial dos cônjuges não tem repercussões nas relações com o Banco e com os credores dos contitulares da conta[254]. O Banco executa as ordens dos contitulares sem indagar previamente a natureza do ato em causa e sobre a questão de saber se o cônjuge se mantém nos limites dos seus poderes de administração[255]. Uma coisa é a titu-

---

bém na Alemanha, a conta plural (*Gemeinschaftskonto*) pode ser solidária (*Oder-Konto*) ou conjunta (*Und-Konto*). No caso de *Oder-Konto* qualquer um dos cônjuges pode dispor dela. Nas AGB (*Allgemeine Geschäftsbedingungen*), regulando os efeitos jurídicos das contas plurais, estabelece-se que, na dúvida, a conta plural é solidária, só podendo o direito de disposição da conta ser atribuído a apenas um dos cônjuges por documento escrito passado ao Banco. Como referem Claus-Wilhelm Canaris, *Handelsgesetzbuch Großkommentar. Bankvertragsrecht*, vol. 3, 3, 2ª ed., Berlin/New York, Walter de Gruyter, 1981, pp. 118 e 119, e Schröder/Bergschneider, *Familienvermögensrecht*, Bielefeld, Ernst und Werner Gieseking, 2003, Rdn. 5.468, p. 542, a conta solidária comporta alguns riscos para os contitulares, dado que os credores de um deles podem executar a totalidade dos valores nela depositados e ambos os cônjuges são também solidariamente responsáveis pelos respetivos débitos. De referir ainda que nas propostas de abertura de contas apresentadas pelo Banco existe em regra uma cláusula de proteção que permite a cada um dos cônjuges a revogação da legitimidade para qualquer um dispor sozinho da conta. Uma vez revogada, a conta solidária transformar-se-á numa conta conjunta. Isto releva sobretudo no caso de fracasso do casamento, para impedir levantamentos fraudulentos. De igual modo, em França fala-se em *comptes joints* (conta coletiva a que se liga uma solidariedade ativa e passiva dos seus titulares pelos créditos e débitos respetivos – Michel Dupuis, *loc. cit.*, p. 39) e em Itália de *conti congiunti*. Estas abrangem os depósitos *semplici* (cada depositante só pode exigir ao Banco uma quota nos valores depositados) e os depósitos *solidali* (cada um pode exigir a totalidade dos valores). A prática bancária espanhola refere dois tipos de depósitos coletivos: os *conjuntos* e os *indistintos*, seguindo os primeiros o regime das obrigações conjuntas e os segundos o das obrigações solidárias (J. M. Muñoz-Planas, *ob. cit.*, pp. 29-38, e Mª Pilar Alvarez Olalla, *ob. cit.*, p. 474).

[254] Mª Rita A. G. Lobo Xavier, *Limites à autonomia privada...*, *cit.*, p. 307.

[255] Mesmo à luz do Cód. Civil de 1966, em que a mulher não detinha os mesmos poderes de administração do marido, entendia-se que, face ao art. 1680º, podia depositar e levantar dinheiro em Bancos, podendo, contudo, o marido, quando a administração dos valores em causa lhe coubesse a ele, opor-se a tais atos (conforme o que se dispunha no então art. 1680º, nº 2). Mas não bastava que o marido comunicasse ao Banco ou o informasse da sua oposição, sendo necessária uma ação judicial (ainda que, enquanto o Banco não fosse notificado da referida ação, o marido não respondesse pelos pagamentos feitos pela mulher). V., A. Lopes Cardoso, *A Administração dos Bens do Casal*, Coimbra, Almedina, 1973, p. 190.

Pelo contrário, no direito francês, e quanto às contas *ménagères*, cabia ao Banco notificar o marido do depósito, para que este pudesse fazer-lhe oposição (Marcel Frejaville, "Le compte de banque de la femme mariée dit "compte de ménage"", *JCP* 1943.I.364, nº 3, e Francis Delhay, "Les comptes bancaires de la femme mariée", in AAVV, *Quelques aspects de la nouvelle situation de la femme mariée*,

laridade da conta e outra a de saber a propriedade dos fundos aí depositados, ou seja, uma coisa é saber quem está legitimado, nas relações com o Banco, para movimentar a conta, e outra é determinar em qual dos patrimónios relativos ao regime matrimonial se devem imputar os valores depositados[256]. Ao Banco inte-

---

Paris, Puf, 1968, p. 45). Numa altura em que se desenvolveu a importância da moeda escritural e em que a mulher detinha e dispunha de certos valores (como ganhos e salários ou rendimentos de bens próprios, dinheiro recebido do marido para a satisfação das despesas domésticas, bens decorrentes de uma liberalidade ou de uma sucessão em que a mulher foi chamada...), em 1943 o Cód. Civil francês autorizava as mulheres a abrirem em seu nome uma conta sob certas condições (quando exercessem uma profissão ou se tivessem a administração e uso dos bens em causa – arts. 222º e 1538º da então redação do Cód. Civil francês) e uma conta que, em virtude do mandato doméstico, podiam ter em representação do marido (*compte ménager* – art. 221º do Cód. Civil francês) – v., Flour/Champenois, *ob. cit.*, pp. 99 e 100. A aplicação imperfeita dos referidos artigos conduziu a que frequentemente os Bancos exigissem a intervenção do marido para a abertura de contas por mulher casada (Henri Mazeaud, *et allii*, *Leçons de Droit Civil. La famille*, *cit.*, p. 509, nota 2). Para evitar isto, a Reforma de 1965 do Cód. Civil francês estipulou a norma do ainda vigente art. 221º do Cód. Civil francês. Pode, assim, qualquer um dos cônjuges abrir livremente, sem consentimento do outro, uma conta bancária, não podendo o Banco opor-se a essa abertura, nomeadamente, alegando a necessidade de conhecimento do regime matrimonial e a origem dos fundos depositados. Pode, porém, obviamente, recusar a referida abertura por outras razões que não a qualidade de casado do depositante. V., Vasseur/Marin, *Les comptes en banque*, tomo I, Paris, 1966, pp. 69-79, Aubry/Rau, *ob. cit.*, p. 83, A. Colomer, *Droit Civil...*, *cit.*, pp. 111-113, e Rémy Cabrillac, *ob. cit.*, p. 57.

[256] Mª Rita A. G. Lobo Xavier, *Limites à autonomia privada...*, *cit.*, p. 316. Nas relações com o Banco, à luz do art. 1403º, nº 2, e, tratando-se de solidariedade, do art. 516º, presume-se que os fundos pertencem a ambos os cônjuges em partes iguais. No âmbito do direito matrimonial haverá que atender às normas dos arts. 1725º e 1736º, nº 2, que preveem presunções de comunhão e compropriedade em relação a bens móveis, respetivamente nos regimes de comunhão e de separação de bens. Estas regras devem, como especiais, sobrepor-se às anteriores. Estas presunções podem ser ilididas mediante a prova de que os bens pertencem a um dos cônjuges. Portanto, por regra, presume-se que os valores depositados numa conta bancária são bens comuns ou bens em compropriedade consoante o regime de bens seja a comunhão ou a separação de bens. Em qualquer altura, qualquer um dos cônjuges pode tentar provar que os valores depositados lhe pertenciam em exclusivo (p. ex., para se opor ao pedido de compensação do outro cônjuge por levantamentos excessivos, ou para salvaguardar a sua parte no dinheiro depositado na conta da responsabilidade por dívidas contraídas pelo outro ou ainda, sendo o saldo da conta devedor, quando o Banco pretenda responsabilizar ambos os cônjuges, mesmo aquele que nunca efetuou qualquer movimento relativamente à conta). O mesmo refere A. Colomer, *Droit Civil...*, *cit.*, p.120, a propósito do art. 221º do Cód. Civil francês. De facto, se o regime é de comunhão as somas depositadas presumem-se integrar a comunhão para efeitos de partilha; se o regime é de separação presume-se que pertencem aos cônjuges por metade (art. 1538º do Cód. Civil francês), salvo se o cônjuge interessado provar que os valores lhe pertencem em exclusivo.

M. Morelli, *ob. cit.*, pp. 92 e 93, refere que integra a comunhão *de residuo* as somas relativas a depósitos bancários de um dos cônjuges (repare-se na presunção do art. 195º do Cód. Civil italiano). Também F. Piccaluga, "*Favor* communionis ed acquisto di beni com denaro personale", *Il Diritto di Famiglia e*

VI. ALTERAÇÃO DO ESTATUTO PATRIMONIAL DOS CÔNJUGES POR TRANSFERÊNCIAS

ressa apenas que o cônjuge que dá a ordem esteja legitimado, de acordo com o contrato que com o Banco celebrou.

Em virtude da constituição de tais contas bancárias entre os cônjuges pode o estatuto patrimonial destes ser afetado[257]. Com efeito, pode implicar uma transferência de bens entre as várias massas patrimoniais do casal[258], a subversão das normas relativas à administração dos bens do casal e à responsabilidade por dívidas e a inobservância das regras relativas à divisão dos bens no fim do regime.

Quanto às regras relativas à administração e disposição dos bens do casal, já referimos que qualquer um dos cônjuges pode levantar as quantias que entender sem que se analise a proveniência de tais valores e, no caso de os valores serem comuns, sem que o Banco pergunte se o titular vai praticar um ato de administração ordinária ou que envolve a utilização dos seus salários, ou se, pelo contrário, vai praticar sozinho um ato que requeira a intervenção de ambos. Imagine-se que a conta é constituída, como habitualmente acontece, com o salário de cada um dos cônjuges casados em regime de comunhão. Ora, o cônjuge que o aufere

---

delle Persone, ano XXXI, nºs 2-3, 2002, pp. 340 e 341 (em comentário à decisão da Corte di Appello di Genova, de 22 de abril de 2000). Mas isto não impede o Banco de entregar os valores depositados ao cônjuge titular da conta (A. Fusaro, *ob. cit.*, p. 303).

Mª Pilar Alvarez Olalla, *ob. cit.*, p. 475, refere que a participação de cada cônjuge na conta coletiva dependerá do acordo fixado entre eles e, na falta do mesmo acordo, deverá atender-se à procedência dos fundos depositados. Não se determinando essa procedência, presume-se a participação por igual (arts. 1138º e 393º do Cód. Civil espanhol).

[257] Marie-Pierre Champenois-Marmier/Madeleine Faucheux, *ob. cit.*, p. 31.

[258] Sobre esta questão v., Mª Rita A. G. Lobo Xavier, *Limites à autonomia privada...*, *cit.*, pp. 308-312. Os valores depositados pelos cônjuges nas contas perdem a sua individualidade fundindo-se nos restantes valores que entram nas contas. Se os cônjuges estão casados em regime de separação, a conta conjunta implica a criação de um património comum; se são casados em comunhão podem passar bens próprios para a conta, aumentando a comunhão. Refere também a autora que na comunhão geral, os cônjuges deveriam estar proibidos de abrir uma conta solidária, dado que, se o fizerem, cada um deles passará a ter um direito independente sobre os bens depositados, o que contraria o regime do património coletivo. Pode qualquer um dos cônjuges, nas contas solidárias, realizar quaisquer movimentos a crédito ou a débito. Pode, assim, qualquer um dos cônjuges fazer ingressar no seu património, mediante levantamentos da conta, somas que pertenceriam ao património próprio do outro ou ao património comum. Podem também implicar doações entre cônjuges se, p. ex., um dos cônjuges transforma uma sua conta singular em conta solidária com o seu cônjuge, ou se um cônjuge retirar da conta valores que excedem a sua parte ou ainda, no regime de separação, se os cônjuges são titulares de uma conta alimentada apenas pelo salário de um deles. Como escreve Michel Dupuis, *loc. cit.*, p. 46, a conta solidária, operando uma fusão dos bens depositados que dilui a especificidade do regime patrimonial dos cônjuges, é "fonte inesgotável de abusos". Também Vasseur/Marin, *ob. cit.*, pp. 81-88, referem este risco de confusão dos patrimónios e a possibilidade de alteração do regime matrimonial em prejuízo de um dos cônjuges pela abertura e movimentação de contas bancárias.

pode livremente administrá-lo e dispor dele (arts. 1678º, nº 2, al. *a*), e 1682º, nº 2), e o mesmo acontece se os valores estiverem depositados numa conta bancária. Mas, o outro cônjuge não tem poderes de administração nem de disposição sobre o salário do outro. Porém, passará a tê-los se tais valores ingressarem numa conta solidária. O mesmo se diga em relação a bens comuns cuja administração e disposição careça do consentimento de ambos os cônjuges[259].

Mesmo no regime de separação de bens o regime das contas bancárias pode afetar as regras daquele[260]. Com efeito, neste regime cada um dos cônjuges tem a administração exclusiva dos seus bens próprios (salvo os casos das als. *e*), *f*), e *g*) do nº 2 do art. 1678º), podendo também dispor deles livremente (com a exceção do nº 3 do art. 1682º). Não pode um cônjuge administrar, de acordo com as regras do regime de bens, os bens próprios do outro cônjuge. Mas já o poderá fazer, podendo movimentar a conta e levantar os seus valores, se tais bens ingressarem numa conta bancária[261].

Quanto ao regime da responsabilidade por dívidas, já vimos que, se os valores depositados forem bens comuns, pode um dos cônjuges utilizar os mesmos para pagamento de dívidas próprias, com prejuízo dos credores comuns e do outro cônjuge que, na falta de outros bens comuns, poderá ter que responder na tota-

---

[259] Pode também ocorrer o contrário, ou seja, se a conta se encontra aberta em nome de apenas um dos cônjuges e aí se encontram depositados bens comuns, apenas o cônjuge titular da mesma conta pode administrar e dispor desses valores comuns (afastando-se das regras da administração dos bens comuns do casal, já que o outro cônjuge fica afastado de qualquer movimento da referida conta). Foi esta a questão analisada pela *Cour de Cassation*, de 3 de julho de 2001 (Laurent Comangès, "L'exclusivité de pouvoir de l'époux commun en bien sur ses comptes bancaires personnels", *Recueil Dalloz*, ano 178º, nº 13, 2002, pp.1102-1108).

[260] Como refere Simler no prefácio ao livro de Farafina L. Boussougou-Bou-Mbine, *ob. cit.*, p. VI, a abertura de contas bancárias coletivas (*joints*) traduz a penetração da ideia da comunhão no regime de separação de bens.

[261] Sergio Alagna, "I cc.dd. effetti d'interesse bancario del nuovo regime patrimoniale della famiglia", *Famiglia e rapporti tra conuigi nel nuovo diritto*, 2ª ed., Milano, Giuffrè Editore, 1983, pp. 484 e 485, entende que não é irrelevante, no domínio das relações com o Banco, o facto de os cônjuges estarem casados em regime de separação. De facto, assumindo a autonomia de qualquer um dos cônjuges em contratar com terceiros e o facto de existir um regime patrimonial primário por força do qual os cônjuges respondem solidariamente pelas dívidas contraídas por qualquer um deles para a satisfação das necessidades da vida familiar (art. 143º do Cód. Civil italiano), pode daí resultar uma solidariedade passiva dos cônjuges face à banca quando um dos cônjuges contrata no interesse e para acorrer às necessidades da vida familiar. Portanto, mesmo no regime de separação de bens pode resultar uma responsabilidade perante a banca diferente da que resultaria se o cliente não fosse casado. Como notam Philippe Simler, *et allii*, "Régimes matrimoniaux", *JCP* 2005.I.128, p. 623, e B. Vareille, "Régimes matrimoniaux", *RTDC*, nº 2, 2006, p. 363, a propósito da decisão da *Cour de Cassation*, de 25 de janeiro de 2005, a jurisprudência francesa também admite que as somas depositadas numa conta comum sejam utilizadas para satisfação das necessidades da vida familiar.

lidade pela dívida pela qual, não fosse a atuação do seu cônjuge, responderiam os bens comuns depositados (sem prejuízo das devidas compensações nos termos do art. 1697º).

Por outro lado, a existência de depósitos bancários, no nome de ambos os cônjuges, pode ligar-se à contração de um dado empréstimo contraído por um dos cônjuges, e considerado dívida própria. O credor confia na existência de tais valores depositados para pagamento do seu crédito. A livre disposição do mesmo depósito por qualquer um dos cônjuges pode implicar uma movimentação dos valores depositados pelo cônjuge não contraente do empréstimo, implicando uma dissipação de bens mas sem ser efetuada pelo cônjuge devedor (sem prejuízo de, sabemos bem, os credores, sobretudo se entidades bancárias, exigirem a vinculação de ambos os cônjuges na contração da dívida de empréstimo)[262].

De referir ainda que as contas solidárias entre cônjuges também implicam um alargamento da responsabilidade perante o Banco. De facto, o Banco pode exigir de qualquer um dos cônjuges o pagamento da totalidade dos débitos da conta, mesmo que o cônjuge acionado nunca tenha efetuado qualquer movimento. Por isso, e no caso de empréstimos, as entidades bancárias frequentemente exigem que o mesmo se ligue a uma conta solidária (facilitando a cobrança do crédito)[263]. Poderá haver, nas relações internas, uma compensação ao patri-

---

[262] De facto, e seguindo Mª Rita A. G. Lobo Xavier, "Ação cambiária. Proveito comum do casal. Ónus da prova. Conta bancária comum", Separata da *RDES*, ano XXXVII, nºs 1-2-3, Janeiro-Setembro, 1995, p. 238, nota 1, a abertura de contas bancárias pelos cônjuges pode implicar riscos para a entidade bancária, nomeadamente, porque terá de demonstrar que a dívida é comum se quiser responsabilizar ambos os cônjuges (o facto de o dinheiro emprestado pelo Banco ter sido depositado numa conta solidária de ambos os cônjuges não é suficiente para basear a conclusão acerca do preenchimento do conceito jurídico de proveito comum do casal, devendo tal decorrer do fim/intenção do empréstimo, normalmente declarado perante o Banco na contração do mesmo). A existência de tais riscos implica especiais cautelas, como a exigência de especiais garantias ou a intervenção de ambos os cônjuges. O mesmo é referido por Sergio Alagna, *ob. e loc. cit.*, p. 482, quanto às cautelas particulares a assumir pela banca no caso de clientes casados.

[263] Pierre Dauchy, "L'influence du droit civil sur le droit bancaire", *Revue trimestrielle de droit commercial et de droit économique*, tomo XXXIX, 1986, p. 14.

J. M. Muñoz-Planas, *ob. cit.*, pp. 176-179, considera, porém, que se se tratar de uma dívida pessoal do contitular que dá a ordem de pagamento ao Banco, provocando o descoberto da conta, só poderá o mesmo Banco exigir o pagamento ao titular em causa e não aos outros contitulares. De facto, uma conta solidária permite a cada titular usar a conta mas não abusar da mesma em prejuízo dos outros titulares. Transpondo este entendimento para as contas entre cônjuges significa que se para pagamento de dívidas pessoais um cônjuge provocou o descoberto de uma conta bancária solidária, o outro cônjuge não seria chamado a responder pelo débito. Duvidamos da solução. Na verdade, o cônjuge responderá solidariamente pelo débito bancário, sem prejuízo de eventual reembolso

mónio comum se este pagou uma dívida própria. Mas aí deverá provar-se a origem dos valores depositados e o direito à compensação[264].

Por outro lado, mesmo a existência de uma conta singular de um dos cônjuges pode alterar o regime da responsabilidade por dívidas. Pense-se o caso da contração de um empréstimo por apenas um dos cônjuges, ligado a uma sua conta singular, para ocorrer aos encargos normais da vida familiar (uma operação urgente e de elevado valor, p. ex.), em proveito comum do casal (para suportar os custos de uma produção, p. ex.) ou no exercício do comércio (se os cônjuges estiverem casados em regime de comunhão). Em todos estes casos, o Banco responsabiliza diretamente o titular da conta bancária ainda que a dívida seja comum. Mas para provar a comunicabilidade da dívida o Banco teria que intentar uma ação declarativa com esse fim, quando pode executar o titular da conta diretamente, tendo o património deste como garantia, independentemente do estatuto de casado[265]. Pode, assim, a entidade bancária reagir contra o cônjuge titular da conta, cabendo a este tentar evitar a sua única responsabilização (invertendo as regras da prova dos arts. 1691º e segs.) ou tentar obter uma compensação no fim do regime de comunhão. É evidente que, executando apenas um dos cônjuges, como se a dívida fosse própria, não pode penhorar bens comuns e, existindo a presunção do art. 1725º e até do art. 1736º, nº 2 (para os bens em compropriedade no regime de separação), não poderia executar os valores depositados na conta se, como acontece muitas vezes, os mesmos fossem comuns (como é o caso dos salários do cônjuge titular da conta – art. 1724º, al. *a*)). Contudo, o que normalmente pode acontecer é o Banco reter esses valores para pagamento do seu crédito, cabendo ao cônjuge titular da conta ou ao seu cônjuge demonstrar que os valores não são próprios daquele (fazendo com que a presunção da comunicabilidade não exista). Problemas que são normalmente evitados, dado os Bancos exigirem a participação do outro cônjuge na contração do empréstimo, corresponsabilizando-o.

Os autores franceses têm considerado que a solidariedade passiva inerente à conta bancária agrava a solidariedade legal dos cônjuges relativamente às dívi-

---

pelo cônjuge devedor. E repare-se que o cônjuge devedor pode usar valores comuns depositados na conta bancária. Também neste caso deverá uma compensação ao património comum.

[264] Prova que obviamente será difícil ao cônjuge do devedor, que terá de provar quais os valores depositados que lhe pertencem (dado tratar-se de bens fungíveis). Michel Dupuis, *loc. cit.*, p. 45, e Mª Rita A. G. Lobo Xavier, *Limites à autonomia privada..., cit.*, p. 324.

[265] A jurisprudência tem sido unânime quanto à natureza executiva dos documentos de abertura de conta quando se verifique uma situação de descoberto em conta. V., Timóteo Ramos Pereira, "Contrato de abertura de conta – constitui título executivo?", *in www.verbojuridico.com*, consultado a 27 de julho de 2007.

das[266]. De facto, e quanto às relações externas (relações dos cônjuges com o Banco e com os seus credores), tem sido defendido que, no caso de dívidas da

---

[266] Michel Dupuis, *loc. cit.*, p. 44.
Repare-se que o art. 221º do Cód. Civil francês tem norma semelhante ao art. 1680º do nosso Cód. Civil, regulando também as contas abertas em nome de um dos cônjuges. A. Colomer, *Droit Civil...*, *cit.*, p. 115, duvida da exclusão de outras contas, como as contas plurais entre os cônjuges, onde o regime da solidariedade implica que qualquer um possa movimentar a mesma conta e responder pelos seus débitos. Também, e entre outros, Aubry/Rau, *ob. cit.*, p. 81 e nota 56, Marty/Raynaud, *ob. cit.*, p. 56, Didier Martin, "La portée de l'indépendance bancaire des époux", *in* AAVV, *Indépendance financière et communauté de vie*, Actes des journées d'études des 15 et 16 décembre 1988, Paris, LJDJ, 1989, pp. 45 e 46, F. Terré/Ph. Simler, *ob. cit.*, p. 71, F. Lucet/B. Vareille, *Droit civil. Régimes matrimoniaux, libéralités, successions*, 2ª ed., Paris, Dalloz, 1997, p. 38, e M. Grimaldi, *et allii*, *ob. cit.*, p. 40, consideram ser de estender o art. 221º do Cód. Civil francês às contas plurais, incluindo com terceiros, não o restringindo às contas em nome próprio de um dos cônjuges.
O art. 221º do Cód. Civil francês pode paralisar algumas normas decorrentes do regime matrimonial. Com efeito, e mesmo tratando-se de conta singular, o cônjuge depositante pode dispor e movimentar os valores aí depositados ainda que tais valores sejam do seu cônjuge (atuando o cônjuge depositante como mandatário ou donatário). A. Colomer, *Droit Civil...*, *cit.*, pp. 123 e 124, refere que o cônjuge proprietário mas não depositante pode socorrer-se dos meios do Direito comum ou das regras do direito matrimonial para radicar os seus direitos sobre os valores depositados. Assim, e não bastando uma manifestação de vontade de oposição para bloquear a utilização da conta, deve o cônjuge recorrer aos meios judiciais do Direito comum (penhora das somas depositadas, reivindicação dos títulos ao portador anteriores à sua *"dématérialisation"*) ou às medidas especialmente previstas no âmbito do regime primário (art. 220º-1 do Cód. Civil francês) ou do regime de comunhão (arts. 1426º e 1429º do Cód. Civil francês) (F. Terré/Ph. Simler, *ob. cit.*, p. 74). Deverá, assim, bloquear dessa forma a conta provando a ausência de poderes do depositante sobre os bens. Mas, e dado que até lá o Banco continua a executar as operações ordenadas pelo titular da conta, não conseguirá evitar os depósitos realizados depois da abertura e as operações a eles relativas, nem os cheques emitidos, entretanto, a terceiros (só os que o forem depois do bloqueio devendo requerer-se a entrega do livro de cheques pelo depositante e titular da conta) (v. também, Flour/Champenois, *ob. cit.*, p 103). Por outro lado, e socorrendo-se das normas do regime matrimonial, pode o cônjuge do depositante obter um bloqueio da conta, nos termos do art. 220º-1 do Cód. Civil francês, paralelo ao processo de divórcio ou de separação judicial de bens. Os arts. 1426º e 1429º do Cód. Civil francês permitem também a transferência de poderes para o cônjuge do depositante se este demonstrou inaptidão ou atuação fraudulenta quanto à administração da conta aberta em seu nome. Além disso, demonstrando-se haver um qualquer conluio entre o Banco e o cônjuge depositante em prejuízo do outro cônjuge (ainda que a situação seja muito excecional, dado que o Banco não está obrigado a exigir a demonstração dos poderes do cônjuge depositante sobre os valores depositados), como no caso de o Banco saber, ou ter dúvidas, que o depositante não auferia quaisquer rendimentos ou salários ou que não tinha bens próprios, a má fé do Banco deve ser considerada para proteção do cônjuge do depositante (*fraus omnia corrumpit*). V. também, Philippe Simler, "Le conflit des présomptions en régime de communauté (contribution à l'étude du rôle de la présomption de communauté après la loi du 13 juillet 1965)", *RTDC*, ano 68º, 1970, p. 498, Marty/Raynaud, *ob. cit.*, p. 57, e F. Terré/Ph. Simler, *ob. cit.*, p. 74.

responsabilidade exclusiva de um dos cônjuges, os credores dos cônjuges podem executar o saldo da conta em causa, independentemente do facto que fundou a dívida e da origem dos valores depositados na conta, sendo muito difícil ao cônjuge não devedor provar que não é responsável pela dívida e que os valores depositados são próprios, de acordo com o regime matrimonial ou que a dívida é própria do cônjuge devedor e os valores são comuns (dada a fusão dos valores depositados na conta)[267]. E o mesmo problema é referido no direito espanhol[268].

---

[267] Esta dívida pode decorrer de um empréstimo contraído no próprio Banco. Isto sem prejuízo de o empréstimo contraído por um dos cônjuges sem o consentimento do outro apenas obrigar os seus bens próprios e os rendimentos, devendo, neste caso, o credor, que não o Banco, provar que os rendimentos se encontram depositados na conta em causa – v., Cass., 1.ʳᵉ civ., de 3 de abril de 2001 (*Recueil Dalloz*, ano 177º, nº 17, 2001, p. 1365). Ou seja, o art. 1415º do Cód. Civil francês contém uma regra especial face ao art. 1414º do Cód. Civil francês, em matéria de empréstimos, justificando cada vez mais que os credores exijam, no caso de tais dívidas, uma obrigação solidária dos cônjuges – v., o comentário de Marc Nicod ao Cass., 1.ʳᵉ civ., de 3 de abril de 2001, *Recueil Dalloz*, ano 177º, nº 36, 2001, p. 2934, e V. Barabé-Bouchard, "Article 1415 du code civil: de la saisissabilité des comptes de l'époux caution", *Recueil Dalloz*, ano 179º, nº 41, 2003, p. 2796.
O pedido de empréstimo poderá ser uma dívida pessoal do cônjuge que o contraiu, salvo se se demonstrar que a dívida daí decorrente integra uma das situações da responsabilidade comum. Mas nas relações com o Banco a dívida será pessoal do cônjuge que o contraiu, podendo executar os valores depositados na conta solidária (mesmo que a dívida seja própria e os valores comuns). Aliás, decorre do art. 221º do Cód. Civil francês a presunção de que os valores e títulos depositados numa conta são livremente dispostos pelo cônjuge titular da mesma. Repare-se que esta presunção apenas funciona face à entidade onde esses valores foram depositados e não face a quaisquer outros terceiros (p. ex., a quem um dos cônjuges tenha emitido um cheque). Estes podem, contudo, e se de boa fé, beneficiar da presunção do art. 222º do Cód. Civil francês (Aubry/Rau, *ob. cit.*, p. 87, F. Terré/Ph. Simler, *ob. cit.*, p. 70, M. Grimaldi, *et allii*, *ob. cit.*, p. 40, e A. Colomer, *Droit Civil...*, *cit.*, p. 117). A mesma distinção entre as relações internas entre os cônjuges (onde a aplicação do crédito bancário para fins familiares pode relevar para a determinação da comunicabilidade da dívida) e as relações externas com o Banco (face ao qual a dívida será sempre pessoal do cônjuge que a contraiu) é abordada por Sergio Alagna, *Regime patrimoniale della famiglia e operazioni bancarie*, Padova, Cedam, 1988, pp. 52-54. Refere o mesmo autor (p. 56) que os Bancos salvaguardam a sua posição exigindo a corresponsabilização do cônjuge titular, por forma a que pela dívida respondam os bens comuns e os próprios dos cônjuges (arts. 186º, al. *d*), e 190º do Cód. Civil italiano).

[268] V., J. M. Muñoz-Planas, *ob. cit.*, pp. 209-218, e Mª Pilar Alvarez Olalla, *ob. cit.*, pp. 480 e 481. Com vista à execução e penhora das referidas contas bancárias do seu devedor, os credores utilizarão a *orden de retención* com vista a bloquear e imobilizar a conta em causa.
Se se trata de uma conta conjunta entende-se que, tal como nas relações internas, também o credor pessoal de um dos cônjuges que pretende penhorar a referida conta, deverá apenas incidir o seu pedido sobre o montante que pertence ao devedor (na falta de determinação presume-se ser metade do montante depositado). No caso de contas solidárias, uma parte dos autores considera que o credor pode penhorar a totalidade da conta, tendo o cônjuge não devedor a possibilidade de recorrer à *tercería de dominio* ou aos respetivos reembolsos face ao seu cônjuge; enquanto que outra parte da

VI. ALTERAÇÃO DO ESTATUTO PATRIMONIAL DOS CÔNJUGES POR TRANSFERÊNCIAS

A lei francesa veio limitar esta responsabilidade. Desde a Reforma de 1985, o art. 1414º, 2º, do Cód. Civil francês, impõe que o governo venha determinar as condições em que se pode efetuar a penhora dos rendimentos profissionais depositados numa conta à ordem ou a prazo (facilmente confundíveis com quaisquer outros fundos de diferente proveniência). Tal foi previsto no Dec. nº 92--755, de 31 de julho de 1992[269], cujo art. 48º estipula que sempre que uma conta, mesmo conjunta, alimentada pelos ganhos e salários de um cônjuge casado em regime de comunhão, seja objeto de uma penhora (*mesure d'exécution forcée*) ou de um arresto (*saisie-conservatoire*), para pagamento ou garantia de um crédito resultante da contração de uma dívida pelo outro cônjuge, é imediatamente deixada à disposição do cônjuge uma soma equivalente ao montante dos ganhos e salários depositados no decurso do mês precedente à penhora ou ao montante médio mensal de ganhos e salários depositados nos doze meses precedentes à penhora[270]. Confere, portanto, ao cônjuge não devedor uma opção a propósito

---

doutrina considera que, tal como nas contas conjuntas, o credor pessoal de um dos cônjuges apenas poderá penhorar a parte deste na referida conta, uma vez que a solidariedade dos titulares da conta é apenas entre estes e o Banco e não em relação a outros credores (Mª Pilar Alvarez Olalla, *ob. cit.*, pp. 482-488). O mesmo pode defender-se entre nós. Ou seja, presumindo-se a participação por metade, não parece correto permitir que o credor possa penhorar tudo como se fossem bens próprios do seu devedor, impondo ao cônjuge não devedor a oposição à penhora ou embargos de terceiro. Além disso, nos regimes de comunhão, não podemos esquecer que podem estar em causa bens comuns que apenas respondem subsidiariamente por dívidas próprias. O que acontecerá é que, como o Banco não sabe a participação de cada cônjuge na conta, bloqueia as movimentações da mesma conta, demonstrando-se depois, em oposição à penhora ou em embargos, a parte que cabe a cada um dos cônjuges, só sendo penhorada a fração do devedor (v., J. M. Muñoz-Planas, *ob. cit.*, p. 218). Não conseguindo fazer-se prova em sentido diferente, vale a presunção da participação por metade. É isso, aliás, que decorre do art. 861º-A, nº 2, do Cód. de Processo Civil, ao dispor que sendo vários os titulares do depósito, a penhora incide sobre a quota-parte do executado na conta comum, presumindo-se que as quotas são iguais. Diferente já será se a dívida for comum (e assim estiver demonstrado), cabendo ao cônjuge provar que os valores depositados são bens próprios seus: neste caso, dada a presunção de comunicabilidade, já parece correto penhorar a totalidade dos valores depositados na conta, sem prejuízo de os cônjuges virem opor-se à mesma penhora ou embargar.

[269] Com várias alterações, sendo a última efetuada pelo Decreto nº 2011-1302, de 14 de outubro de 2011, que mantiveram, porém a redação do artigo em análise (art. 48º).

[270] Não se aplica a referida disposição às dívidas relativas ao sustento do lar e educação dos filhos que, nos termos dos arts. 220º e 1418º do Cód. Civil francês, obrigam solidariamente todos os bens dos cônjuges. De facto, se a dívida é solidária, os ganhos e salários de ambos os cônjuges respondem pela dívida, independentemente de estarem ou não depositados em conta bancária. Já não será assim no caso de dívidas excessivas ou previstas no § 3º do art. 220º do Cód. Civil francês, onde não há solidariedade. V., sobre o referido art. 48º, Michel Weyland, "L'indispensable dissociation des alinéas 1 et 2 de l'article 1414 du Code civil (à propos de l'article 48 du décret n. 92-755 du 31 juillet 1992)", *JCP* 1993.I.3712.

do montante deixado à sua disposição e limita a impenhorabilidade dos rendimentos profissionais a uma quantia correspondente a um mês de remuneração.

Não importa se a conta é pessoal ou conjunta, corrente ou a prazo, podendo ainda entender-se que se trata de contas constituídas na totalidade ou em parte pelos produtos do trabalho do cônjuge que não contraiu a dívida. Ora, tratando-se de uma conta exclusivamente reservada aos ganhos e salários de um dos cônjuges (no sentido de que esse cônjuge apenas aí deposita os ganhos e salários e o outro cônjuge não efetua depósitos nessa conta) não é possível que esses valores escapem à atuação dos credores do outro cônjuge, com a justificação de que os mesmos estão perfeitamente identificados. Por outro lado, não releva que o titular da conta (ou os titulares, se forem ambos os cônjuges) aí deposite(m) outros valores que não os ganhos e salários profissionais[271].

Também no direito italiano a existência de contas bancárias em que ambos os cônjuges são contitulares implica uma alteração das regras da responsabilidade por dívidas. Ou seja, é frequente a existência de uma cláusula no contrato bancário no sentido de conceder uma autorização explícita ao Banco para agir em via principal, ainda que subsidiária, e pela totalidade do crédito, sobre os bens próprios de cada um dos cônjuges, afastando-se do disposto no art. 190º do Cód. Civil italiano. Além disso, é também frequente, no caso de pedidos de crédito bancário, a prestação de aval do outro cônjuge, implicando a renúncia às normas dos arts. 189º e 190º do mesmo código[272].

Por outro lado, as somas depositadas numa conta pessoal de um dos cônjuges tornam-se comuns no momento da dissolução, integrando a comunhão *de residuo* (art. 177º, als. *b*) e *c*), do Cód. Civil italiano). Pode surgir aqui um problema para a banca, isto é, apesar de um dos cônjuges surgir como titular da conta, com legitimidade para dispor da mesma, se o Banco toma conhecimento da dissolução da comunhão, poderá recusar o levantamento dos valores pelo cônjuge titular (sobretudo se existe um conflito judicial com o outro cônjuge), implicando um

---

[271] Sem prejuízo de o cônjuge não devedor provar que, além dos ganhos e salários, a conta bancária é alimentada por outros valores próprios, para que, aplicando o art. 1418º do Cód. Civil francês, tais valores sejam afastados da execução (M. Grimaldi, *et allii*, *ob. cit.*, p. 188).
É importante notar que, de acordo com a jurisprudência, a regulamentação das contas bancárias pelo decreto referido no texto não é de aplicar no caso de penhora de conta bancária por não cumprimento de uma caução prestada por um dos cônjuges. Neste caso, não será de aplicar o art. 1414º do Cód. Civil francês, mas o art. 1415º do mesmo código, não podendo, por isso, penhorar-se bens comuns (a conta bancária) se não houver o consentimento do outro cônjuge para o empréstimo ou caução. Para isso, o credor teria que provar que os valores depositados na conta bancária em causa eram apenas provenientes do cônjuge que prestou caução ou dos seus rendimentos.
[272] V., Sergio Alagna, *Regime patrimoniale...*, *cit.*, pp. 30-34 e pp. 58-66.

afastamento das regras do Direito Bancário por força da dissolução do vínculo conjugal do depositante[273].

Acresce ainda que, prevendo o direito italiano o instituto da *impresa familiare* (art. 230ºbis do Cód. Civil italiano), pode a abertura de uma conta bancária e os seus débitos e créditos andarem aliados ao exercício de tal atividade. Ora, assumindo que a responsabilidade pelas dívidas cabe ao *imprenditore*, que a gere, é este que assume as dívidas da mesma perante a banca, concedendo mesmo garantias reais e pessoais. Em todo o caso, é frequente os Bancos exigirem a garantia também dos coparticipantes para facilitar a obtenção do seu crédito, responsabilizando os bens comuns e evitando os problemas que possam surgir em fase executiva[274]. Tudo à margem do regime de bens que possa vigorar entre os cônjuges[275].

Na Alemanha é também frequente os cônjuges serem contitulares de uma conta cujos valores qualquer um pode dispor livremente (*Oder-Konto*). De acordo com o entendimento da generalidade dos autores alemães, os cônjuges são credores solidários do Banco, aplicando-se nas suas relações recíprocas as regras do regime de bens[276]. Por isso, coloca-se a questão da compatibilização do regime de bens com o regime das *Oder-Konto*, nomeadamente a repercussão das relações internas entre os cônjuges nas relações externas (face ao Banco e aos credores). Com efeito, e se os cônjuges estiverem casados em regime de comunhão, a possibilidade de cada um dos cônjuges poder dispor da conta estará em contradição com as regras do regime de comunhão. Entende-se, porém, e de acordo com certa doutrina, ser de aplicar o regime de bens nas relações externas dos cônjuges contitulares de uma conta solidária. O que pode implicar alguns riscos para os credores que pretendam executar o património de um dos cônjuges, já que muitas vezes as relações internas dos cônjuges não são cognoscíveis[277].

---

[273] Sergio Alagna, *Regime patrimoniale...*, cit., pp. 44 e 45.
[274] Sergio Alagna, "L'impresa familiare nei rapporti con la banca", *Rassegna di diritto civile*, nº 4, 1982, pp. 992 e 999, e "I cc.dd. effetti d'interesse bancario...", *loc. cit.*, pp. 494 e 495.
[275] O que não impede, em todo o caso, a possibilidade de o Banco, no caso de dívida ligada à conta bancária, poder executar também a meação do cônjuge *imprenditore* nos bens comuns no caso de ocorrer a dissolução da comunhão (art. 189º, 2º, do Cód. Civil italiano). V., Antonio Airoldi, "Conseguenze del nuovo diritto di famiglia sulla garanzia patrimoniale e sui contratti bancari", *Banca borsa e titoli di credito*, ano XXXVIII, nº 1, 1975, p. 485.
[276] Beitzke/Lüderitz, *ob. cit.*, p. 117, e Lüderitz/Dethloff, *ob. cit.*, p. 140.
[277] Mª Rita A. G. Lobo Xavier, *Limites à autonomia privada...*, cit., p. 169. Refere a autora (p. 325, nota 400), a possibilidade de encarar as relações entre os cônjuges que constituiram uma conta solidária como uma relação societária, uma "sociedade interna". Contudo, e ainda que em casos excecionais tal pudesse acontecer, em princípio a abertura de uma conta solidária entre cônjuges não envolve a constituição de uma sociedade, salvo se expressamente celebrarem o respetivo contrato.

Além disso, pode colocar também algumas dúvidas, nomeadamente a de saber se deverá aplicar-se o § 1365º do BGB, no regime de participação nos adquiridos, e o § 1423º do BGB, no regime da comunhão, e exigir-se o consentimento de ambos os cônjuges quando a movimentação da conta implicar um ato de disposição do património "como um todo"[278]. Muito embora os negócios de disposição não surjam normalmente sob a forma de movimentação de depósitos.

Por outro lado, nos regimes de comunhão surge um outro problema decorrente da existência de uma conta solidária. Constituindo a comunhão um património separado coletivo, os cônjuges nunca poderiam abrir uma conta solidária porque cada um dos cônjuges passaria a ter um direito independente sobre os bens depositados, além de a disciplina deste tipo de contas se opor às regras da administração de bens deste regime. Com efeito, pode no ordenamento jurídico alemão ser estipulado o regime da administração singular ou conjunta dos bens comuns, o que, num caso ou no outro, pode opor-se ao regime das contas solidárias em que qualquer um dos cônjuges pode dispor dos bens, seja ou não o administrador. Depois, se os bens depositados forem próprios, a regra seria a de que cada um administra e dispõe dos seus bens, o que não acontece na conta solidária.

Finalmente, podem surgir problemas quando os bens depositados numa conta solidária dos cônjuges são originariamente propriedade de um deles[279] ou quando um dos cônjuges efetuar levantamentos de valores, depositados na conta, superiores à quota a que tem direito e que, por regra, corresponde a metade do saldo (de acordo com as regras da compropriedade – §§ 741 e segs. do BGB – que alguma doutrina alemã aplica nas relações internas dos cônjuges contitulares de contas solidárias)[280].

---

[278] Mª Rita A. G. Lobo Xavier, *Limites à autonomia privada...*, cit., p. 169.

[279] Mª Rita A. G. Lobo Xavier, *Limites à autonomia privada...*, cit., p. 171, refere o caso de os cônjuges estarem casados no regime de separação de bens e os depósitos em valores provêm apenas do património de um deles, o único que exerce uma profissão remunerada. Será também o caso de uma conta solidária que se encontra ligada a um negócio em que apenas um dos cônjuges participa.
A existência de uma conta bancária solidária pode originar transferências de bens entre os cônjuges. P. ex., a transformação por um dos cônjuges de uma conta individual em conta solidária com o seu cônjuge. Ainda que normalmente a constituição de tal conta corresponda a necessidades da vida em comunhão, pode tal transferência envolver uma liberalidade. Mª Rita A. G. Lobo Xavier, *Limites à autonomia privada...*, cit., p. 171 e nota 123.

[280] V., Mª Rita A. G. Lobo Xavier, *Limites à autonomia privada...*, cit., p. 172 e pp. 325 e 326. De facto, alguma doutrina alemã considera que nas relações internas entre os cônjuges devem seguir-se as regras da compropriedade (§§ 741º e segs. do BGB), aplicáveis quando um direito pertence a várias pessoas em comum e a lei nada disponha em contrário; e nas relações externas valem as regras relativas aos credores solidários (§§ 420º e segs. do BGB), muitas vezes de difícil harmonização com as

VI. ALTERAÇÃO DO ESTATUTO PATRIMONIAL DOS CÔNJUGES POR TRANSFERÊNCIAS

É também debatida na doutrina alemã a questão da responsabilidade dos cônjuges contitulares por uma conta em débito, nas suas relações internas. Sendo credores e devedores solidários, são responsáveis em partes iguais[281] pelos valores em débito e o cônjuge que, nas relações internas, quiser fazer valer uma participação diferente poderá provar que existe um acordo estabelecendo outra divisão. Acordo semelhante pode também decorrer da prática habitual dos cônjuges em relação à divisão das dívidas (p. ex., se apenas um dos cônjuges exerce uma atividade remunerada e habitualmente paga as dívidas).

De um outro ponto de vista de obrigações solidárias assumidas pelos cônjuges perante o Banco, podemos questionar se será possível um dos cônjuges assumir integralmente a dívida solidária contraída antes do casamento, mas com vista ao mesmo, já que se destinou à aquisição da casa de morada da família, ainda no decurso do casamento. Ou seja, um dos cônjuges cederia a sua posição contratual ao outro no decurso do casamento (p. ex., se o outro cônjuge começou a exercer uma atividade financeira de alto risco e querem os cônjuges proteger o património familiar da responsabilidade solidária, ou estão em início de processo de divórcio e um dos cônjuges pretende que o outro assuma a integralidade da dívida como garantia para a concessão do mesmo divórcio, etc.), com assunção da respetiva dívida por este último. Quanto à validade de tal contrato, e partindo da conceção restrita do princípio da imutabilidade, e não estando tal contrato previsto no art. 1714º, podemos reproduzir o que já anteriormente referimos a

---

regras reguladoras das relações conjugais. Outros autores consideram que as relações internas entre os contitulares devem reger-se pelo estatuto patrimonial dos cônjuges que se repercutirá nas relações externas, ainda que com os riscos que podem resultar para os Bancos e para os credores, como já referimos.

[281] Por aplicação dos §§ 426º e 430º do BGB se nada tiver sido disposto em sentido contrário. V., Gernhuber/Coester-Waltjen, *ob. cit.*, § 19, VI, 1-3, pp. 176-178. Como nota Mª Rita A. G. Lobo Xavier, *Limites à autonomia privada...*, cit., p. 331, nota 415, alguma doutrina alemã tem chamado a atenção para o facto de a divisão por metade no caso de dívidas solidárias dos cônjuges nem sempre conduzir aos resultados mais justos, essencialmente no caso de dívidas decorrentes de impostos sobre o rendimento e aos empréstimos para compra de casa para habitação própria havendo execução das contas dos cônjuges. Nestes casos deveria considerar-se qual o cônjuge que aufere rendimentos do trabalho (no caso de empréstimos) e qual a proporção com que cada um contribuiu para o rendimento apurado (no caso de impostos).

Repare-se ainda que se um dos cônjuges provocar a entrada em débito da conta, pode estar a violar o § 1353º, 1º, do BGB, e o dever de atuar por acordo. Isto implicará que nas relações internas apenas esse cônjuge que provocou o débito seja responsável. O mesmo pode acontecer quando a quantia levantada da conta for empregue em fins exclusivamente pessoais. Mas se a conta entrar em débito depois da separação dos cônjuges, deve apenas ser responsável o cônjuge que deu causa à situação de débito, não podendo existir qualquer relação de confiança que levasse o outro cônjuge a compartilhar tal responsabilidade.

propósito da cessão de quotas[282]. De facto, não nos repugna aceitar, por si, a realização de um contrato de cessão de créditos entre os cônjuges, desde que regulador das suas relações internas. Não podem os credores ser afetados com tal situação. Mas, assumindo que o Banco estaria disposto a aceitar a referida cessão (o que não será, obviamente, provável, se o cônjuge que assume integralmente a dívida não apresentar garantias adicionais), podem os cônjuges transferir a dívida para um deles, assumindo este a totalidade da dívida e desonerando o outro cônjuge, ainda que se mantenham ambos como comproprietários do bem (assumindo que o bem foi adquirido por ambos, por recurso ao referido empréstimo bancário, antes do casamento, salvo se casados no regime de comunhão geral em que o bem será comum). Trata-se, portanto, de transmissão de dívidas e não de bens. A proibição da cessão por imposição do princípio da imutabilidade só poderia estar consagrada no nº 1 do art. 1714º. Todavia, ao celebrarem a cessão os cônjuges nem alteram, neste caso, a titularidade do bem nem as regras que valem acerca da propriedade dos bens, no decurso do casamento, nem modificam as normas aplicáveis ao regime de bens vigente, ou seja, não se alteram os critérios pelos quais resulta a qualificação de um bem como próprio de um ou do outro cônjuge ou comum.

Importa ainda acrescentar que há, também aqui, todo o interesse em considerar válida a cessão. A referida cessão da posição contratual entre cônjuges apresenta vantagens se o seu objetivo for precaver os riscos inerentes a uma atividade de alto risco financeiro que um dos cônjuges passou a exercer. Não sendo possível alterar o regime de bens, mantendo-se o princípio da imutabilidade, permitir-se-ia prevenir riscos acrescidos (até para o credor)[283].

Contudo, não obstante a validade do referido contrato (e desde que haja aceitação por parte do Banco), não podemos esquecer que, apesar de se tratar de

---

[282] É evidente que, como dissemos, a cessão, não sendo um negócio abstrato, pode traduzir uma compra e venda, mas o nº 2 do art. 1714º é taxativo ao referir o contrato de compra e venda, reportando-se às regras dos arts. 874º e segs., e não outros contratos. O nº 2 do art. 1714º supõe que o contrato celebrado entre os cônjuges seja uma verdadeira venda.
Em todo o caso, mesmo que pelo contrato de cessão de créditos um cônjuge assuma a posição de devedor do outro cônjuge não está em causa a transmissão de bens, dado que apenas as dívidas se transmitem e não o bem.
[283] Pelo menos aparentemente, como veremos, dado que, continuando a aplicar-se o regime da responsabilidade por dívidas e estando os cônjuges casados no regime de comunhão, a dívida continuaria a ser da responsabilidade solidária dos cônjuges (art. 1695º, nº 1), ainda que aqui o credor teria de provar a comunicabilidade da mesma dívida para tal (o que não precisa no caso de a responsabilidade solidária decorrer do contrato de empréstimo bancário). As vantagens manifestam-se mais no regime de separação onde a responsabilidade dos cônjuges passará a ser parciária (art. 1695º, nº 2).

VI. ALTERAÇÃO DO ESTATUTO PATRIMONIAL DOS CÔNJUGES POR TRANSFERÊNCIAS

uma dívida que ambos contraíram solidariamente perante o Banco, e, por isso, regendo as regras do Direito Bancário, deve continuar a aplicar-se as regras do regime matrimonial de responsabilidade por dívidas do casal. Ou seja, mesmo que um dos cônjuges assuma integralmente a dívida, deixando a responsabilidade de ser solidária perante o Banco de acordo com o contrato de empréstimo bancário, a dívida continua a ser comum e da responsabilidade do património comum e dos cônjuges. De facto, sendo uma dívida contraída por ambos antes do casamento e com vista ao mesmo (para aquisição da casa de morada da família) a dívida sempre será comum, de acordo com o art. 1691º, nº 1, al. *a*). Por ela responde, e nos regimes de comunhão, o património comum e solidariamente ambos os cônjuges e, no regime de separação, o património próprio de cada um dos cônjuges conjuntamente (art. 1695º, nºs 1 e 2). Portanto, para o Banco a única diferença será a da necessidade de demonstrar a comunicabilidade da dívida para efeitos da referida responsabilidade solidária, nos regimes de comunhão, e a diminuição do âmbito de responsabilidade, que deixará de ser solidária para ser parciária, no regime de separação (ainda que o Banco possa extinguir a totalidade do património do cônjuge que assume a dívida o que, aparentemente pela letra do art. 1695º, nº 2, não poderia)[284].

Por outro lado, e do ponto de vista dos cônjuges, um dos cônjuges passará a assumir integralmente uma dívida, que é comum, em benefício do outro cônjuge que continua a ser proprietário do bem (nos regimes de comunhão de adquiridos ou de separação). A situação não é vantajosa para nenhum dos cônjuges. De facto, o que assume a dívida estará a enriquecer o património do seu cônjuge (que continua titular do bem, seja como comproprietário seja como titular do património comum) e este poderá na mesma ter que responder, para além dos bens comuns, pela referida dívida (solidária ou conjuntamente) se a entidade bancária provar a sua comunicabilidade (o que não será difícil). E enquanto o cônjuge que assume integralmente a dívida pode sempre, no momento da liquidação e partilha, exigir uma compensação se pagou a referida dívida (que é comum) com valores próprios[285],

---

[284] Por isso, não têm os Bancos qualquer interesse em aceitar a referida cessão da posição contratual entre os cônjuges.

[285] Ainda que perante o Banco surja como único devedor, não podemos esquecer as regras do direito matrimonial e a necessidade de restaurar possíveis desequilíbrios patrimoniais. De facto, se a dívida é comum e foi o cônjuge, único devedor perante o Banco, que a pagou com valores próprios deve haver uma compensação àquele cônjuge. Pela mesma razão, o outro cônjuge não pode pretender que o cônjuge devedor perante o Banco compense o património comum se utilizou valores comuns (p. ex., o seu salário, se casado em regime de comunhão) para o pagamento da dívida, pois esta é da responsabilidade comum.

o outro cônjuge nada pode fazer se pagar a mesma nos termos das regras da responsabilidade por dívidas do casal.

Por tudo isto, a osmose patrimonial provocada pela comunhão de vida entre os cônjuges é agravada com a existência das contas bancárias solidárias. É talvez uma das matérias negligenciadas pela lei e que não seria desaconselhável estabelecer algumas regras especiais.

De facto, a nossa lei apenas prevê o disposto no art. 1680º, que não abrange, porém, as situações de contitularidade (e, por isso, não regula as contas coletivas). Tal norma conduz à irresponsabilidade do Banco em relação aos pagamentos feitos ao cônjuge titular da conta e a depósitos feitos exclusivamente em seu nome. O que significa que se um dos cônjuges depositar bens comuns numa conta singular sua o outro cônjuge apenas poderá fazer valer os seus direitos por via judicial, dado que, face ao Banco, este último não tem legitimidade para atuar sobre os valores depositados. "Consagra-se assim a irrelevância do regime matrimonial nas relações com o Banco, quanto a depósitos bancários em que apenas um dos cônjuges é titular da respetiva conta"[286].

---

[286] Mª Rita A. G. Lobo Xavier, *Limites à autonomia privada...*, cit., p. 333. Também Sergio Alagna, *Regime patrimoniale...*, cit., pp. 23 e 24, considera que o cônjuge não titular da conta só poderá reagir face às relações entre o seu cônjuge e o Banco no momento da dissolução e nas relações internas entre os cônjuges, permanecendo o vínculo conjugal alheio à banca.
Problemático é o meio através do qual se consegue conjugar as regras do Direito patrimonial da Família com a disciplina do sigilo bancário. No caso de os Bancos alegarem o sigilo bancário, para não informarem das contas tituladas por um dos cônjuges para determinação dos bens comuns, resta a possibilidade do art. 1684º, nº 3, ou seja, suprimento judicial da recusa do consentimento do cônjuge que nega a revelação ao outro do valor dos bens comuns depositados em contas bancárias. V., o ac. do STJ, de 19.04.1995, citado por Mª Rita A. G. Lobo Xavier, *Limites à autonomia privada...*, cit., p. 333, nota 419. A propósito deste acórdão, Pereira Coelho/Guilherme de Oliveira, *ob. cit.*, pp. 469 e 470, considerando forçada a utilização do art. 1684º, nº 3, por estar previsto para os casos em que o consentimento é legalmente exigido para a validade do ato e não para qualquer recusa do consentimento, afirmam parecer "insólito que um cônjuge não tenha um meio legal expedito para obter as informações indispensáveis sobre depósitos bancários alimentados com fundos comuns (...)". Também Sergio Alagna, *Regime patrimoniale...*, cit., pp. 48-51, aborda o problema do sigilo bancário no caso de contas bancárias de um dos cônjuges e a eventual autorização judicial. Defende de igual modo a existência de um instrumento informativo ao cônjuge não titular da conta quando estejam em causa valores necessários à satisfação das necessidades da vida familiar.
Consideramos, de facto, fundamental um meio legal que permitisse diretamente tal informação. Na sua falta, e ainda que forçado, será melhor o recurso ao art. 1684º, nº 3, do que a ausência total de qualquer outro meio legal. Para Jorge Duarte Pinheiro, *ob. cit.*, pp. 578 e 579, o caminho mais convincente será o de considerar que o cônjuge do titular nominal da conta (cujos valores depositados se presumem comuns) é um "cliente" para efeitos de dispensa do sigilo bancário. Provando-se que é duvidosa a coincidência entre a titularidade nominal da conta e a titularidade efetiva do saldo, o Banco deve prestar informações ao cônjuge do titular nominal da conta singular. O cônjuge

VI. ALTERAÇÃO DO ESTATUTO PATRIMONIAL DOS CÔNJUGES POR TRANSFERÊNCIAS

Quer nas relações externas com o Banco, sujeitas a regime específico, quer nas relações internas entre os cônjuges, deve aplicar-se as regras do direito matrimonial aos fundos depositados em contas bancárias pertencentes aos cônjuges. Nas relações internas, a questão que poderá mais frequentemente colocar-se é a das compensações pela realização de levantamentos excessivos de dinheiro depositado na conta[287]. A compensação devida será calculada no pressuposto de que as quantias depositadas deveriam ser divididas por metade, pelo que a prova de uma diferente conformação das relações internas ficará a cargo do cônjuge que a invocar[288].

Este problema surge essencialmente no caso de crise do casal, situação em que as contas podem ser esvaziadas ou ser provável que um dos cônjuges tente levantar mais do que aquilo que lhe pertenceria de acordo com o regime matrimonial (aplicável nas relações internas). Só poderá evitar-se que um dos cônjuges levante os valores depositados se estiver em causa um ato de disposição que exija o consentimento de ambos os cônjuges, nos termos do direito matrimonial[289]. O levantamento da totalidade do dinheiro depositado numa conta bancária com

---

deve considerar-se cliente do Banco em sentido material e não terceiro, enquanto beneficiário da presunção de contitularidade dos valores depositados. No mesmo sentido, v., o ac. da RP, de 15.09.1992 (*http://www.dgsi.pt*, consultado a 27 de setembro de 2010).

[287] Michel Dupuis, *loc. cit.*, p. 45, considera que se se comprovar que um dos cônjuges foi prejudicado pelo outro, as regras que regem as compensações e as dívidas entre cônjuges podem possibilitar a respetiva restituição. Também Niccolò Salanitro, "I diritto del coniuge superstite sui depositi pecuniari del defunto", *Banca borsa e titoli di credito*, ano XLVI, 1983, p. 390, considera que se se provar que um dos cônjuges dispôs de bens comuns depositados mesmo numa conta singular para a realização de interesses meramente pessoais deverá reembolsar a comunhão. Como defende Maria Rosaria Cipriano, "Il denaro depositato da un coniuge in comunione legale", *Giur. It.*, ano 135º, 1983, pp. 11 e 12, se um dos cônjuges utilizar bens comuns depositados numa sua conta pessoal, deverá haver a devida compensação ao património comum, nos termos do art. 192º do Cód. Civil italiano. Chama, porém, a atenção De Paola, *ob. cit.*, pp. 417 e 418, que o contrato bancário celebrado por apenas um dos cônjuges permanece na esfera individual desse cônjuge. Só no caso de ambos os cônjuges intervirem no contrato é que a relação contratual será referida à comunhão conjugal.

[288] Segundo a opinião maioritária, enquanto os cônjuges viverem em comunhão de vida as compensações são de excluir. Entende-se que durante a comunhão de vida existe uma relação de confiança entre os cônjuges e os levantamentos são normalmente para ocorrer aos encargos da vida familiar (v., decisão do BGH citada por Mª Rita A. G. Lobo Xavier, *Limites à autonomia privada...*, *cit.*, p. 327, nota 404) ou funda-se a negação das compensações no decurso da comunhão de vida na regra da direção conjunta da vida em comum. V., Beitzke/Lüderitz, *ob. cit.*, p. 117, e Lüderitz/Dethloff, *ob. cit.*, p. 140.

[289] Mª Rita A. G. Lobo Xavier, *Limites à autonomia privada...*, *cit.*, p. 328, nota 408. Além disso, para que se evitasse o levantamento era preciso que a possibilidade de bloquear a conta solidária fosse prevista no contrato de abertura.

valores comuns (p. ex., o salário dos cônjuges casados no regime de comunhão de adquiridos), parece consubstanciar um ato de administração extraordinária que requer o consentimento de ambos os cônjuges (art. 1678º, nº 3), sob pena de prática de ato ilícito. Mas, mesmo neste caso, o Banco não exige a demonstração da legitimidade para a prática dos atos bancários, só podendo o outro cônjuge reagir contra o mesmo ato *a posteriori*. Depois da rutura da relação matrimonial deverá haver uma igualação entre os cônjuges e o mesmo se diga no caso de levantamentos ocorridos depois da dissolução da mesma relação, dado que as relações de confiança existentes entre os cônjuges deixam de existir[290].

Deve, portanto, aplicar-se as normas do direito matrimonial no caso das contas bancárias entre cônjuges. As normas relativas à responsabilidade por dívidas, aos poderes de administração e disposição dos bens do casal, às presunções de comunhão e compropriedade dos valores depositados, devem poder invocar-se não só nas relações internas como nas relações com o Banco e com terceiros[291]. Porém, e na falta de regulamentação especial reguladora desta matéria, o que normalmente acontece é a aplicação das regras do Direito Bancário, sem atender às particularidades do direito matrimonial, ou seja, nas relações externas os cônjuges são encarados como quaisquer outras pessoas que procedem à abertura de contas bancárias. E, na realidade, chocará que, p. ex., os cônjuges casados em regime de separação possam opor ao Banco a sua responsabilidade apenas parciária ou até própria para não responderem solidariamente pela dívida resultante de débito bancário, o que, parece-nos, defraudaria o sistema bancário e a distinção das contas coletivas. Mas já nos parece possível essa invocação quando, em ação própria, se venha discutir, para efeitos também do débito bancário, a comunicabilidade ou não da dívida em causa (questão suscitada e alegada por parte do cônjuge interessado em demonstrar que não é responsável pelo débito da conta)[292]. Ora, como

---

[290] Neste sentido, para o direito alemão, v., as decisões jurisprudenciais analisadas por Mª Rita A. G. Lobo Xavier, *Limites à autonomia privada...*, cit., p. 329, nota 409.

[291] Mª Rita A. G. Lobo Xavier, *Limites à autonomia privada...*, cit., p. 334.

[292] Apesar de não acharmos que as dificuldades decorrentes da dissolução do casamento são maiores no regime de separação de bens do que nos regimes de comunhão, concordamos, porém, com Mª Rita A. G. Lobo Xavier, *Limites à autonomia privada...*, cit., p. 336, quanto à inevitável interpenetração de patrimónios mesmo no regime de separação. Esta interpenetração é agravada pelas contas bancárias entre os cônjuges. De facto, um cônjuge pode vir a assumir responsabilidade por atos praticados pelo outro. As regras da administração e disposição dos bens, da repartição das dívidas e dos bens sobre os quais deve incidir essa responsabilidade podem ser afetadas pela fusão patrimonial da conta bancária. Não pomos em causa tal situação, mas não ocorre o mesmo entre duas pessoas estranhas que resolvem partilhar uma conta bancária solidária? Apesar da osmose patrimonial que a comunhão de vida entre os cônjuges provoca mesmo no regime de separação, parece-nos que é nos regimes de comunhão que a alteração das regras matrimoniais é mais afetada.

VI. ALTERAÇÃO DO ESTATUTO PATRIMONIAL DOS CÔNJUGES POR TRANSFERÊNCIAS

normalmente tal não acontece no decurso do casamento[293], surgindo os principais problemas no fim do mesmo, é essencialmente no domínio das relações internas que importa acautelar o eventual enriquecimento de um dos cônjuges à custa do outro, nomeadamente, por levantamentos excessivos ou pelo pagamento de dívidas relativas a débitos bancários. Portanto, também aqui, e já que a imutabilidade nada impede quanto a estas transferências patrimoniais, importa assegurar a existência de outros mecanismos restabelecedores do equilíbrio patrimonial entre os cônjuges.

---

[293] E mesmo no fim do regime matrimonial. Dado que a maioria das pessoas está casada no regime de comunhão de adquiridos, procede-se normalmente à repartição dos saldos bancários por metade, já que a comunhão dos bens adquiridos "adapta-se bem à fusão patrimonial operada pelas contas bancárias coletivas" (Mª Rita A. G. Lobo Xavier, *Limites à autonomia privada..., cit.*, p. 335). De acordo com Mª Rita A. G. Lobo Xavier, *Limites à autonomia privada..., cit.*, p. 334, apesar de tudo, o funcionamento das contas conjugais tem sido pacífico. Pondo de parte a questão da divisão dos saldos, por ocasião do divórcio, não encontrou a autora decisões acerca de impugnações de movimentos abusivos, de tentativas de ilisão das presunções de compropriedade ou comunhão, ou de exigências de compensações por levantamentos excessivos. Tal facto não exclui a possibilidade de existirem tais levantamentos sem que o cônjuge exija uma compensação. Com efeito, a maioria das pessoas casadas ignora que pode invocar as regras do regime matrimonial, pelo menos nas relações internas, acreditando que todas as questões se regem pelas cláusulas do contrato bancário.

VII.
Outros mecanismos restabelecedores do equilíbrio patrimonial entre os cônjuges

Vimos que o princípio da imutabilidade só encontraria a sua razão justificativa na prevenção de desequilíbrios patrimoniais entre os cônjuges e na necessidade de proteção de terceiros credores, evitando que ficassem sem património para executar as dívidas dos cônjuges. Ora, tal pode ser atingido por outros meios, permitindo flexibilizar a imutabilidade, transitando para um regime de mutabilidade, nomeadamente, e além de assegurar um regime de publicidade e irrectroactividade face a terceiros no caso de alteração do regime de bens, com os mecanismos da sub-rogação, das compensações entre os cônjuges, das penas patrimoniais no caso de divórcio ou da livre revogabilidade das doações[294]. Por outro lado, a própria imutabilidade não afasta a possibilidade de alteração indireta do estatuto patrimonial, através de transferências encobertas de bens ou valores. Aliás, pode estimular o recurso a tais meios alternativos na impossibilidade de alterar o regime de bens[295]. O afastamento da imutabilidade permitiria

---

[294] Guilherme de Oliveira, "Sobre o contrato-promessa...", *loc. cit.*, p. 283, refere os "mecanismos de controlo" que evitam o eventual ascendente de um cônjuge sobre o outro: o facto de a prescrição não começar nem correr entre cônjuges (art. 318º, al. *a*)), a livre revogabilidade das doações (art. 1765º), a imutabilidade das convenções (art. 1714º), o controlo pelo juiz dos acordos no âmbito do divórcio por mútuo consentimento (arts. 1776º, nº 2, e 1778º), a regra da metade na divisão do património comum (art. 1730º).

[295] Mª Rita A. G. Lobo Xavier, *Limites à autonomia privada..., cit.*, p. 175, fala nos efeitos perversos da imutabilidade.

que os cônjuges não tivessem que recorrer a tais expedientes, tornando a sua situação patrimonial mais transparente.

A livre revogabilidade das doações assenta no facto de, muitas vezes, não existir no cônjuge doador um verdadeiro espírito de liberalidade, pois a doação funda-se no casamento e são feitas para a realização e manutenção da comunhão de vida ou traduzem-se na remuneração prestada por um dos cônjuges. Admitir a livre revogabilidade das doações permite que, desaparecendo as circunstâncias que fundaram a sua realização (a comunhão de vida conjugal), se evite o enriquecimento do cônjuge donatário. Permite-se ao doador arrepender-se da sua decisão de enriquecer o outro[296].

Importa também perceber o mecanismo da sub-rogação real e a sua forma de evitar desequilíbrios patrimoniais.

De acordo com o art. 1723º são bens próprios os bens sub-rogados no lugar de bens próprios, por aplicação do princípio da sub-rogação real[297]. A sub-rogação real pressupõe que de um património saíram determinados bens e outros entraram nele, havendo uma conexão entre aquela perda e esta aquisição. Há casos em que esta conexão é notória, pois a aquisição e a perda procedem do

---

[296] V., Mª Rita A. G. Lobo Xavier, *Limites à autonomia privada...*, *cit.*, pp. 387 e 388.
Quanto às penas patrimoniais em caso de divórcio (arts. 1790º e 1791º), v., Mª Rita A. G. Lobo Xavier, *Limites à autonomia privada...*, *cit.*, pp. 405-421. De facto, "se os benefícios concedidos ocorreram por ocasião e por causa da existência de uma relação conjugal, é óbvio que a sua manutenção, para além da dissolução desta, constituiria um enriquecimento injustificado" (autora e obra citadas, p. 415). Em todo o caso, convém ter em consideração que, com a Lei nº 61/2008, de 31 de outubro, eliminando a relevância da culpa nos efeitos patrimoniais do divórcio, compreende-se a perda dos benefícios patrimoniais, à luz do art. 1791º, atendendo a que era a existência da comunhão de vida, por ocasião da qual eles se verificavam, que os justificava. Mais dificilmente se compreende a solução encontrada no art. 1790º quanto à partilha dos bens do casal. V., Cristina M. A. Dias, *Uma análise do novo regime jurídico do divórcio – Lei nº 61/2008, de 31 de outubro*, 2ª ed., Coimbra, Almedina, 2009, pp. 26-29, Mª Rita Lobo Xavier, *Recentes alterações ao regime jurídico do divórcio e das responsabilidades parentais – Lei nº 61/2008, de 31 de outubro*, Coimbra, Almedina, 2009, pp. 33-36, Heinrich Ewald Hörster, "A responsabilidade civil entre os cônjuges", in AAVV, *E foram felizes para sempre...? Uma análise crítica do novo regime jurídico do divórcio*, Coimbra, Coimbra Editora/Wolters Kluwer, 2010, pp. 103-105, e Rute Teixeira Pedro, "A partilha do património comum do casal em caso de divórcio. Reflexões sobre a nova redacção do art. 1790º do Código Civil", in AAVV, *Estudos em homenagem ao Professor Doutor Carlos Ferreira de Almeida*, vol. III, Coimbra, Almedina, 2011, pp. 447-473.

[297] Este entendimento remonta a época anterior ao Cód. de Seabra. Paulo Merêa, *ob. cit.*, vol. II, pp. 88 e 89, a propósito do casamento por arras vigente no direito peninsular, afirma que, ainda que inicialmente a tendência fosse no sentido de considerar os bens sub-rogados no lugar dos próprios como adquiridos (*"gaanças"*), foi a doutrina contrária que veio a desenvolver-se no *Fuero Viejo* e no *Fuero Real*, considerando próprios os bens obtidos por troca de bens próprios ou com o preço da sua venda.

VII. OUTROS MECANISMOS RESTABELECEDORES DO EQUILÍBRIO PATRIMONIAL

mesmo ato jurídico, mas há outros em que a aquisição e a perda procedem de atos jurídicos diferentes, como será a hipótese de um dos cônjuges comprar com dinheiro do seu património próprio um determinado bem.

Dispõe o art. 1723º que são bens próprios os bens sub-rogados no lugar de bens próprios de um dos cônjuges, por meio de troca direta (al. *a*)); o preço dos bens próprios alienados (al. *b*)); e os bens adquiridos ou as benfeitorias feitas com dinheiro ou valores próprios de um dos cônjuges, desde que a proveniência do dinheiro ou valores seja devidamente mencionada no documento de aquisição, ou em documento equivalente[298], com intervenção de ambos os cônjuges (al. *c*) – sub-rogação indireta). Na ausência da referência da proveniência do dinheiro utilizado, no documento de aquisição, com intervenção de ambos os cônjuges, o bem reveste a natureza comum[299].

A declaração sobre a proveniência dos valores utilizados tem de ser feita no momento da aquisição ou em ato equivalente[300]. Por isso, as chamadas "escrituras de retificação", em que intervêm os dois cônjuges, afirmando que estão a fazer, nesse momento, a declaração exigida ao abrigo do art. 1723º, al. *c*), não são válidas, não podendo transformar em bens próprios os bens que, para salvaguarda de interesses de terceiros, foram adquiridos como bens comuns[301].

---

[298] Como entendem Pires de Lima/Antunes Varela, *Código Civil...*, cit., vol. IV, p. 427, o legislador terá, neste caso, pensado nas benfeitorias, em que o documento equivalente mais vulgar é o título da empreitada. A necessidade de um qualquer documento comprovativo da sub-rogação era já defendida por Cunha Gonçalves, *Tratado de Direito Civil...*, cit., vol. VI, pp. 356 e 357, apesar de a lei não o exigir na altura.

[299] Como escrevem Pereira Coelho/Guilherme de Oliveira, *ob. cit.*, p. 518, exige-se que se trate de um bem novo e não um bem que já estivesse no património do adquirente. Por isso, não haverá sub-rogação no caso de aplicação de dinheiro de uma conta à ordem numa conta poupança-reforma. Ainda que as condições do depósito sejam diferentes, trata-se do mesmo dinheiro que já pertencia ao cônjuge interessado, tendo apenas sido transferido de uma conta para a outra.

[300] V., sobre esta questão, Pereira Coelho/Guilherme de Oliveira, *ob. cit.*, pp. 518 e 519. No entendimento dos autores, uma declaração feita em momento posterior, num instrumento diverso, seria menos acessível aos terceiros interessados. Por outro lado, mesmo que fosse conhecida desses interessados, poderia afetar os terceiros que já tivessem tomado decisões, confiantes na natureza de bem comum que resulta da presunção de comunhão. Esta questão, da eventual declaração em momento posterior à aquisição, chegou a ser discutida à luz do Cód. Civil de 1867, pronunciando-se uns autores a favor e outros contra (v., Pires de Lima, *loc. cit.*, pp. 174 e 175).

[301] Mas poderão ser válidas se não estiverem em causa interesses de terceiros ou se estes intervierem no ato, aceitando que os bens sejam considerados próprios de um dos cônjuges – Pereira Coelho//Guilherme de Oliveira, *ob. cit.*, p. 519. Contudo, como refere Mª Rita A. G. Lobo Xavier, *Limites à autonomia privada...*, cit., p. 367, e ainda que tais escrituras de retificação visassem repor a verdade quanto à proveniência dos valores e corrigir uma eventual alteração das massas patrimoniais pela não observação das formalidades da sub-rogação, tal significaria admitir uma sub-rogação *a posteriori* proibida pelo nosso direito e a mudança do estatuto de um bem na constância do matrimónio (de

Para que o bem adquirido a título oneroso não entre para o património comum, nos termos do art. 1723º, al. c), é necessário que haja um meio de afastar a expectativa que os terceiros têm de esse bem ingressar na massa comum (art. 1724º, al. b)). Este meio é a declaração dos dois cônjuges, no momento da aquisição, acerca da proveniência dos valores utilizados[302]. Na sua ausência o bem ingressa na comunhão.

comum passa a próprio). Permitir-se-ia aos cônjuges alterar o estatuto de um bem, atingindo o mesmo resultado que lhes é proibido pelo princípio da imutabilidade. Neste sentido, v. também, A. Galasso, *ob. cit.*, p. 287. É, porém, precisamente isto que o art. 1434º do Cód. Civil francês prevê (*remploi a posteriori* ou *à retardement*) relativamente às relações entre os cônjuges. Mas mesmo aí não fica excluída a averiguação da conformidade da sua utilização com o estatuto patrimonial dos cônjuges (pode tratar-se, p. ex., da dissimulação de uma doação que poderá ser nula). Também no direito espanhol, quanto à atribuição voluntária de *gananciolidad* (art. 1355º do Cód. Civil espanhol), que afasta as regras da sub-rogação, há autores que consideram que a declaração que torna o bem adquirido como bem comum pode ser prestada mesmo após o ato de aquisição (v., Lacruz Berdejo//Sancho Rebullida, *et allii*, *ob. cit.*, p. 179. Contra, M. Amorós Guardiola, *et allii*, *ob. cit.*, pp. 1631-1633, que considera que tal declaração deve ser prestada no ato de aquisição).

[302] Sendo a ideia de proteção de terceiros que justifica a exigência do art. 1723º, al. c), há doutrina, apoiada por alguma jurisprudência (p. ex., o ac. do STJ, de 12.07.2001 (*http://www.dgsi.pt*, consultado a 27 de setembro de 2010)), que entende que quando não esteja em causa o interesse de terceiros, mas apenas o dos cônjuges, a conexão entre os valores próprios e o bem adquirido pode ser provada por quaisquer meios, sem necessidade do documento previsto na lei. De facto, a menção da proveniência do dinheiro na escritura de aquisição é o meio de garantir que terceiros conheçam a sub-rogação, que contraria a aparência criada de que o bem adquirido a título oneroso é comum. Na ausência de terceiros que possam ser enganados pela aparência, a exigência desse meio especial de prova não terá sentido. V., Castro Mendes, *ob. cit.*, p. 170, e Pereira Coelho/Guilherme de Oliveira, *ob. cit.*, pp. 520-523. Cunha Gonçalves, *Tratado de Direito Civil...*, *cit.*, vol. VI, p. 520, parecia defender, à luz do Cód. de Seabra, que não dispunha expressamente sobre a sub-rogação indireta (apenas referindo, nos arts. 1109º e 1149º do Cód. de Seabra, a sub-rogação direta), que o cônjuge a quem pertenciam os valores empregues na aquisição podia provar a sua proveniência por todos os meios legais. Também Pereira Coelho, *ob. cit.*, p. 315. Em todo o caso, Cunha Gonçalves, na mesma obra, pp. 356-359, apontava para a adoção da outra posição, considerando indispensável que a sub-rogação ficasse documentada. "Não se fazendo tal declaração, a cousa comprada entrará para a comunhão, da qual não poderá sair, para o património próprio da mulher, por uma declaração posterior, que será ineficaz" (p. 357).

Outros autores entendem que a falta de menção da proveniência dos valores constitui presunção de que os bens são comuns, mesmo que um dos cônjuges esteja em condições de provar o caráter próprio dos valores utilizados e mesmo que não intervenham interesses de terceiros. V., Pires de Lima/Antunes Varela, *Código Civil...*, *cit.*, vol. IV, p. 427, e Leite de Campos, *ob. cit.*, p. 396, e na jurisprudência, o ac. do STJ, de 25.05.2000 (*BMJ*, nº 497º, 2000, p. 382). De igual modo, Mª Rita A. G. Lobo Xavier, "A sub-rogação real indireta de bens próprios nos regimes de comunhão", Separata da *RDES*, ano XXXIX, nºs 1-2-3, Janeiro-Setembro, 1997, p. 208, e *Limites à autonomia privada...*, *cit.*, p. 350, entende que "a menção da proveniência dos bens e a intervenção dos cônjuges são requisitos absolutos da qualificação dos bens adquiridos, na constância do matrimónio, como próprios de um

VII. OUTROS MECANISMOS RESTABELECEDORES DO EQUILÍBRIO PATRIMONIAL

Apesar de a questão não ter resposta clara na lei, torna-se necessário admitir uma compensação ao cônjuge empobrecido com o ingresso do bem na comunhão.

dos cônjuges. Pelo que a sua falta implica a qualificação de tais bens como bens comuns". De facto, também entendemos que a eventual produção de prova em contrário não afeta a qualificação do bem, mas apenas permite demonstrar que na aquisição de um bem, que ingressou na comunhão por falta da documentação exigida, foram empregues bens próprios e, assim, reconhecer ao património próprio o direito a ser compensado. Entre os cônjuges, a prova, por qualquer meio, da proveniência do dinheiro deve ser permitida apenas para fundar o direito a uma compensação, e não para obter a restituição do bem em espécie.
Quanto às posições defendidas na jurisprudência, que se inclina ora para uma posição ora para a outra, v., algumas decisões referidas por Pereira Coelho/Guilherme de Oliveira, *ob. cit.*, pp. 521--523.
Esta discussão, que se aproximava mais da referida entre nós na redação do Cód. Civil francês anterior a 1965 (v., Colette Saujot, *La pénétration des idées séparatistes dans les régimes communautaires*, Paris, LGDJ, 1956, pp. 95-98), é também colocada à doutrina francesa em relação ao disposto no art. 1434º do Cód. Civil francês, que regula o *emploi* e *remploi* (ou seja, aquisição de um bem com valores que são eles mesmos próprios, por doação ou sucessão, ou a aquisição de um bem com valores resultantes da venda de um bem próprio). Estipula o art. 1434º que a sub-rogação opera se no ato de aquisição o cônjuge declarar a proveniência própria dos valores empregues. Na falta de tal declaração, a sub-rogação apenas ocorre por acordo dos cônjuges e apenas com efeitos nas suas relações internas. A generalidade da doutrina considera, depois da Reforma de 1965 ter conferido aos cônjuges a possibilidade de fazerem funcionar a sub-rogação indireta dos bens próprios sem terem de cumprir a formalidade do art. 1434º do Cód. Civil francês (admitindo o *remploi a posteriori*), que essa formalidade é apenas um meio de prova face a terceiros (v., Françoise Chapuisat, *loc. cit.*, pp. 649 e 650, e F. Terré/Ph. Simler, *ob. cit.*, p. 267). Contra, A. Colomer, *Droit Civil...*, *cit.*, pp. 309 e 310, que entende que as declarações exigidas pela lei são requisito do caráter próprio dos bens que só pode ser substituído, nas relações entre os cônjuges, pelo acordo entre eles. E por isso mesmo também critica a disposição legal, defendendo que a sub-rogação deveria ser automática nas relações entre os cônjuges, independentemente de qualquer declaração (pp. 310 e 582). A falta de acordo implica que a sub-rogação não se produza. Neste sentido, também M. Grimaldi, *et allii*, *ob. cit.*, p. 124.
Importa ainda referir que a lei francesa, no art. 1435º do Cód. Civil francês, prevê o *remploi* por antecipação, ou seja, a sub-rogação do preço de um bem próprio que apenas será vendido ulteriormente, mediante o pagamento à comunhão de tais valores nos cinco anos ulteriores à aquisição. Trata-se, para A. Colomer, *Droit Civil...*, *cit.*, p. 306, de uma sub-rogação sob condição suspensiva, sendo o bem adquirido provisoriamente comum (contra, F. Terré/Ph. Simler, *ob. cit.*, p. 272, para quem o bem é próprio sob condição resolutiva), e como tal sujeito à execução dos credores da comunhão (que, a ser o caso, inviabiliza a sub-rogação).
No direito italiano, o art. 179º, al. *f*), do Cód. Civil italiano, exige, para a existência de sub-rogação de bens próprios elencados no mesmo artigo (pela troca ou compra de bem com o preço da alienação de bem próprio ou, de acordo com a doutrina dominante, com dinheiro próprio), e sempre que se tratar de bens imóveis ou móveis sujeitos a registo, que a exclusão dos bens da comunhão resulte de declaração efetuada pelo cônjuge adquirente no ato de aquisição. Consideram alguns autores (A. Finocchiaro/M. Finocchiaro, *Riforma del diritto...*, *cit.*, p. 535) ter tal declaração uma função mera-

mente probatória, prevenindo qualquer contestação sobretudo no momento da dissolução da comunhão. Outros, porém, consideram que a declaração do cônjuge adquirente constitui requisito necessário para exclusão do bem da comunhão [Schlesinger, *ob. e loc. cit.*, p. 403 (refere que é requisito formal para que ocorra a sub-rogação), e "Del regime patrimoniale della famiglia. Della comunione legale", *in* AAVV, *Commentario al diritto italiano della famiglia*, sob a direção de Cian/Oppo/Trabucchi, vol. III, Padova, Cedam, 1992, p. 157, De Paola/A. Macri, *ob. cit.*, pp. 133 e 134, M. Dogliotti, "Regime patrimoniale della famiglia", *Rivista di diritto civile*, ano XL, nº 2, 1994, p. 133, T. Auletta, "Gli acquisti personali", *ob. e loc. cit.*, p. 216, Ennio Russo, *Il Codice Civile Commentario – artt. 177-179. L'oggeto della comunione legale e i beni personali*, sob a direção de P. Schlesinger, Milano, Giuffrè Editore, 1999, p. 231 (afirmando que entre os cônjuges é possível, tratando-se de bens móveis, fazer a prova da declaração do caráter próprio dos bens por quaisquer meios, enquanto que em relação a terceiros é preciso que tal prova resulte da declaração no ato de aquisição, com data certa (p. 233))]. Tratando-se de imóveis ou móveis sujeitos a registo (excluídos da comunhão por força das als. *c*), *d*) e *f*), do art. 179º do Cód. Civil italiano), não bastará a simples declaração do cônjuge adquirente no ato de aquisição, sendo necessário que nesse tenha participado também o outro cônjuge, o que gera várias interpretações na doutrina quanto a esta intervenção do cônjuge. Consideram alguns autores que essa intervenção, tratando-se de um requisito especial atendendo aos bens em causa, é exigida quando se trate da sub-rogação desses mesmos bens [entendendo uns que essa declaração vem apenas confirmar a declaração do cônjuge adquirente, constituindo uma mera declaração de ciência (De Paola/A. Macri, *ob. cit.*, p. 139, C. M. Bianca, *Diritto civile. La famiglia. Le successioni*, vol. II, 2ª ed., Milano, Giuffrè Editore, 1989, p. 84, L. Barbiera, "La comunione legale", *in* AAVV, *Trattato di diritto privato. Persona e famiglia*, sob a direção de Pietro Rescigno, vol. III, tomo II, 2ª ed., Torino, UTET, 1996, p. 461, T. Auletta, *ob. cit.*, p. 167, Gabrielli/Cubeddu, *ob. cit.*, p. 90), e outros que essa intervenção é requisito necessário para a exclusão do bem da comunhão como verdadeira declaração negocial (A. Finocchiaro/M. Finocchiaro, *Riforma del diritto...*, *cit.*, pp. 532-534, Schlesinger, *ob. e loc. cit.*, sob a direção de Carraro/Oppo/Trabucchi, pp. 406 e 407, e "Del regime patrimoniale della famiglia...", *ob. e loc. cit.*, sob a direção de Cian/Oppo/Trabucchi, pp. 158-160, e Ennio Russo, *Il Codice Civile Commentario...*, *ob. cit.*, p. 247)]; e outros que tal intervenção apenas é necessária no caso de a aquisição ter sido feita conjuntamente (Cian/Villani, *loc. cit.*, p. 400).
Por sua vez, o direito espanhol consagra a aplicação automática da sub-rogação indireta (tal como acontece com a troca direta) dos bens próprios, independentemente da manifestação dos cônjuges no momento da aquisição (ainda que, como refere J. J. Rams Albesa, *La sociedad de gananciales*, Madrid, Tecnos, 1992, p. 178, tenha que existir uma vontade dos cônjuges nesse sentido, apesar de não expressa formalmente). O que importa é a prova da procedência dos valores empregues (arts. 1346º, 3º (para os bens próprios), e 1347º, 3º (para os bens comuns), do Cód. Civil espanhol) – Lledó Yagüe, *et allii*, *ob. cit.*, p. 211. V., M. Amorós Guardiola, *et allii*, *ob. cit.*, pp. 1588-1592, e Lacruz Berdejo/Sancho Rebullida, *et allii*, *ob. cit.*, pp. 163-166. Porém, desde 1981, a lei admite que os cônjuges atribuam por acordo caráter comum a bens adquiridos na constância do casamento, independentemente da proveniência dos valores empregues, nos termos do art. 1355º do Cód. Civil espanhol (v. também, Gavidia Sanchez, *La atribución voluntaria de ganancialidad*, Madrid, Editorial Montecorvo, SA, 1986, p. 139).
No direito alemão, a sub-rogação indireta dos bens próprios, relativamente aos *Vorbehaltgut* (já que os *Sondergut* nem sequer podem ser transmitidos), pode ocorrer por alteração da convenção matri-

VII. OUTROS MECANISMOS RESTABELECEDORES DO EQUILÍBRIO PATRIMONIAL

A falta de cumprimento das exigências previstas no art. 1723º, al. c), implica que o bem adquirido seja considerado um bem comum do casal[303]. Salvaguar-

monial, introduzindo uma disposição no sentido de que dado bem passa a ser próprio. Além disso, e em relação àqueles bens, importa atender ao § 1418º, 2º, 3, do BGB, que estabelece a sub-rogação real de tais bens [os bens adquiridos em substituição ou por meio de valores pertencentes aos *Vorbehaltgut* ou por negócio jurídico relativo aos mesmos bens (devendo demonstrar-se aqui que o bem (objetiva e subjetivamente) substitui o anterior – Dölle, *ob. cit.*, p. 888) permanecem sempre com a mesma qualidade]. V., Beitzke/Lüderitz, *ob. cit.*, p. 155, e Lüderitz/Dethloff, *ob. cit.*, p. 130, MünchKomm – *Kanzleiter*, § 1418 Rdn. 10 e 11, p. 602, Staudinger, *ob. cit.*, § 1418 Rdn. 35-48, pp. 459-462, Dieter Giesen, *ob. cit.*, p. 176, e Gernhuber/Coester-Waltjen, *ob. cit.*, § 38, IV, 2, p. 437 e § 38, V, 4, p. 439. De referir que o direito alemão admitia a sub-rogação por substituição (no revogado § 1370º do BGB), no regime da *Zugewinngemeinschaft*, ou seja, se os bens móveis que integravam o recheio da casa de morada da família fossem substituídos, deixassem de existir ou se desvalorizassem completamente, os novos bens adquiridos em substituição dos outros, e que desempenhassem a mesma função económica, tornavam-se propriedade do cônjuge a quem estes já pertenciam (sem prejuízo de uma eventual compensação patrimonial ao outro cônjuge se este contribuísse para esta nova aquisição). Considerava-se que se um cônjuge, vinculado à obrigação de comunhão de vida prevista no § 1353º do BGB, levou para a vida em comum bens que pôs à disposição da família, não devia ser ele sozinho a suportar o seu desgaste ou desvalorização (MünchKomm – *Gernhuber*, § 1370 Rdn. 1-15, pp. 402-404, e Gernhuber/Coester-Waltjen, *ob. cit.*, § 34, III, 1, pp. 365 e 366).

[303] Pereira Coelho/Guilherme de Oliveira, *ob. cit.*, p. 519, consideram que, quando o não preenchimento das exigências do art. 1723º, al. c), se ficar a dever a recusa de intervenção do outro cônjuge (muitas vezes por capricho ou má fé), deveria admitir-se o suprimento judicial da intervenção do cônjuge, tal como previsto no art. 1684º, nº 3. Neste caso a lei prevê o suprimento para as situações em que um cônjuge não pode validamente praticar o ato sozinho, enquanto no caso do art. 1723º, al. c), ele pode validamente praticar o ato, embora suporte o prejuízo de os valores próprios ingressarem no património comum. Consideram, porém, que um regime semelhante seria mais justo. Também neste sentido, Mª Rita A. G. Lobo Xavier, *Limites à autonomia privada...*, *cit.*, p. 368. Esta mesma autora (p. 353) critica a exigência da concertação dos cônjuges que pode paralisar a circulação dos bens dos cônjuges se um deles se recusar a intervir, podendo inviabilizar o mecanismo de sub-rogação real (Mª Rita A. G. Lobo Xavier, "Bem adquirido por cônjuge casado no regime de comunhão de adquiridos em cumprimento de contrato-promessa de compra e venda celebrado antes do casamento", *Lex Familiae – Revista Portuguesa de Direito da Família*, ano 1, nº 2, 2004, p. 15, nota 43). De facto, os cônjuges podem recear transmitir os seus bens próprios porque essa transmissão pode envolver o ingresso do respetivo valor ou dos bens que os substituem no património comum. Trata-se de um limite intolerável à autonomia privada de cada um dos cônjuges. E tanto mais que o objetivo da concertação dos cônjuges foi o de evitar a contestação ulterior entre os mesmos da origem real das importâncias empregues. Sendo assim bastava que o legislador, nas relações internas entre os cônjuges, tivesse colocado o problema no âmbito da prova da origem das importâncias que foram utilizadas para a aquisição realizada por um dos cônjuges (Mª Rita A. G. Lobo Xavier, *Limites à autonomia privada...*, *cit.*, p. 355 e nota 457). É, aliás, o que decorre do art. 1434º do Cód. Civil francês.

T. Auletta, "Gli acquisti personali", *ob. e loc. cit.*, p. 226, também admite que a não intervenção do cônjuge, quando exigida, poderá ser suprida judicialmente. A. Finocchiaro/M. Finocchiaro, *Riforma*

dam-se, assim, os interesses de terceiros que veem aumentar o património comum e a possibilidade de o bem ser executado para pagamento das dívidas do casal, mas prejudicam-se os credores pessoais do cônjuge cujo bem deveria ingressar no seu património próprio.

Em todo o caso, o cônjuge lesado deve ser compensado pelo património comum (salvaguardando-se também assim os credores pessoais do cônjuge que veem o valor do bem que ingressou na comunhão integrar o património do seu devedor). Caso contrário, a comunhão enriquecer-se-á em detrimento do cônjuge titular dos valores próprios. Além do mais, não se justifica que o cônjuge do adquirente fique beneficiado, ganhando direito a metade do bem comum, ou do que restar dele, no momento da partilha. Repare-se, porém, que esta compensação apenas existirá no momento da liquidação e partilha da comunhão, permitindo apenas o equilíbrio dos diferentes patrimónios. Em relação a terceiros credores pessoais do cônjuge cujo património próprio ficou empobrecido não há proteção no decurso da comunhão, restando-lhes aguardar pela liquidação da comunhão ou tentar provar uma atuação fraudulenta do cônjuge devedor para recorrer aos meios gerais de Direito comum (como a impugnação pauliana).

Se a falta das exigências previstas no art. 1723º, al. *c*), tornam o bem comum (não se admitindo outro meio de prova mesmo entre os cônjuges), a prova da proveniência dos valores entre os cônjuges permite uma compensação ao cônjuge que entrou com valores próprios para a aquisição de um bem comum. Com efeito, se a compensação visa evitar o enriquecimento injusto de um património à custa de outro, comprovando-se que o ingresso de um bem na comunhão empobreceu o património próprio de um dos cônjuges, será de admitir a compensação deste pelo património comum, muito embora o art. 1723º, al. *c*), não o refira expressa-

---

del diritto..., cit., p. 533, e De Paola/A. Macri, *ob. cit.*, p. 141, consideram que, apesar de a letra do art. 181º do Cód. Civil italiano não permitir uma aplicação ao caso, essa possibilidade será de recomendar por ser a única a garantir seja a posição do cônjuge adquirente contra uma recusa injustificada do seu cônjuge a participar no ato, seja a posição deste último contra eventuais fraudes causadoras de danos. Dado que a lei italiana não prevê a concertação como um dos requisitos da sub-rogação, pode optar-se pela interpretação segundo a qual qualquer um dos cônjuges pode adquirir bens para o seu património próprio sem a intervenção do outro. Mas este, que não participou no ato de aquisição, pode contestar o caráter próprio do bem adquirido, tendo o cônjuge adquirente que provar a existência dos pressupostos que levam o bem a ingressar no seu património próprio. A jurisprudência italiana tem admitido quer a possibilidade de obter suprimento judicial quer a possibilidade de responsabilizar o cônjuge que recusou injustificadamente a sua participação no ato (A. Galasso, *ob. cit.*, pp. 292 e 293). Schlesinger, *ob. e loc. cit.*, sob a direção de Carraro/Oppo/Trabucchi, p. 407, nega a possibilidade de recurso por analogia ao art. 181º do Cód. Civil italiano e, em consequência, ao suprimento judicial, restando apenas ao cônjuge adquirente o recurso aos meios contenciosos para a declaração do caráter próprio do bem em causa (p. 408).

mente[304]. As normas reguladoras das compensações "reafirmam um princípio geral que obriga às compensações entre os patrimónios próprios dos cônjuges, e entre estes e o património comum, sempre que um deles se encontre enriquecido em detrimento de outro"[305].

---

[304] O anteprojeto de Braga da Cruz ("Regimes de bens do casamento. Disposições gerais. Regimes de comunhão (disposições gerais e regime supletivo). Anteprojeto para o novo Código Civil", *BMJ*, nº 122º, 1963, p. 217) previa que o cônjuge adquirente se tornasse credor do outro pela importância do prejuízo sofrido (art. 51º, nº 2). Porém, a norma não chegou à redação final o que, de acordo com Pires de Lima/Antunes Varela, *Código Civil...*, *cit.*, vol. IV, p. 427, seria um sinal de afastamento da doutrina proposta, pretendendo o legislador excluir qualquer compensação nesse caso.
Mas já no domínio do Cód. de Seabra, onde nada se dispunha quanto à sub-rogação indireta, Pires de Lima (José Augusto do Nascimento, *ob. cit.*, p. 293), considerava que, no caso de não haver troca direta ou do contrato não resultar que os bens tinham sido comprados com o produto de bens próprios e eram destinados a substituí-los, os bens seriam comuns, ficando o cônjuge lesado e adquirente com o direito a ser indemnizado, por aplicação analógica do art. 1287º relativo à sociedade universal, no momento da partilha. Mais tarde, defendeu também a aplicação por analogia do art. 1245º para exigir a declaração de que o preço proveio da venda de bens próprios (Pires de Lima/Braga da Cruz, *ob. cit.*, p. 162). Mas já não haveria este direito a ser indemnizado se da alienação dos bens próprios do cônjuge não tivesse provindo benefício ao casal. V. também, Pereira Coelho, *ob. cit.*, p. 315.
Também Cunha Gonçalves, *Tratado de Direito Civil...*, *cit.*, vol. VI, p. 359, considerava que se não houvesse sub-rogação o cônjuge cujos bens próprios foram alienados deveria ser indemnizado com os bens comuns, após a dissolução do casamento, nos termos do art. 1124º do Cód. de Seabra. E o mesmo era também defendido por Eduardo Silva Carvalho, *As formas do regimen matrimonial. Da separação de bens e da simples comunhão de adquiridos*, vol. II, Coimbra, França Amado Editor, 1897, p. 86 (falando de um direito de indemnização ao cônjuge empobrecido, por analogia com o art. 1287º do Cód. de Seabra), Coelho da Rocha, *ob. cit.*, p. 158, e Carmindo Ferreira, "A sub-rogação real e os regimes matrimoniais", *Jornal do Fôro*, ano 10º, 1946, p. 131.
A compensação nestes casos de sub-rogação (por troca direta ou indireta) está expressamente prevista nos arts. 1407º e 1436º do Cód. Civil francês e resulta também do art. 1433º do mesmo código (v., Cornu, *ob. cit.*, p. 404, e A. Colomer, *Droit Civil...*, *cit.*, pp. 318-321). Aliás, refere Cornu, *ob. cit.*, p. 405, que um regime adequado de compensações (ainda que possa haver o risco da insolvabilidade) é o melhor meio de evitar os abusos da sub-rogação.
Por sua vez, a doutrina italiana divide-se quanto à existência de tal compensação no caso de o bem ingressar na comunhão, considerando uns não existir (Schlesinger, *ob. e loc. cit.*, sob a direção de Carraro/Oppo/Trabucchi, p. 404, e Bruno de Filippis, *ob. cit.*, p. 249) e outros defendendo a sua existência (L. Barbiera, *ob. e loc. cit.*, pp. 452 e 459).
L. Díez-Picazo/A. Gullón, *ob. cit.*, p. 172, como a generalidade dos autores espanhóis, a propósito da *atribución voluntaria de la gananciabilidad* (art. 1355º do Cód. civil espanhol), admitem a existência de uma compensação, nos termos do art. 1358º do Cód. civil espanhol, sempre que o valor do bem, integrando a massa comum, tiver sido suportado por um património próprio dos cônjuges (afastando-se das regras da sub-rogação). De igual modo, existirá uma compensação sempre que a aquisição de um bem pelo património comum for suportada pelo património próprio de um dos cônjuges (art. 1364º do Cód. Civil espanhol) – Lledó Yagüe, *et allii*, *ob. cit.*, p. 212.

[305] Mª Rita A. G. Lobo Xavier, *Limites à autonomia privada...*, *cit.*, p. 352. Aceitando também a existência de uma compensação nessa situação, Pereira Coelho/Guilherme de Oliveira, *ob. cit.*, p. 525. Seguindo

A sub-rogação permite salvaguardar o equilíbrio patrimonial existente no decurso do regime matrimonial. Existindo bens comuns e bens próprios, nos regimes de comunhão, deve assegurar-se que se mantenha a composição de cada um deles (respeitando-se, assim, o princípio da imutabilidade). Por isso, saindo um bem de um património deve no mesmo ingressar o bem que se adquire de novo com base naquele ou, pelo menos, que o bem seja substituído na massa patrimonial de onde saiu por um direito de compensação sobre o património no qual ingressou. Caso contrário haveria o enriquecimento de um património à custa do outro, o que se pretende evitar. Além de que se a lei fixou um especial regime de responsabilidade por dívidas deve assegurar que os bens que por elas respondem não possam ser transferidos, com prejuízo para os credores[306].

É importante ainda ter em consideração, tal como analisa Mª Rita Lobo Xavier, que o mecanismo da sub-rogação, visando a manutenção do equilíbrio entre as várias massas patrimoniais, pode conferir ao cônjuge adquirente, ou a ambos os cônjuges se atuarem por acordo, a possibilidade de omitir as formalidades necessárias com o objetivo de beneficiar o seu cônjuge[307]. De facto, o bem que deveria ser próprio, porque adquirido por bens próprios de um dos cônjuges, passará a ser comum (de ambos os cônjuges) por omissão propositada das formalidades exigidas. Ora, tal situação pode configurar uma liberalidade entre cônjuges[308]. E o inverso pode também ocorrer, ou seja, os cônjuges fazem uma declaração falsa quanto aos valores utilizados na aquisição com o intuito de converter

---

o entendimento de Mª Rita A. G. Lobo Xavier, *Limites à autonomia privada...*, cit., p. 395, pode admitir-se a existência de um princípio geral que obriga às compensações entre os patrimónios próprios dos cônjuges e o comum sempre que um deles, no final do regime, se encontre enriquecido em detrimento do outro. A não ser assim, verificar-se-ia um enriquecimento injusto da comunhão à custa do património de um dos cônjuges ou de um destes à custa daquela.
Repare-se também que pode haver compensação, mesmo havendo sub-rogação, se se verificar a situação prevista no art. 1726º, ou seja, o bem permanece próprio por preenchimento das formalidades da sub-rogação, mas o património comum contribuiu também para essa aquisição. O bem será próprio sem prejuízo da compensação ao património comum. Idêntico regime prevê o art. 1436º do Cód. Civil francês. Por seu lado, T. Auletta, "Gli acquisti personali", *ob. e loc. cit.*, p. 214, nota que o mesmo não acontece no direito italiano à falta de previsão normativa análoga a estas.
[306] Era o que Manuel de Andrade, *Teoria Geral da Relação Jurídica*, vol. I, reimpressão, Coimbra, Almedina, 2003, p. 219 e p. 224, nota 1, referia em relação a todos os patrimónios autónomos. De facto, se na esfera patrimonial de um indivíduo se separam vários patrimónios, com especial responsabilidade por dívidas, é evidente que a confusão dos elementos ativos do património implicaria um prejuízo ilegítimo para os credores do património lesado com aquela confusão e um benefício injustificado para os credores do património enriquecido pela mesma confusão (Carmindo Ferreira, *loc. cit.*, ano 9º, p. 136).
[307] Mª Rita A. G. Lobo Xavier, *Limites à autonomia privada...*, cit., pp. 358-365.
[308] O mesmo é referido por T. Auletta, *ob. cit.*, p. 166.

VII. OUTROS MECANISMOS RESTABELECEDORES DO EQUILÍBRIO PATRIMONIAL

bens comuns em bens próprios de um deles, com prejuízo para os credores comuns. Portanto, subvertendo o fim da sub-rogação, os cônjuges podem utilizá-la para proceder a uma alteração indireta da composição dos diferentes patrimónios[309].

Visando o equilíbrio entre os diferentes patrimónios e prevenindo o enriquecimento do património comum à custa do património próprio de um dos cônju-

---

[309] A situação em que os cônjuges omitem deliberadamente as formalidades da sub-rogação aproximar-se-á da possibilidade prevista na lei espanhola de *atribuición voluntaria de gancialidad* (art. 1355º do Cód. Civil espanhol), mediante a qual os cônjuges podem atribuir a qualidade de bem comum a qualquer bem adquirido a título oneroso durante o casamento.
Por seu lado, as declarações dos cônjuges acerca do caráter próprio dos valores empregues na aquisição podem aproximar-se da *confesión de privaticidad de bienes*, prevista no art. 1324º do Cód. Civil espanhol e que afasta a presunção de *gancialidad* do art. 1361º do mesmo código (a confissão de um dos cônjuges basta para provar que determinados bens são próprios do outro, ainda que sem prejuízo dos direitos dos credores comuns e dos de cada um dos cônjuges adquiridos antes da confissão e respetiva inscrição no registo predial, ou seja, os credores comuns podem considerar o bem como comum mesmo que um dos cônjuges o tenha declarado próprio do outro, e os credores próprios do cônjuge que declara podem recorrer às normas legais para entender que o bem é do seu devedor). Não prevendo o art. 1355º do Cód. Civil espanhol a proteção dos terceiros credores como faz o art. 1324º do Cód. Civil espanhol, à partida salvaguardados pelo direito à compensação, é evidente que podem os cônjuges com a atribuição da *gancialidad* afetar direitos de terceiros credores (se, p. ex., se renuncia à referida compensação). Resta-lhes o recurso aos meios gerais de reação contra a fraude ou a impugnação pauliana, além de poderem recorrer ao art. 1373º do Cód. Civil espanhol, executando bens comuns por dívidas próprias no caso de insuficiência de bens próprios do devedor (M. Amorós Guardiola, *et allii, ob. cit.*, p. 1635 e 1636 e A. López/V.L. Montés/E. Roca, *et allii, ob. cit.*, p. 214). Em sentido diferente, Garrido de Palma, "El matrimonio y su régimen económico", *in* AAVV, *El nuevo derecho de familia español*, Madrid, Reus, 1982, p. 184, Giménez Duart, "Los bienes privativos y gananciales tras la reforma de 13 de mayo de 1981", *Revista Critica de Derecho Inmobiliario*, ano LVIII, 1982, p. 121, e Juan Cadarso Palau, *ob. cit.*, p. 70, que consideram aplicável ao art. 1355º do Cód. Civil espanhol a proteção aos terceiros conferida pelos arts. 1324º e 1317º do Cód. Civil espanhol, ou seja, a atribuição voluntária não afetará terceiros credores que possam ficar prejudicados com a mesma.
Tais institutos do direito espanhol são apenas aplicações do princípio geral da possibilidade de alterar as convenções matrimoniais (art. 1326º do Cód. Civil espanhol) e da livre contratação entre os cônjuges, consagrada desde 1981 (art. 1323º do Cód. Civil espanhol). Se os cônjuges podem livremente contratar entre si também podem estipular que um bem adquirido a terceiro ingresse no património próprio de um dos cônjuges ou no património comum, conforme entenderem. V., A. Cabanillas Sánchez, "La mutabilidad...", *loc. cit.*, p. 232, e Mª Rita A. G. Lobo Xavier, *Limites à autonomia privada..., cit.*, pp. 361-363. C. Ribera Pont, "La atribución de gancialidad del artículo 1.355 del Código Civil", *Revista Critica de Derecho Inmobiliario*, ano LVI, 1983, p. 1416, chama a atenção, porém, para o facto de a livre contratação entre os cônjuges não significar que possam os mesmos alterar, sem obediência a certas regras, a natureza comum ou própria de um determinado bem, já que estão em causa problemas de proteção de terceiros, de segurança do tráfego jurídico, o caráter imperativo das normas e até problemas de ordem fiscal.

ges (ou dos dois) pode a sub-rogação real indireta ser manipulada de forma a impedir tal fim.

Também a doutrina francesa refere que as regras da sub-rogação podem ser utilizadas para alterar a composição das massas patrimoniais. E repare-se que, com a abolição da proibição da compra e venda entre cônjuges na Reforma de 1985, pode estar em causa um bem do outro cônjuge ou um bem comum. A falsa declaração de que os valores, empregues na aquisição de um bem pertencente a um dos cônjuges pelo outro, eram próprios realiza uma transferência a favor do cônjuge adquirente[310].

Em todo o caso, demonstrando-se o empobrecimento de um dos patrimónios restará sempre o recurso a uma compensação, como já dissemos.

Importa referir que a menção da proveniência dos valores utilizados deve poder ficar sujeita a impugnação por terceiros, nomeadamente, credores, sob pena de um mecanismo que visa a preservação do equilíbrio patrimonial constituir um meio de defraudar direitos de terceiros. Pode, de facto, acontecer que os cônjuges atribuam a natureza de bens próprios a valores que são comuns (ou deixar que os bens integrem a comunhão quando deveriam ser próprios, com prejuízo para os credores pessoais do cônjuge cujo património foi diminuído)[311]. Os credores comuns devem poder demonstrar que a qualificação dada pelos cônjuges não correspondeu à verdade e afeta, por isso, a garantia patrimonial dos seus créditos[312].

---

[310] V., A. Colomer, *Droit Civil..., cit.*, p. 291.
Por isso, o direito belga prevê a possibilidade de terceiros ou o outro cônjuge exigirem a prova do caráter próprio dos valores utilizados ou da existência da compensação que o cônjuge tem face à comunhão (art. 1402º, *in fine*, do Cód. Civil belga). V., Léon Raucent, *ob. cit.*, nº 185.

[311] Entre os cônjuges os desequilíbrios patrimoniais podem ser corrigidos pelo mecanismo das compensações no momento da liquidação da comunhão. O problema são os terceiros credores que contam com os bens próprios para pagamento dos seus créditos e podem ser defraudados se os cônjuges acabam por deixar cair os bens na comunhão, quando os mesmos deveriam ser próprios. Resta-lhes socorrer-se dos meios gerais (como a impugnação pauliana), sendo, porém, difícil que se preencham os seus pressupostos, além de que, muitas vezes, é por mera negligência ou esquecimento que o bem integra a comunhão. V., L. Trevisan, "Tutela dei creditori personali dei coniugi in regime di comunione legale o convenzionale", *Rivista del diritto commerciale e del diritto generale delle obbligazioni*, ano LXXX, parte 1, 1982, pp. 404-409.

[312] Pereira Coelho/Guilherme de Oliveira, *ob. cit.*, p. 524. No mesmo sentido, referindo que os terceiros podem demonstrar a existência de uma simulação e da ilegítima exclusão do bem da comunhão, v., Schlesinger, "Del regime patrimoniale della famiglia...", *ob. e loc. cit.*, sob a direção de Cian/Oppo/Trabucchi, p. 161, Cospite, "Della comunione legale", *in* AAVV, *Commentario breve al Codice Civile*, sob a direção de Cian/Trabucchi, 4ª ed., Padova, Cedam, 1992, p. 279, e F. Galgano, *ob. cit.*, p. 109. Schlesinger, *ob. e loc. cit.*, sob a direção de Carraro/Oppo/Trabucchi, p. 403, considera que a declaração do cônjuge adquirente deve ser suscetível de controlo e contestação seja pelo outro cônjuge seja pelos credores da comunhão.

VII. OUTROS MECANISMOS RESTABELECEDORES DO EQUILÍBRIO PATRIMONIAL

Isto visto, e em termos gerais, é verdade que os desequilíbrios podem ser prevenidos ou corrigidos pela técnica da sub-rogação real[313]. Contudo, e como acontece no domínio da responsabilidade por dívidas, o enriquecimento de um património em detrimento de outro não se traduz necessariamente no aparecimento de um novo bem suscetível de ocupar, nesse património, o lugar deixado pelo bem sacrificado. Por isso, o mecanismo da sub-rogação pode não resolver os desequilíbrios que possam resultar de uma alteração do regime da responsabilidade por dívidas.

Assim, para que os desequilíbrios patrimoniais sejam, senão prevenidos, pelo menos corrigidos, torna-se necessário um mecanismo apto a intervir todas as vezes em que os outros mecanismos falhem[314]. É esse o papel das compensações previstas no art. 1697º e a que já dedicámos outros estudos[315].

O mecanismo das compensações é uma peça fundamental dos regimes de comunhão. Caracterizados pela coexistência de três massas de bens, implicando osmoses inevitáveis entre as mesmas, os regimes de comunhão têm de prever mecanismos com vista ao restabelecimento do equilíbrio entre os diferentes patrimónios em causa, eventualmente afetado durante a vigência da comunhão conjugal.

Tendo por objetivo restabelecer o equilíbrio entre os diferentes patrimónios, as compensações procuram evitar o enriquecimento injusto, como princípio geral

---

[313] Planiol/Ripert, *Traité pratique de Droit Civil français...*, cit., pp. 498 e 499, referem que a teoria da sub-rogação real apresenta uma dupla vantagem sobre a teoria das compensações: permite assegurar a composição dos patrimónios mesmo no decurso da comunhão e, por outro lado, previne a rutura do equilíbrio entre os três patrimónios ao passo que as compensações só atuam no momento ulterior da partilha. Reconhecem, porém, o âmbito mais limitado de aplicação do mecanismo da sub-rogação real. V. também, Françoise Chapuisat, "Vers une utilisation extensive de la subrogation réelle, a propos des lois du 13 juillet 1965 et 3 juillet 1971", *RTDC*, ano 71º, 1973, pp. 647 e 656. Planiol/Ripert, *Traité élémentaire...*, cit., p. 84, e A. Colomer, *Droit Civil...*, cit., p. 301, consideram que a sub-rogação real confere a qualidade de proprietário, enquanto que o mecanismo das compensações apenas confere a qualidade de credor (sujeito à insolvabilidade do património devedor e às desvalorizações monetárias). Também J. J. Rams Albesa, *ob. cit.*, p. 161, considera a sub-rogação um importante meio de restabelecer os equilíbrios patrimoniais *in natura* e não em direitos de crédito como acontece com as compensações.

[314] É, aliás, isso mesmo que L. Barbiera, *ob. e loc. cit.*, p. 452, expressa ao dizer que o conteúdo da disposição do art. 192º do Cód. Civil italiano pressupõe o não funcionamento da regra da sub-rogação real. De igual modo pronunciou-se Carmindo Ferreira, *loc. cit.*, ano 9º, 1945, p. 101. V. também, A. Colomer, *L'instabilité...*, cit., pp. 36-44, que apresenta, como formas de salvaguardar o equilíbrio entre as diferentes massas patrimoniais no regime de comunhão, o mecanismo da imutabilidade das convenções matrimoniais, o da sub-rogação real e o das compensações.

[315] Cristina M. A. Dias, *Compensações devidas pelo pagamento de dívidas...*, cit., passim, e *Do regime da responsabilidade por dívidas...*, cit., pp. 769 e segs.

de direito, de um património em detrimento de outro, decorrente, em especial, do pagamento de dívidas, por um dos patrimónios, que oneram definitivamente outro património[316]. Por outro lado, a técnica das compensações impõe que se determine o rasto dos movimentos de valores entre os patrimónios, permitindo identificar as transferências que pretendem defraudar a imutabilidade do regime de bens, encobrir negócios jurídicos proibidos ou constituir liberalidades não sujeitas ao regime da revogabilidade[317].

O Código Civil fala, expressamente, em compensações devidas pelo património comum ao património próprio de um dos cônjuges ou por este àquele nos arts. 1682º, nº 4, 1697º, 1722º, nº 2, 1726º, nº 2, 1727º, 2ª parte, e 1728º, nº 1, *in fine*[318]. Defendemos, como vimos, a existência de um princípio geral que obriga

---

[316] Sobre o fundamento das compensações, v., Cristina M. A. Dias, *Compensações devidas pelo pagamento de dívidas...*, cit., pp. 130-150.

[317] Cornu, *ob. cit.*, p. 492.

[318] Assim, haverá compensações, de acordo com o art. 1722º, nº 2, quando, em virtude de um direito próprio anterior, certos bens adquiridos na constância do matrimónio, e considerados próprios de um dos cônjuges, forem pagos com dinheiro comum ou à custa de bens comuns. Surge aí um crédito a integrar a conta de compensações a favor da comunhão.

De igual modo, compensações serão devidas nos termos dos arts. 1726º, nº 2, 1727º, 2ª parte, e 1728º, nº 1, *in fine*. Quanto ao art. 1726º, nº 2, no caso de as prestações, para a aquisição de um bem, serem de desigual valor e os bens adquiridos assumirem, por força do critério estabelecido no nº 1 do mesmo artigo, a natureza (própria ou comum) da prestação mais valiosa, haverá que compensar o património desfalcado. A compensação dar-se-á a favor do património próprio do cônjuge lesado se a coisa adquirida for considerada comum e a favor do património comum na hipótese inversa. Será à luz deste art. 1726º que poderão surgir compensações decorrentes da construção de uma casa, no decurso do casamento, em terreno próprio de um dos cônjuges e com recurso a empréstimo bancário, cujas prestações sejam pagas com o salário dos cônjuges. De facto, e consoante a contribuição mais alta seja a do património próprio (terreno) ou do património comum (dinheiro comum utilizado para pagamento de empréstimo com vista à construção da casa), e, assim, o bem se qualifique como próprio ou comum, haverá a devida compensação ao património empobrecido. V., sobre esta questão e o afastamento do regime geral da acessão, Mª Rita A. G. Lobo Xavier, "Das relações entre o direito comum e o direito matrimonial – a propósito das atribuições patrimoniais entre cônjuges", in AAVV, *Comemorações dos 35 anos do Código Civil e dos 25 anos da Reforma de 1977, Direito da Família e das Sucessões*, vol. I, Coimbra, Coimbra Editora, 2004, pp. 487-500, e Cristina M. A. Dias, "Da acessão no âmbito da titularidade dos bens no regime de comunhão de adquiridos: bens adquiridos por virtude da titularidade de bens próprios", in AAVV, *Estudos em Comemoração do 10º Aniversário da Licenciatura em Direito da Universidade do Minho*, Coimbra, Almedina, 2004, pp. 229-249.

Também no caso do art. 1727º, 2ª parte, pode suceder que o cônjuge comproprietário tenha que efetuar o pagamento da parte adquirida com somas pertencentes ao património comum. Quando assim seja haverá lugar a compensação a favor do património comum. Finalmente, o art. 1728º, nº 1, *in fine*, prevê a necessidade de compensar o património comum sempre que a nova aquisição tenha envolvido despesas custeadas com dinheiro ou outros valores comuns.

às compensações entre os patrimónios próprios dos cônjuges e o comum sempre que um deles, no final do regime, se encontre enriquecido em detrimento do outro. A não ser assim, verificar-se-ia um enriquecimento injusto da comunhão à custa do património de um dos cônjuges ou de um destes à custa daquela. Por isso, e apesar de não estar expressamente previsto, admitimos também a existência de compensações nos termos do art. 1723º, al. c)[319].

No campo da responsabilidade por dívidas, as compensações estão previstas no art. 1697º[320].

A estas disposições poderá acrescentar-se, ao prever compensações devidas à comunhão pelo cônjuge que, sem consentimento do outro, alienou ou onerou, por negócio gratuito, móveis comuns de que tem a administração, o art. 1682º, nº 4, no âmbito das disposições gerais relativas aos efeitos patrimoniais do casamento.

[319] Seguimos aqui o mesmo entendimento já defendido por Mª Rita A. G. Lobo Xavier, *Limites à autonomia privada...*, cit., p. 395, e "A sub-rogação real indireta...", *loc. cit.*, pp. 185 e segs. Com efeito, se a compensação visa evitar o enriquecimento injusto de um património à custa de outro, comprovando-se que o ingresso de um bem na comunhão empobreceu o património próprio de um dos cônjuges, não nos choca admitir a compensação deste pelo património comum, muito embora o art. 1723º, al. c), não o refira expressamente. Aceitando também a existência de uma compensação nessa situação, v., Pereira Coelho/Guilherme de Oliveira, *ob. cit.*, p. 432.

Será de admitir a existência de compensações em qualquer situação em que, no final do regime de bens, um dos patrimónios se encontre empobrecido em detrimento do outro, como nos parece ser o caso da disposição, em proveito próprio do cônjuge administrador, de valores comuns depositados em conta bancária e analisado pelo acórdão da RE, de 21.02.2002 (v., Cristina M. A. Dias, "Processo de inventário, administração e disposição de bens (conta bancária) e compensações no momento da partilha dos bens do casal – comentário ao acórdão da Relação de Évora, de 21-2-2002 (*Col. Jurisp.*, tomo I, 2002, p. 274)", *Lex Familiae – Revista Portuguesa de Direito da Família*, ano 1, nº 2, 2004, pp. 120-122).

[320] Em termos gerais, poderá dizer-se que são devidas compensações quando as dívidas comuns forem pagas com bens próprios de um dos cônjuges, bem como quando as dívidas de um só dos cônjuges forem pagas com bens comuns. É essencialmente no facto de "o crédito de um dos cônjuges sobre o outro" só poder ser exigível no momento da partilha dos bens do casal que o nº 1 do art. 1697º se distingue do § 2º do art. 1113º do Cód. de Seabra, onde havia a imediata exigibilidade.

A regra do nº 1 do art. 1697º corresponde, com algumas diferenças, ao § 2º do art. 1113º do Cód. de Seabra. Com efeito, enquanto o art. 1113º se referia a dívidas comunicáveis que, por falta de bens comuns, foram pagas com bens próprios de um dos cônjuges, o nº 1 do art. 1697º evita a utilização desse termo, usando o de "dívidas da responsabilidade de ambos os cônjuges", evidenciando, assim, que a solução se aplica a todos os regimes de bens e não apenas aos de comunhão.

Procedeu-se também à eliminação da referência ao direito de regresso de um dos cônjuges contra o outro, feita no § 2º do art. 1113º, atendendo a que se tratava de uma compensação devida em consequência do regime de solidariedade passiva aplicado a essas dívidas pelo § 1º do mesmo artigo, e a sua substituição pela simples afirmação de que um dos cônjuges se torna credor do outro (em

Em termos gerais, poderá dizer-se que são devidas compensações quando as dívidas comuns forem pagas com bens próprios de um dos cônjuges, bem como quando as dívidas de um só dos cônjuges sejam pagas com bens comuns.

O nº 1 do art. 1697º regula as compensações devidas pela comunhão a favor de um dos cônjuges, quando este respondeu por dívidas comuns. O direito de crédito aí atribuído a um dos cônjuges tanto existe nos casos em que o cônjuge respondeu com os bens próprios, como obrigado solidário (nos termos do art. 1695º, nº 1), como nos casos em que tenha respondido como obrigado conjunto (art. 1695º, nº 2), uma vez que, mesmo neste último caso, ele poderá ter querido satisfazer uma parte da dívida global superior à que lhe competia (muito embora, neste último caso, não tenhamos compensações *stricto sensu*).

Pretende-se que o cônjuge que pagou mais do que devia tenha sempre o direito a ser compensado daquilo que pagou a mais.

Por sua vez, o nº 2 do art. 1697º, referindo-se às compensações devidas pelo património próprio de um dos cônjuges ao património comum, pretende abranger todos os casos em que, por dívidas próprias, responderam bens comuns. Cabem, assim, no mencionado nº 2 dois núcleos de situações.

O primeiro abrange os casos em que, na falta ou insuficiência dos bens próprios do cônjuge devedor, responderam por uma dívida própria bens comuns, nos termos do nº 1 do art. 1696º.

O segundo grupo de casos abrangidos pelo nº 2 do art. 1697º é o daqueles em que os bens comuns responderam ao mesmo tempo que os bens próprios do côn-

---

rigor, será um crédito do património próprio de um dos cônjuges face ao comum, nos regimes de comunhão; só será verdadeiramente um crédito do outro cônjuge no regime de separação e, por isso, pode ser imediatamente exigível). O direito de crédito atribuído a um dos cônjuges tanto existe nos casos em que o cônjuge respondeu com os bens próprios, como obrigado solidário (nos termos do art. 1695º, nº 1), como nos casos em que tenha respondido como obrigado conjunto (cfr. o art. 1695º, nº 2). Se a dívida for comum, da responsabilidade de ambos os cônjuges, e não existirem bens comuns ou forem insuficientes, respondem solidariamente os bens próprios de qualquer um dos cônjuges. Mas se o regime adotado for o da separação de bens, tal responsabilidade será apenas conjunta. Ora, tanto num caso como no outro pode um dos cônjuges pagar a mais do que lhe competia: nos regimes de comunhão poderá ser forçado a isso dada a sua posição de devedor solidário; no regime de separação, poderá querer voluntariamente fazê-lo para evitar, nomeadamente, discussões familiares ou outros problemas (quando a dívida é da exclusiva responsabilidade de um dos cônjuges – art. 1696º – e respondem bens próprios de outro cônjuge, porque voluntariamente o quis fazer, deverá também aqui admitir-se um crédito entre os cônjuges. Tal situação não é abordada no art. 1697º, nº 2, porque não se trata de uma compensação *stricto sensu* mas de um crédito entre cônjuges, sujeito ao regime geral do Direito das Obrigações). Razoável será que, nas duas situações, surja um crédito face ao outro cônjuge ou face ao património comum pelo que pagou além do que lhe competia.

juge devedor, nos termos do nº 2 do art. 1696º. Pelo facto de os bens comuns serem, nesses casos, executados conjuntamente com os bens próprios do cônjuge devedor, por dívidas da exclusiva responsabilidade deste, não deixam de ser bens comuns. Haverá, assim, um pagamento de dívidas próprias com bens comuns e, consequentemente, um prejuízo do outro cônjuge que terá de ser compensado no momento da partilha do casal.

Portanto, sempre que, nos regimes de comunhão, por dívidas da exclusiva responsabilidade de um dos cônjuges tenham respondido bens comuns, surgirá um direito de compensação do património comum a efetivar no momento da partilha.

Assim, admitindo a mutabilidade do regime de bens, com as garantias de proteção dos direitos de terceiros credores já referidas, eventuais alterações ao nível do património responsável por determinada dívida e consequentes transferências patrimoniais (por força da alteração do regime de bens) serão reequilibradas pelo mecanismo das compensações.

VIII.
Reflexos da mutabilidade no regime da responsabilidade por dívidas

A mutabilidade permitiria aos cônjuges adaptarem a sua situação económica e financeira à sua situação atual. Pense-se o caso de um dos cônjuges pretender exercer uma dada atividade comercial, mesmo contra a vontade do outro cônjuge, de onde podem decorrer proveitos para o casal ou de onde resultam os meios para ocorrer aos encargos da vida familiar. Se os cônjuges, irrefletidamente, estão casados num regime de comunhão as dívidas daí decorrentes serão comuns e por elas podem vir a responder solidariamente os bens próprios de qualquer um dos cônjuges (art. 1695º). A mutabilidade permitiria aos cônjuges alterarem o seu regime inicial, acautelando a posição do outro cônjuge e até do património comum[321].

A opção pela mutabilidade das convenções antenupciais pode apresentar problemas ao nível da proteção de terceiros credores face às dívidas anteriormente contraídas pelos cônjuges[322]. Pense-se, p. ex., no caso de um dos cônjuges

---

[321] Repare-se, em todo o caso, a necessidade de os cônjuges observarem o art. 1699º, ou seja, não podem os cônjuges alterar, por convenção matrimonial, as matérias aí previstas. A proibição da alteração dos direitos e deveres patrimoniais (al. *b*)), tal como já resultava do disposto no art. 1103º do Cód. de Seabra, impede os cônjuges de modificar os deveres que lhes são impostos para proteção dos terceiros, nomeadamente, proíbe-os de alterarem o regime da responsabilidade por dívidas.
[322] Mª Rita A. G. Lobo Xavier, *Limites à autonomia privada...*, *cit.*, pp. 179-183, refere um outro problema que a modificação da convenção matrimonial pode acarretar: a de envolver liberalidades, seja quando os cônjuges pretendem modificar apenas o estatuto concreto de um bem, seja quando existe

contrair uma dívida sem o outro. Estando os cônjuges casados no regime de separação, e sendo a dívida própria, por essa dívida respondiam todos os bens próprios do cônjuge contraente. Mas se ulteriormente os cônjuges adotassem, com efeitos retroativos, o regime da comunhão geral, os bens do cônjuge contraente tornar-se-iam comuns e só a meação nesses bens responderia pela dívida (art. 1696º, nº 1)[323]. Ou o inverso: se os cônjuges estavam casados em regime de comunhão e a dívida fosse considerada comum, respondiam pela mesma os bens comuns e subsidiária e solidariamente os bens próprios de qualquer um dos cônjuges. Se, entretanto, os cônjuges alteram o seu regime matrimonial para o regime de separação, poderiam os credores deixar de ter um património comum para executar, além de que agora apenas poderiam responsabilizar os cônjuges conjuntamente.

Portanto, em matéria de responsabilidade por dívidas a admissão da mutabilidade apenas exige a proteção de terceiros que podem deixar de ter património para pagamento das dívidas, se os cônjuges alterarem o seu regime de bens (até fraudulentamente, com o único objetivo de colocar um património a salvo dos seus credores). Assim, além de um adequado sistema de publicidade, impõe-se que as dívidas anteriores à alteração gozem da mesma garantia patrimonial, não havendo eficácia retroativa face aos direitos de terceiros já adquiridos. Em todo o caso, estes problemas podem colocar-se atualmente, mesmo na vigência do princípio da imutabilidade, no caso de se verificarem certas transferências patrimoniais indiretas, a que já fizemos referência. Por isso, importa também assegurar a possibilidade de os terceiros se socorrerem de meios de proteção que, na falta de especiais, decorrem do Direito comum (negócio indireto, fraude, impugnação pauliana)[324], quando os seus direitos são diretamente afetados com a alteração

---

uma mudança de regime. A questão é a de saber se, como doações entre cônjuges, estão sujeitas à regra da livre revogabilidade. Ora, a modificação de uma convenção matrimonial deve ser encarada como um contrato entre pessoas casadas e, por isso, os cônjuges deverão observar as regras específicas relativas a este tipo de contratos. Ou seja, não pode implicar a estipulação, p. ex., de poderes de administração ou de disposição previstos por lei e se a modificação da convenção implicar liberalidades estas devem ser livremente revogáveis. Considera, porém, a autora que, existindo a imutabilidade, seria melhor que o legislador excluísse expressamente a livre revogabilidade das doações incluídas nas convenções matrimoniais. Se os cônjuges quiserem fazer uma doação revogável, então não a devem inserir na convenção matrimonial (p. 183).

[323] Situação que era agravada no caso da existência da antiga moratória, onde o credor teria de esperar pelo fim da comunhão para obter o seu pagamento mediante a meação do devedor nos bens comuns.
[324] A referência ao recurso aos meios gerais, como a impugnação pauliana, foi apresentada na 2ª Bienal de Jurisprudência, no relatório da mesa temática relativa aos efeitos patrimoniais do casamento (AAVV, *2ª Bienal de Jurisprudência. Direito da Família*, Centro de Direito da Família, Coimbra, Coimbra Editora, 2005, p. 22).

da convenção matrimonial (que visa precisamente essa fraude e prejuízo de terceiros, especialmente, credores).

Além disso, não parece descabido permitir aos credores que se oponham à alteração do regime matrimonial, a partir da publicidade do mesmo, quando esteja em causa uma fraude aos seus direitos, como, aliás, reconhece o direito francês (art. 1397º, 3º e 4º, do Cód. Civil francês)[325].

Também a doutrina italiana admite a impugnação das convenções matrimoniais, no caso de prejuízo dos credores, de acordo com as normas específicas destinadas à proteção dos credores. Além disso, os interesses de terceiros credores são devidamente acautelados pelo sistema de publicidade da modificação das convenções matrimoniais e pela possibilidade de alegar a simulação da modificação nos termos do art. 164º do Cód. Civil italiano.

Em Espanha, a admissão da mutabilidade, em 1975, foi acompanhada da adoção de algumas medidas destinadas a determinar o alcance das modificações do regime económico matrimonial face a terceiros[326]. Entendeu-se que os credores deveriam ter a possibilidade de recorrer a um meio mais simples do que a rescisão por fraude do Direito comum, ou seja, o da proteção dos terceiros de boa fé pelo art. 1317º do Cód. Civil espanhol (sem prejuízo de os mesmos terceiros poderem invocar a invalidade da modificação da convenção matrimonial – art. 1335º do Cód. Civil espanhol – ou a existência de fraude – arts. 1111º e 1291º, 3º, do Cód. Civil espanhol). Beneficiam, assim, os credores da publicidade notarial e registal, por um lado, e da irretroatividade dos efeitos das modificações do regime, realizadas depois do casamento, em relação aos direitos por esses terceiros já adquiridos, por outro lado[327].

É possível no direito alemão a impugnação da convenção matrimonial pelos credores de um dos cônjuges ou de ambos sempre que envolva uma transmissão de bens que os prejudique[328]. Porém, é complicado encarar uma convenção matrimonial como um contrato que prejudica os credores. Aliás, a convenção de

---

[325] V., Flour/Champenois, *ob. cit.*, pp. 179-182, e Malaurie/Aynès, *ob. cit.*, p. 108.

[326] De facto, e como também entende J. R. San Román Moreno, *ob. e loc. cit.*, pp. 17 e 18, são fundamentalmente os direitos dos terceiros credores que podem ser defraudados por uma modificação do regime de bens dos cônjuges. A mutabilidade pode provocar a quebra dos princípios da boa fé, da confiança e da segurança jurídica no domínio das relações patrimoniais entre os cônjuges e terceiros.
Também Mª Dolores Mas Badía, *ob. cit.*, pp. 195-299, aborda o problema dos direitos de terceiros credores eventualmente afetados pela alteração do regime matrimonial depois da contração de dívidas.

[327] F. Blasco Gascó, *loc. cit.*, p. 600, e A. Cabanillas Sánchez, "La mutabilidad...", *loc. cit.*, p. 144.

[328] Beitzke/Lüderitz, *ob. cit.*, p. 111.

um regime de comunhão até pode favorecer os credores, dado que amplia o património que é a garantia dos seus créditos. O prejuízo dos credores, decorrente da modificação do regime e da partilha do anterior, pode resultar da forma como os cônjuges valorizam os respetivos bens ou os adquiridos. De facto, os cônjuges podem atribuir menos bens àquele que pretende escapar aos credores, mas pode acontecer que o prejuízo não seja ostensivo porque exageram, de forma fraudulenta ou abusiva, o valor desses bens[329].

Já Pires de Lima entendia que a proteção dos terceiros relativamente às alterações introduzidas nas convenções se bastaria com a obrigatoriedade do seu registo e com o princípio de que não poderiam prejudicar os direitos daqueles[330].

Além de salvaguardar a posição dos credores, garantindo o pagamento do seu crédito com o mesmo património existente antes da alteração da convenção matrimonial[331], ainda importa acautelar a posição dos terceiros credores no caso de liquidação do regime matrimonial decorrente da mutação do mesmo. Ou seja, e porque muitas vezes é no momento da partilha que pode verificar-se alguma fraude aos direitos dos credores, deverão estes ter alguma forma de participação na mesma, sem prejuízo de poderem recorrer aos meios gerais do Direito comum como a impugnação pauliana. A partilha decorrente da modificação do regime matrimonial (de um regime de comunhão para um regime de separação) não pode prejudicar os credores que eventualmente detenham sobre certos bens (comuns na altura da contração da dívida e próprios de um dos cônjuges por força da alteração do regime de bens) a garantia do pagamento do seu crédito. É também o princípio da não retroatividade que o exige. Para esses credores os bens continuam a ser o que eram no momento da contração da dívida e, por isso, a importância da sua intervenção na partilha. Além de que podem os cônjuges, com a alteração do regime matrimonial, defraudar intencionalmente os referidos credores (desviando, por isso, os bens que serviam para efetuar o pagamento aos mesmos para o património de um dos cônjuges, não responsável pela dívida).

Já referimos que os cônjuges não podem, por convenção matrimonial, alterar o regime da responsabilidade por dívidas (art. 1699º, nº 1, al. *b*), do nosso Cód.

---

[329] Mª Rita A. G. Lobo Xavier, *Limites à autonomia privada...*, cit., p. 190, em nota.
[330] José Augusto do Nascimento, *ob. cit.*, p. 238, ao referir o sistema alemão onde não existia nem existe a imutabilidade. É também esta a opinião de Pereira Coelho/Guilherme de Oliveira, *ob. cit.*, p. 496.
[331] Que não será necessariamente o mesmo património existente no momento da contração da dívida, dado que há alterações patrimoniais a que os credores estão sujeitos e que fazem parte dos riscos negociais normais. Já será diferente se essas alterações visarem prejudicar terceiros credores que, neste caso, podem recorrer aos meios gerais de defesa.

VIII. REFLEXOS DA MUTABILIDADE NO REGIME DA RESPONSABILIDADE POR DÍVIDAS

Civil), e isto mesmo nos ordenamentos jurídicos estrangeiros onde se admite a mutabilidade dos regimes de bens. O objetivo é assegurar a proteção de terceiros credores que contratem com os cônjuges e que devem confiar na existência de uma dada regulamentação legal (imperativa). Se não podem os cônjuges convencionar tal numa convenção matrimonial, não podem obter o mesmo resultado com a celebração de contratos entre eles (como os contratos de sociedade), muitas vezes com o único objetivo de defraudar expectativas de terceiros. Portanto, e antes de mais, quando por força de um contrato entre os cônjuges se visar alterar a regulamentação legal da responsabilidade por dívidas deve aplicar-se as mesmas restrições existentes para as convenções matrimoniais. Ou seja, não deve admitir-se essa alteração e, em consequência, a celebração de tal contrato. Entendemos, contudo, que é importante, em paralelo, alterar o regime legal da responsabilidade por dívidas, pelo menos eliminando a al. *d*) do n.º 1 do art. 1691º. Repare-se, porém, que o facto de não poderem alterar o regime da responsabilidade por dívidas face a terceiros (dado que o que se visa é a proteção destes), não impede uma regulamentação contratual diferente da legal nas relações internas entre os cônjuges. Não havendo terceiros a proteger e havendo acordo entre os cônjuges, podem estes internamente (para efeitos de compensações e créditos entre cônjuges) responsabilizar um ou outro património pela dívida.

Porém, não é este o principal problema que se coloca com a alteração do regime de bens e a celebração de contratos entre os cônjuges. Normalmente não visam os cônjuges o estabelecimento de um diferente regime de responsabilidade por dívidas, mas alterar o mesmo por modificação do regime de bens ou a celebração de certos contratos, o que implicará uma modificação, ao nível do regime legal, do património responsável ou esvaziará os patrimónios que respondem pelas dívidas. São, portanto, os direitos adquiridos de terceiros que devem salvaguardar-se.

A alteração do regime matrimonial não pode implicar um prejuízo ou uma fraude aos direitos de terceiros credores. É fundamentalmente isso que deve acautelar-se, não só no caso de alteração direta do regime de bens mas também no caso de transferências patrimoniais ocorridas por força da celebração de outros contratos entre os cônjuges. Tal como vimos, e por um lado, a aquisição de bens em compropriedade ou a abertura de contas bancárias solidárias por cônjuges casados em regime de separação de bens traduz a aproximação de tal regime a um regime de comunhão (o que, em princípio, pode favorecer os credores). Por outro lado, assiste-se cada vez mais a uma penetração das ideias separatistas nos regimes de comunhão, pela independência e autonomia dos cônjuges e os seus poderes quanto aos bens[332]. Podem assim os cônjuges celebrar contratos

---

[332] Esta ideia era já em 1956 referida por Colette Saujot, *La pénétration des idées séparatistes...*, cit., p. 4.

autonomamente entre si ou com terceiros, abrir e movimentar contas bancárias pessoais, etc.

Como já referimos a propósito do âmbito do princípio da imutabilidade, nem sempre os cônjuges pretendem alterar o seu regime matrimonial por razões fraudulentas (p. ex., se um dos cônjuges, assumindo riscos económicos na sua atividade, não quer responsabilizar o outro por tal). Além disso, a garantia dos interesses dos credores no caso de alteração direta do regime de bens pode ser assegurada por um sistema de publicidade e inoponibilidade. Podem, ainda, recorrer aos meios gerais, como o princípio da *fraus omnia corrumpit* ou da impugnação pauliana (arts. 610º e segs.), além de deverem participar na partilha como credores. O que se prevê nos arts. 5º, nº 3, e 25º da Lei nº 29/2009, de 29 de junho[333]. Destinando-se o inventário à partilha do património comum (arts. 71º e 1º, nº 4, da Lei nº 29/2009, de 29 de junho, a que correspondem os arts. 1404º e 1326º, nº 3, do Cód. de Processo Civil), os credores da comunhão são admitidos a intervir nas questões relativas à verificação e satisfação dos seus direitos, podendo promover o andamento do inventário, fiscalizar as dívidas relacionadas e reclamar quanto à escolha dos bens que formam a meação do cônjuge do executado (art. 1406º, nº 1, als. *b)*, *c)* e *d)*, do Cód. de Processo Civil). Apesar disso, os cônjuges podem simular a composição da meação de cada um, para que, convenientemente, caiba ao executado os bens de menor valor (ainda que inflacionado para efeitos de inventário) ou as tornas em dinheiro (de valor baixo se aos bens atribuídos ao outro cônjuge for atribuído um montante meramente simbólico). Mas sem prejuízo da reclamação fundamentada dos credores contra a composição das meações dos cônjuges[334].

É também para acautelar a posição do credor na partilha que o art. 825º, nº 7, do Cód. de Processo Civil, mantém a apreensão dos bens penhorados até nova penhora. Se não aparecerem novos bens do executado suficientes para o pagamento da dívida, a anterior penhora mantém-se sob os bens comuns.

---

[333] Os artigos indicados no texto correspondem aos arts. 1327º, nº 3, e 1341º, nº 1, do Cód. de Processo Civil, antes das alterações introduzidas no processo de inventário pela Lei nº 29/2009, de 29 de junho, com as alterações efetuadas pela Lei nº 44/2010, de 3 de setembro. Até à publicação da portaria que venha regulamentar esta última lei, o regime do processo de inventário mantém-se como estipulado nos arts. 1326º e segs. do Cód. de Processo Civil, conforme esclarecimento prestado pelo Ministério da Justiça *(http://www.mj.gov.pt/sections/newhome/esclarecimento9275*, consultado a 28 de outubro de 2010).

[334] A este propósito, decidiu o ac. da RC, de 16.11.1993 (*Col. Jurisp.*, tomo V, 1993, p. 32), que o direito de escolha conferido pelo art. 1406º, nº 1, al. *c)*, do Cód. de Processo Civil, ao cônjuge do executado, não pode, na sua concretização, conduzir a que àquele fiquem a pertencer todos os bens relacionados, ficando o executado apenas com as respetivas tornas, uma vez que tal solução poria em causa os direitos do exequente.

O recurso aos meios gerais deve ser subsidiário, ou seja, tal como ocorre com o art. 1317º do Cód. Civil espanhol, será importante fixar meios especiais de proteção dos credores que estes possam invocar diretamente sem necessidade de recurso aos meios gerais e preenchimento dos respetivos pressupostos (como a existência de fraude). Deve fixar-se a inoponibilidade das alterações face a terceiros credores que tenham direitos adquiridos antes da referida modificação[335]. Subsidiariamente poderão invocar os restantes meios previstos para proteção de terceiros de boa fé.

Com a autonomia e independência recíprocas dos cônjuges e com um sistema de publicidade que acautele interesses de terceiros a imutabilidade não parece ter razão de ser. Por outro lado, mesmo que exista, os cônjuges conseguirão sempre indiretamente efetuar transferências entre os diferentes patrimónios, gerando desequilíbrios patrimoniais que a imutabilidade visa prevenir (pela constituição de sociedades e abertura e movimentação de contas bancárias, não proibidas mesmo na interpretação ampla do princípio da imutabilidade). Ora, se o objetivo é evitar desequilíbrios patrimoniais parece que outros mecanismos o conseguem prevenir (sub-rogação) e corrigir (compensações).

O principal problema reside na proteção de terceiros, acautelada, por um lado, pelo sistema de publicidade e pela eficácia não retroativa da alteração da convenção e, por outro lado, pela possibilidade de recurso aos meios gerais de Direito, como a alegação de fraude, negócio indireto ou impugnação pauliana. É fundamentalmente quando os cônjuges modificam, sobretudo em situações de crise económica, um regime de comunhão em que estavam casados pelo regime de separação, atribuindo os bens comuns, na liquidação da comunhão, ao cônjuge não devedor, fugindo ao cumprimento das dívidas contraídas pelo outro cônjuge antes da modificação da convenção matrimonial (e pelas quais respondiam anteriormente os referidos bens, então comuns), que a proteção dos terceiros credores mais se justifica[336]. Mas, ainda que as convenções matrimoniais

---

[335] E repare-se que o art. 1317º do Cód. Civil espanhol aplica-se qualquer que seja a origem da alteração do regime de bens, isto é, seja resultante de negócio jurídico celebrado entre os cônjuges seja resultante de processo judicial, e seja a liquidação e partilha de comum acordo ou por intervenção judicial (v., C. Saiz García, *ob. cit.*, p. 88).

[336] Como afirma Fátima Yáñez Vivero, *ob. cit.*, pp. 23 e 24, é na fase de liquidação da comunhão que se podem cometer irregularidades, como omitir-se a inclusão da dívida comum em causa do passivo no inventário, proceder-se à infravalorização dos bens mais valiosos que se adjudicarão ao cônjuge não devedor e à sobrevalorização dos de escasso valor que ficarão para o cônjuge devedor, realizar-se uma partilha dos bens aparentando uma divisão equitativa e procedendo-se ao respetivo registo dos bens comuns adjudicados a cada cônjuge. De facto, a alteração do regime de bens pode mesmo implicar uma fraude aos direitos de terceiros, como refere Bello Janeiro, *loc. cit.*, nº 34.

possam defraudar as expectativas dos terceiros credores, sobretudo pela alteração de um regime de comunhão para um de separação, não significa que se imponha a imutabilidade ou que se estabeleça uma presunção de fraude ou de má fé por parte dos cônjuges. Daí a importância do princípio da irretroatividade das convenções de modificação, bastando aos credores demonstrar, p. ex., que a dívida contraída antes da modificação era comum (quando, obviamente, essa modificação os prejudica). Assim, e se a dívida era comum, o património que era comum continua a responder pela dívida, mesmo que, entretanto, tenha sido adjudicado a um ou a ambos os cônjuges. A isto acresce ainda, como vimos, a importância da participação dos terceiros credores na partilha do património comum.

Portanto, defendemos um alargamento da autonomia e independência dos cônjuges no sentido de, por contratos de direito comum, autorregulamentarem as suas relações jurídicas. Os sistemas jurídicos em geral encaminham-se, como vimos, para o alargamento da liberdade de contratação entre os cônjuges. Contudo, não podemos esquecer que certos contratos afetam não apenas as suas relações recíprocas, mas também interesses de terceiros. São estes que importa acautelar na celebração de cada contrato. Admitindo a mutabilidade, com ato notarial ou declaração prestada perante o funcionário do registo civil e um sistema de publicidade adequado[337] e fixando a não retroatividade das alterações introduzidas na convenção matrimonial (não permitindo que as alterações possam ser opostas a terceiros que tenham adquirido os seus direitos anteriormente à alteração), acautela-se essa proteção relativamente à alteração direta do regime patrimonial.

Além disso, importa fixar meios de proteção, mesmo existindo a imutabilidade, para os terceiros (essencialmente, para o que nos importa, credores), no caso de transferências patrimoniais indiretas e encobertas que visam o mesmo resultado que a alteração do regime de bens. Os interesses de terceiros podem ser preventivamente acautelados pela estipulação de restrições à celebração de certos contratos entre cônjuges que possam afetar terceiros credores que tenham adquirido direitos antes da celebração dos referidos contratos (tal como se prevê a respetiva proteção no caso da modificação do regime de bens)[338]. Ou seja, e

---

[337] A publicidade das convenções antenupciais está prevista no art. 1711º pela mesma razão de proteção das pessoas que contratam com os cônjuges, para que não estejam expostas à invocação contra elas de convenções cuja existência e conteúdo não tiveram previamente conhecimento. Só com o Cód. de Registo Civil de 1958 veio sujeitar-se as convenções antenupciais a registo, só produzindo efeitos face a terceiros a partir da data do registo. Já antes, porém, do Cód. de Registo Civil de 1958, o Cód. Comercial (art. 49º) fixava estarem sujeitas a registo as convenções antenupciais dos comerciantes. V., Pires de Lima/Antunes Varela, *Código Civil...*, cit., vol. IV, p. 391.

[338] J. R. San Román Moreno, *ob. e loc. cit.*, p. 41, defende, face à livre contratação entre os cônjuges do art. 1323º do Cód. Civil espanhol, que a proteção conferida aos terceiros credores pelo art. 1424º

p. ex., se um cônjuge vende um bem próprio[339] ao outro, ou se os cônjuges fazem ingressar no património societário certos bens próprios ou comuns... os terceiros, cujos créditos foram constituídos antes da realização de tais contratos, devem continuar a ter como garantia os bens que inicialmente respondiam pelos seus créditos, mesmo que aqueles possam agora integrar o património próprio do cônjuge não devedor (sem que este cônjuge, a quem foram adjudicados os bens, possa apresentar oposição à penhora ou deduzir embargos de terceiro) ou, em geral, um património que não aquele que respondia pela dívida em causa.

Admitindo a mutabilidade do regime de bens, e também para salvaguarda dos terceiros credores, os contratos celebrados entre cônjuges que impliquem uma alteração indireta do regime de bens deverão estar sujeitos às regras de forma e publicidade da alteração das convenções matrimoniais.

Uma última nota para nos referirmos à posição dos próprios cônjuges. Analisámos o problema da mutabilidade das convenções matrimoniais e eventuais alterações indiretas do regime de bens numa perspetiva de proteção dos credores, para que a alteração não seja um modo de defraudar direitos adquiridos dos mesmos. Tal como a alteração não pode afetar tais direitos também não pode prejudicar o ou os cônjuges que a alteram. Ou seja, e assumindo que a modificação visa apenas uma alteração do regime de comunhão para o regime de separação (p. ex., um dos cônjuges passará a exercer uma atividade profissional de risco e é aconselhável a mudança para o regime de separação de bens), a salvaguarda dos direitos desses credores não pode implicar o seu eventual benefício. Portanto, fixando-se a inoponibilidade da modificação a terceiros credores do património

---

do mesmo código deverá aplicar-se em geral à defesa dos interesses dos credores afetados pelos contratos celebrados entre os cônjuges. Aliás, tal proteção coincide com a prevista pelo art. 1317º do Cód. Civil espanhol para a modificação do regime de bens. Na verdade, o art. 1317º do Cód. Civil espanhol abrange, para alguns autores espanhóis, não só a proteção do terceiro no caso de alteração do regime de bens mas também em todas as hipóteses de alteração da convenção matrimonial, nomeadamente, pela celebração de certos contratos (v., F. Blasco Gascó, *loc. cit.*, p. 603, e Lucía Costas Rodal, "Comentario a los arts. 1315 a 1324", in AAVV, *Comentarios al Código Civil*, sob a direção de Rodrigo Bercovitz Rodríguez-Cano, Navarra, Aranzadi, 2001, p. 1550). Parece-nos viável *de jure condendo* uma proteção semelhante no nosso ordenamento jurídico.

J. E. Mora Mateo, *ob. e loc. cit.*, p. 219, considera também que alguns contratos entre os cônjuges, como o mandato ou a sociedade, que impliquem alterações das regras do regime matrimonial, ainda que não alterem propriamente este, devem também estar sujeitos a registo, nos termos do art. 1333º do Cód. Civil espanhol.

[339] Os contratos de compra e venda entre cônjuges, a admitirem-se, só poderão incidir sobre bens próprios dos cônjuges. Não concordamos com a posição da doutrina espanhola que considera ser possível a venda de bens comuns (desde que não seja a "quota" de um bem comum), como vimos *supra*, atendendo à natureza jurídica dos bens comuns, como património de mão comum.

comum, este continuará a responder pelas dívidas até então contraídas ainda que os bens tenham sido adjudicados a um dos cônjuges. Se no inventário do património comum, para liquidação e partilha da comunhão em consequência da modificação do regime de bens, não forem incluídas as dívidas do mesmo património, os credores podem continuar a executar os bens comuns agora nos patrimónios pessoais dos cônjuges. Podem, por isso, estes ser prejudicados dado que responderão eventualmente até à extinção do seu património pessoal, se não provarem que o património comum já foi totalmente executado. Devem, por isso, os cônjuges acautelar isto no processo de inventário para não serem eles afinal os prejudicados com a alteração da convenção matrimonial.

O art. 1775º, nº 1, al. *a*), do Cód. Civil, e o art. 1419º, nº 1, al. *b*), do Cód. de Processo Civil, em matéria de divórcio por mútuo consentimento, exigem a apresentação da relação de "bens" comuns. Esta referência aos bens deve entender-se como sendo ao património, ou seja, integrando os bens e as dívidas. Assim, entendemos que esta relação deve incluir não só o ativo como o passivo do património comum, para evitar o problema mencionado e sob pena de destruir o jogo das compensações pelo pagamento de dívidas. É evidente que é em processo de inventário que estas questões podem colocar-se mas o mesmo inventário assenta na referida relação de bens, pelo que esta deverá conter tais informações (v. arts. 23º, nº 2, e 71º, nº 2, da Lei nº 29/2009, de 29 de junho, a que correspondem os arts. 1345º, nº 2, e 1404º, nº 3, do Cód. de Processo Civil). Se naquela ou neste não constarem as dívidas, quer a terceiros quer entre os diferentes patrimónios, não teria sentido a regulamentação das dívidas na partilha nem das compensações[340].

---

[340] V., o ac. da RC, de 15.02.2005 (*http://www.dgsi.pt*, consultado a 27 de setembro de 2010).
Em todo o caso, convém referir que a relação especificada dos bens comuns, no divórcio por mútuo consentimento, representa "um consenso quanto aos bens comuns" que os cônjuges reconhecem existir. Por isso, ela não é vinculativa, isto é, pode ser posta em causa no processo de inventário subsequente ao divórcio. "Trata-se de um documento que pode ser apresentado noutros processos e que tem um particular valor probatório: o cônjuge que ulteriormente vier a negar a existência, a qualificação ou o valor de um bem incluído na lista assinada por ambos é que terá o encargo da prova de que este existe, de que não lhe deve ser reconhecida tal qualificação ou atribuído aquele valor" (Mª Rita Lobo Xavier, "A relação especificada de bens comuns: relevância jurídica da sua apresentação no divórcio por mútuo consentimento", *Julgar*, nº 8, 2009, pp. 20 e 26).

IX.
Conclusões

O regime da responsabilidade por dívidas dos cônjuges interage com diversas questões no domínio das suas relações patrimoniais. Debruçámo-nos sobre algumas matérias onde os problemas suscitados pelo regime legal da responsabilidade por dívidas dos cônjuges em ligação com o princípio da imutabilidade podem ter mais relevância prática.

A análise que aqui fizemos do princípio da imutabilidade justifica-se na medida em que alguns dos problemas postos pelo regime da responsabilidade por dívidas, podiam ser evitados ou resolvidos se os cônjuges pudessem, depois da celebração do casamento, alterar o seu regime de bens. De facto, p. ex., os cônjuges teriam todo o interesse em alterar um regime de comunhão pelo regime de separação se, no decurso do casamento, um dos cônjuges decidisse iniciar uma atividade comercial que implicasse elevados riscos financeiros. Desde que se acautelem os direitos adquiridos de terceiros credores, haverá todo o interesse em alterar o referido regime de bens. Contudo, deparámo-nos com o princípio da imutabilidade das convenções antenupciais, ainda vigente entre nós. Se verificarmos a tendência dos países modernos, e que já admitiram o princípio da imutabilidade, verifica-se que evoluíram no sentido da sua flexibilização ou mesmo abolição. Tal princípio não existe na Alemanha, na Espanha e na Itália e está atenuado em França, como vimos.

A alteração do regime matrimonial não pode obviamente implicar um prejuízo ou uma fraude aos direitos de terceiros credores. É fundamentalmente isso que deve acautelar-se, não só no caso de alteração direta do regime de bens mas também no caso de transferências patrimoniais ocorridas por força da celebração de outros contratos entre os cônjuges.

Mas nem sempre os cônjuges pretendem alterar o seu regime matrimonial por razões fraudulentas. Além disso, a garantia dos interesses dos credores no caso de alteração direta do regime de bens pode ser assegurada por um sistema de publicidade e inoponibilidade. Podem, ainda, recorrer aos meios gerais, como o recurso à existência de fraude, o negócio indireto ou a impugnação pauliana (arts. 610º e segs.), além de deverem participar na partilha como credores.

Todavia, o recurso aos meios gerais deve ser subsidiário, ou seja, tal como ocorre com o art. 1317º do Cód. Civil espanhol, será importante fixar meios especiais de proteção dos credores que estes possam invocar diretamente sem necessidade de recurso aos meios gerais e preenchimento dos respetivos pressupostos. Deve fixar-se a inoponibilidade das alterações face a terceiros credores que tenham direitos adquiridos antes da referida modificação. Subsidiariamente poderão invocar os restantes meios previstos para proteção de terceiros de boa fé.

Com a autonomia e independência recíprocas dos cônjuges e com um sistema de publicidade que acautele interesses de terceiros a imutabilidade não parece ter razão de ser. Por outro lado, mesmo que exista, os cônjuges conseguirão sempre indiretamente efetuar transferências entre os diferentes patrimónios, gerando desequilíbrios patrimoniais que a imutabilidade visa prevenir (como acontece com os contratos de sociedade e as contas bancárias entre cônjuges, que analisámos). Ora, se o objetivo é evitar desequilíbrios patrimoniais parece que outros mecanismos os conseguem prevenir (sub-rogação) e corrigir (compensações).

Como concluímos, o principal problema reside na proteção de terceiros, acautelada, por um lado, pelo sistema de publicidade e pela eficácia não retroativa da alteração da convenção e, por outro lado, pela possibilidade de recurso aos meios gerais de Direito, como a alegação de fraude, negócio indireto ou impugnação pauliana. É fundamentalmente quando os cônjuges modificam, sobretudo em situações de crise económica, um regime de comunhão em que estavam casados pelo regime de separação, atribuindo os bens comuns, na liquidação da comunhão, ao cônjuge não devedor, fugindo ao cumprimento das dívidas contraídas pelo outro cônjuge antes da modificação da convenção matrimonial (e pelas quais respondiam anteriormente os referidos bens, então comuns), que a proteção dos terceiros credores mais se justifica. Daí a importância do princípio da irretroatividade das convenções de modificação, bastando aos credores demonstrar, p. ex., que a dívida contraída antes da modificação era comum. Assim, o património que era comum continua a responder pela dívida, mesmo que, entretanto, tenha sido adjudicado a um ou a ambos os cônjuges. A isto acresce ainda, como referimos, a importância da participação dos terceiros credores na partilha do património comum.

IX. CONCLUSÕES

Portanto, defendemos um alargamento da autonomia e independência dos cônjuges no sentido de, por contratos de direitos comum, autorregulamentarem as suas relações jurídicas. Não podemos, todavia, esquecer que certos contratos afetam não apenas as suas relações recíprocas, mas também interesses de terceiros. São estes que importa acautelar na celebração de cada contrato.

Importa fixar meios de proteção, mesmo existindo a imutabilidade, para os terceiros (essencialmente, credores), no caso de transferências patrimoniais indiretas e encobertas que visam o mesmo resultado que a alteração do regime de bens. Os interesses de terceiros podem ser preventivamente acautelados pela estipulação de restrições à celebração de certos contratos entre cônjuges que possam afetar terceiros credores que tenham adquirido direitos antes da celebração dos referidos contratos (tal como se prevê a respetiva proteção no caso da modificação do regime de bens).

Defende Mª Rita Lobo Xavier haver certos contratos entre cônjuges cuja celebração deverá ser proibida pelas consequências intoleráveis que a especificidade da relação matrimonial e a precariedade do contrato introduz no regime do Direito comum (será o caso do contrato de compra e venda); outros em que, estando em causa bens imóveis, bastará a obrigação de mencionar e registar a precariedade do contrato resultante de os contraentes serem cônjuges; outros ainda implicam regras específicas quando celebrados entre os cônjuges (como acontece nos contratos de sociedade)[341]. A necessidade de acomodação do Direito comum quando aplicado aos contratos concluídos entre cônjuges não resulta apenas da situação especial das partes, mas é muitas vezes imposta pela proteção de interesses de terceiros. Ora, não nos repugna admitir, como no ordenamento jurídico alemão, o princípio da livre contratação entre cônjuges, sem qualquer proibição legal (mesmo em relação ao contrato de compra e venda estando em causa bens próprios)[342]. A única restrição, para salvaguarda da eventual posição influenciável de um cônjuge e proteção de terceiros (credores), será a sujeição dos referidos contratos à forma legal das convenções matrimoniais quando impliquem alteração das regras reguladoras das relações patrimoniais entre os cônjuges e terceiros e a determinação da não retroatividade dos efeitos dos mesmos contratos a terceiros que contrataram com os cônjuges (evitando, p. ex., a transmissão de bens do património de um dos cônjuges para o outro com

---

[341] Mª Rita A. G. Lobo Xavier, *Limites à autonomia privada...*, cit., pp. 599 e 600.
Como já referimos, a realização de um contrato de sociedade permite que os cônjuges modifiquem a repartição dos seus bens, dos seus poderes e do respetivo passivo. Com a constituição de uma sociedade entre cônjuges podem ocorrer transferências de bens, sendo de destacar a ultrapassagem do regime da responsabilidade por dívidas.
[342] V., o que se disse na p. 73, nota 121.

vista a esvaziar o património do devedor). A acrescentar ainda que os terceiros têm sempre os meios gerais de defesa (nomeadamente, a impugnação pauliana), além de poderem prevenir-se, como acontece na maioria dos negócios celebrados entre uma pessoa casada e um terceiro que implique a contração de dívidas, exigindo que o outro cônjuge também se obrigue.

Mereceu também atenção especial, neste contexto, a existência de contas bancárias entre os cônjuges.

Em virtude da constituição de tais contas bancárias entre os cônjuges pode o estatuto patrimonial dos cônjuges ser afetado. Com efeito, pode implicar uma transferência de bens entre as várias massas patrimoniais do casal, a subversão das normas relativas à administração dos bens do casal e à responsabilidade por dívidas e a inobservância das regras relativas à divisão dos bens no fim do regime. Quer nas relações externas com o Banco, sujeitas a regime específico, quer nas relações internas entre os cônjuges, devem aplicar-se as regras do direito matrimonial aos fundos depositados em contas bancárias pertencentes aos cônjuges. Nas relações internas, a questão que poderá mais frequentemente colocar-se é a das compensações pela realização de levantamentos excessivos de dinheiro depositado na conta. A compensação devida será calculada no pressuposto de que as quantias depositadas deveriam ser divididas por metade, pelo que a prova de uma diferente conformação das relações internas ficará a cargo do cônjuge que a invocar.

Deve, portanto, aplicar-se as normas do direito matrimonial no caso das contas bancárias entre cônjuges. As normas relativas à responsabilidade por dívidas, aos poderes de administração e disposição dos bens do casal, às presunções de comunhão e compropriedade dos valores depositados, devem poder invocar-se não só nas relações internas como nas relações com o Banco e com terceiros[343]. Porém, e na falta de regulamentação especial reguladora desta matéria, o que normalmente acontece é a aplicação das regras do Direito Bancário, sem atender às particularidades do direito matrimonial, ou seja, nas relações externas os cônjuges são encarados como quaisquer outras pessoas que procedem à abertura de contas bancárias. Mas já não deve levantar dúvidas a aplicação do regime matrimonial quando, em ação própria, se venha discutir, para efeitos também do débito bancário, a comunicabilidade ou não da dívida em causa (questão suscitada e alegada por parte do cônjuge interessado em demonstrar que não é responsável pelo débito da conta). Ora, como normalmente tal não acontece no decurso do casamento, surgindo os principais problemas no fim do mesmo, é essencialmente no domínio das relações internas

---

[343] Mª Rita A. G. Lobo Xavier, *Limites à autonomia privada...*, cit., p. 334.

IX. CONCLUSÕES

que importa acautelar o eventual enriquecimento de um dos cônjuges à custa do outro, nomeadamente, por levantamentos excessivos ou pelo pagamento de dívidas relativas a débitos bancários. Portanto, importa assegurar a existência de mecanismos restabelecedores do equilíbrio patrimonial entre os cônjuges, como as compensações.

BIBLIOGRAFIA CITADA

AAVV, *Le couple et son patrimoine*, Paris, Juris-Classeur, 2002.

AAVV, *2º Bienal de Jurisprudência. Direito da Família*, Centro de Direito da Família, Coimbra, Coimbra Editora, 2005.

ABREU, Jorge M. Coutinho de, *Curso de Direito Comercial. Das Sociedades*, vol. II, Coimbra, Almedina, 2002.

AIROLDI, Antonio, "Conseguenze del nuovo diritto di famiglia sulla garanzia patrimoniale e sui contratti bancari", *Banca borsa e titoli di credito*, ano XXXVIII, nº 1, 1975, pp. 480-488.

ALAGNA, Sergio, "L'impresa familiare nei rapporti con la banca", *Rassegna di diritto civile*, nº 4, 1982, pp. 977-1008.

—, "I cc.dd. effetti d'interesse bancario del nuovo regime patrimoniale della famiglia", *Famiglia e rapporti tra conuigi nel nuovo diritto*, 2ª ed., Milano, Giuffrè Editore, 1983, pp. 477-500.

—, *Regime patrimoniale della famiglia e operazioni bancarie*, Padova, Cedam, 1988.

ALBALADEJO, Manuel, *Curso de Derecho Civil. Derecho de Familia*, vol. IV, 7ª ed., Barcelona, Bosch, 1996.

ALMEIDA, António Pereira de, *Sociedades Comerciais*, 2ª ed. Coimbra, Coimbra Editora, 1999.

ALVAREZ-CAPEROCHIPI, José A., *Curso de Derecho de Familia. Matrimonio y régimen económico*, tomo I, Madrid, Civitas, 1988.

ALVAREZ OLALLA, Mª Pilar, *Responsabilidad Patrimonial en el Régimen de Separación de Bienes*, Pamplona, Aranzadi, 1996.

AMORÓS GUARDIOLA, Manuel, *et allii*, *Comentarios a las reformas del derecho de familia*, vol. II, Madrid, Tecnos, 1984.

ANDRADE, Manuel de, "Sôbre as disposições por morte a favor de terceiros, feitas por esposados na respetiva escritura antenupcial", *RLJ*, ano 69º, 1936/37, pp. 305-338.

—, *Teoria Geral das Obrigações*, com colaboração de Rui de Alarcão, 3ª ed., Coimbra, Almedina, 1966.

—, *Teoria Geral da Relação Jurídica*, vol. I, reimpressão, Coimbra, Almedina, 2003.

—, *Teoria Geral da Relação Jurídica*, vol. II, 7ª reimpressão, Coimbra, Almedina, 1992.

ANDRINI, Maria Claudia, "La società tra coniugi in diritto francese", *Rivista di Diritto Civile*, ano XXX, I, 1984, pp. 109-125.

ANELLI, Franco, "L'amministrazione della comunione legale", in AAVV, *Trattato di Diritto di Famiglia de Paolo Zatti. Regime patrimoniale della famiglia*, Franco Anelli//Michele Sesta, vol. III, Milano, Giuffrè Editore, 2002, pp. 235-340.

Aubry/Rau, *Droit Civil français. Régimes matrimoniaux*, vol. VIII, 7ª ed., Paris, Libraires Techniques, 1973.

Auletta, Tommaso, *Il diritto di famiglia*, 4ª ed., Torino, G. Giappichelli Editore, 1997.

—, "Gli acquisti personali", in Aavv, *Trattato di diritto privato. Il diritto di famiglia*, sob a direção de Mario Bessone, vol. IV, tomo II, Torino, G. Giappichelli Editore, 1999, pp. 173-240.

Barbiera, Lelio, "La comunione legale", in Aavv, *Trattato di diritto privato. Persona e famiglia*, sob a direção de Pietro Rescigno, vol. III, tomo II, 2ª ed., Torino, UTET, 1996, pp. 435-642.

Bardoul, Jacques, "Droit des sociétés et régime de communauté entre époux", *Revue des Sociétés*, ano 94º, 1976, pp. 609--630.

Barabé-Bouchard, Véronique, "Article 1415 du code civil: de la saisissabilité des comptes de l'époux caution", *Recueil Dalloz*, ano 179º, nº 41, 2003, pp. 2792--2796.

Barona, Francisco, "O contrato-promessa de partilha dos bens comuns do casal", in Aavv, *Comemorações dos 35 anos do Código Civil e dos 25 anos da Reforma de 1977. Direito da Família e das Sucessões*, Coimbra, Coimbra Editora, 2004, pp. 399-458.

Barreau, Catherine-Thérèse, "Sociétés entre époux", *Enciclopédie Juridique Dalloz, Repertoire sociétés*, tomo V, 2005, pp. 1-30.

Beitzke, Günther, *Familienrecht*, München/Berlin, Biederstein Verlag, 1947.

Beitzke, Günther/Lüderitz, Alexander, *Familienrecht*, 26ª ed., München, C. H. Beck, 1992.

Beleza, Mª Leonor Pizarro, "Efeitos do casamento", in Aavv, *Reforma do Código Civil*, Ordem dos Advogados, Lisboa, Livraria Petrony, 1981, pp. 91-135.

Bello Janeiro, Domingo, "Los acreedores y la modificación del régimen económico matrimonial", *Revista Juridica del Notariado*, Julho-Setembro, 1993, nºs 33--66.

Bergamo, Elio, "Comunione legale e participazioni societarie: il criterio della destinazione", *Giur. It.*, ano 152º, nºs 8--9, 2000, pp. 1605-1609.

Beudant, Ch., *Cours de Droit Civil français. Le contrat de mariage et les régimes matrimoniaux*, tomo X, 2ª ed., Paris, Rousseau et Cª Editeurs, 1937.

Bianca, C. Massimo, *Diritto civile. La famiglia. Le successioni*, vol. II, 2ª ed., Milano, Giuffrè Editore, 1989.

Blasco Gascó, Francisco de P., "Modificación del Régimen Económico Matrimonial y perjuicio de terceros: la norma del artículo 1.317 CC.", *Anuario de Derecho Civil*, tomo XLVI, nº 2, 1993, pp. 599--641.

Boussougou-Bou-Mbine, Farafina L., *La pénétration des idées communautaires dans les régimes séparatistes*, Paris, LGDJ, 1999.

Bromley, P. M., *Family Law*, 2ª ed., London, Butterworths, 1962.

Bustos Moreno, Yolanda B., *Las deudas gananciales y sus reintegros*, Madrid, Dykinson, 2001.

Cabanillas Sanchez, Antonio, "La contratación entre cónyuges", *Anuario de Derecho Civil*, tomo XXXVIII, nº 3, 1985, pp. 505-584.

—, "La mutabilidad del régimen económico matrimonial", *Anuario de Derecho Civil*, tomo XLVII, nº 2, 1994, pp. 115-235.

—, "Notas sobre la mutabilidad del régimen económico matrimonial, la responsabilidad de los bienes del matrimonio por las obligaciones contraidas por el conyuge comerciante y la protección de los acreedores", in Aavv, *Estudios juridicos en homenaje al Profesor Aurelio*

Menéndez, tomo I, Madrid, Civitas, 1996, pp. 489-512.

CABRILLAC, Rémy, *Droit Civil. Les régimes matrimoniaux*, 4ª ed., Paris, Montchrestien, 2002.

CADARSO PALAU, Juan, *Sociedad de gananciales y participaciones sociales*, Madrid, Tecnos, 1993

CAEIRO, António, "A destituição judicial do administrador ou gerente de sociedade civil, em nome coletivo e por quotas", *RDES*, ano XV, nº 4, 1968, pp. 417-447.

—, "A sociedade por quotas no projeto de Código das Sociedades", *Revista do Notariado*, ano VI, nºs 3-4 (Julho-Dezembro), 1985, pp. 327-341.

—, "Sobre a participação dos cônjuges em sociedades por quotas", Separata do número especial do *Boletim da Faculdade de Direito de Coimbra – Estudos em homenagem ao Prof. Doutor António de Arruda Ferrer Correia*, Coimbra, 1986.

—, "As sociedades de pessoas no Código das Sociedades Comerciais", Separata do número especial do *Boletim da Faculdade de Direito da Universidade de Coimbra, Estudos em homenagem ao Professor Doutor Eduardo Correia*, Coimbra, 1988.

CAEIRO, António/COELHO, Mª Ângela, "Proibição de cessão de quotas sem consentimento da sociedade e constituição de usufruto sobre a quota", *Revista de Direito e Economia*, ano VIII, nº 1, 1982, pp. 71-82.

CAMPOS, Diogo Leite de, *Lições de Direito da Família e das Sucessões*, 2ª ed., Coimbra, Almedina, 1997.

CANARIS, Claus-Wilhelm, *Handelsgesetzbuch Großkommentar. Bankvertragsrecht*, vol. 3, 3, 2ª ed., Berlin/New York, Walter de Gruyter, 1981.

CARDOSO, A. Lopes, *A Administração dos Bens do Casal*, Coimbra, Almedina, 1973.

CARNEIRO, J. G. Sá, "Sociedades de cônjuges. Subsídios para a interpretação do art. 1714º do Código Civil", *Revista dos Tribunais*, ano 86º, 1968, pp. 291-306 e pp. 345-354.

CARVALHO, Eduardo José da Silva, *As formas do regimen matrimonial. Communhão geral de bens*, vol. I, V.N. Famalicão, Typographia Minerva, 1893.

—, *As formas do regimen matrimonial. Da separação de bens e da simples comunhão de adquiridos*, vol. II, Coimbra, França Amado Editor, 1897.

CARVALHO, Orlando de, "Negócio jurídico indireto (teoria geral)", *Escritos. Páginas de Direito*, Coimbra, Almedina, 1998, pp. 31-164.

CARVALHO, Telma, "A união de facto: a sua eficácia jurídica", in AAVV, *Comemorações dos 35 anos do Código Civil e dos 25 anos da Reforma de 1977. Direito da Família e das Sucessões*, Coimbra, Coimbra Editora, 2004, pp. 221-255.

CATTANEO, G., "Note introduttive agli articoli 82-88 Nov.", in AAVV, *Commentario alla riforma del diritto di famiglia*, sob a direção de Carraro/Oppo/Trabucchi, vol. I, tomo I, Padova, Cedam, 1977, pp. 468-488.

—, "Del regime di separazione dei beni", in AAVV, *Commentario alla riforma del diritto di famiglia*, sob a direção de Carraro//Oppo/Trabucchi, vol. I, tomo I, Padova, Cedam, 1977, pp. 462-488.

CHAMPENOIS-MARMIER, Marie-Pierre//FAUCHEUX, Madeleine, *Le mariage et l'argent*, Paris, PUF, 1982.

CHAPUISAT, Françoise, "Vers une utilisation extensive de la subrogation réelle, a propos des lois du 13 juillet 1965 et 3 juillet 1971", *RTDC*, ano 71º, 1973, pp. 643-662.

CHEVALLIER-DUMAS, Françoise, "La fraude dans les régimes matrimoniaux", *RTDC*, ano 77º, 1979, pp. 40-70.

CIAN, G./VILLANI, A., "La comunione dei beni tra coniugi (legale e convenzionali)", *Rivista di Diritto Civile*, ano XXVI, I, 1980, pp. 337-412.

Cipriano, M. ª Rosaria, "Il denaro depositato da un coniugi in comunione legale", *Giur. It.*, ano 135º, 1983, pp. 7-12.

Coelho, F. M. Pereira, *Curso de Direito da Família*, vol. I, Coimbra, Atlântida Editora, 1965.

Coelho, F. M. Pereira/Oliveira, Guilherme de, *Curso de Direito da Família*, vol. I, 4ª ed., Coimbra, Coimbra Editora, 2008.

Coelho, M. ª Ângela, "A limitação da responsabilidade do comerciante em nome individual", *Revista de Direito e Economia*, anos VI/VII, 1980/1981, pp. 3-48.

Colomer, A., *L'instabilité monétaire et les régimes matrimoniaux, le mal et ses remèdes*, Paris, Rousseau & Cª, 1955.

—, *Droit Civil. Régimes matrimoniaux*, 10ª ed., Paris, Litec, 2000.

Comangés, Laurent, "L'exclusivité de pouvoir de l'époux commun en bien sur ses comptes bancaires personnels", *Recueil Dalloz*, ano 178º, nº 13, 2002, pp. 1102-1108.

Cornu, Gérard, "Le contrat entre époux. Recherche d'un critère général de validité", *RTDC*, ano 51º, 1953, pp. 461-493.

—, "La reforme des régimes matrimoniaux. Généralités. Le regime primaire impératif", *JCP* 1966.I.1968.

—, *Les régimes matrimoniaux*, 9ª ed., Paris, PUF, 1997.

Correia, Brito, *Direito Comercial. Sociedades Comerciais*, vol. II, 3ª ed., Lisboa, AAFDL, 1997.

Correia, Ferrer, "Lei das sociedades comerciais (anteprojeto)", *BMJ*, nº 191, 1969, pp. 5-137.

—, "Sobre a projetada reforma da legislação comercial portuguesa", *Revista da Ordem dos Advogados*, ano 44º, tomo I, 1984, pp. 5-43.

—, "Sociedades por quotas – cessão de quota a meeiro de sócio", *Col. Jurisp.*, tomo IV, 1989, pp. 31-36.

—, *Lições de Direito Comercial*, Lisboa, Lex, 1994.

Correia, Ferrer/Xavier, Vasco Lobo//Coelho, M. ª Ângela/Caeiro, António, "Sociedade por quotas de responsabilidade limitada. Anteprojeto de lei – 2ª redação", Separata da *Revista de Direito e Economia*, ano III, nºs 1 e 2, 1977, e ano V, nº 1, 1979.

Correia, M. Pupo, *Direito Comercial*, 4ª ed., Lisboa, SPB-Editores e Livreiros, Lda., 1996.

Corsi, Francesco, "Comunione legale e società tra conuigi", *Il Diritto di Famiglia e delle Persone*, ano VIII, 1979, pp. 844--858.

—, "Comunione e partecipazioni sociali", in Aavv, *La comunione legale – Problematiche e questioni a venticinque anni dalla riforma*, Milano, Giuffrè Editore, 2003, pp. 27-35.

Corte-Real, Pamplona, *Direito da Família e das Sucessões. Relatório*, Suplemento da Revista da Faculdade de Direito de Lisboa, Lisboa, Lex, 1995.

Cospite, "Della comunione legale", in Aavv, *Commentario breve al Codice Civile*, sob a direção de Cian/Trabucchi, 4ª ed., Padova, Cedam, 1992, pp. 272 e segs.

Costa, Marta, "Sociedades entre cônjuges", *Lex Familiae – Revista Portuguesa de Direito da Família*, ano 1, nº 2, 2004, pp. 79-90.

Costas Rodal, Lucía, "Comentario a los arts. 1315 a 1324", in Aavv, *Comentarios al Código Civil*, sob a direção de Rodrigo Bercovitz Rodríguez-Cano, Navarra, Aranzadi, 2001, pp. 1537-1551.

Cretney, Stephen, *Family Law in the Twentieth Century. A History*, Oxford, University Press, 2003.

CRETNEY, Stephen M./MASSON, J. M./ /BAILEY-HARRIS, R., *Principles of Family Law*, 7ª ed., London, Sweet & Maxwell, 2003.

CRUZ, Guilherme Braga da, "Problemas relativos aos regimes de bens do casamento sobre que se julga necessário ouvir o parecer da comissão redatora do novo Código Civil", *BMJ*, nº 52º, 1956, pp. 341-354.

—, "O problema do regime matrimonial de bens supletivo, no novo Código Civil português", *BMJ*, nº 53º, 1956, pp. 173-204.

—, "Regimes de bens do casamento. Disposições gerais. Anteprojeto dum capítulo do novo Código Civil (articulado e exposição de motivos)", *BMJ*, nº 63, 1957, pp. 23-191.

—, "Regimes de bens do casamento. Disposições gerais. Regimes de comunhão (disposições gerais e regime supletivo). Anteprojeto para o novo Código Civil", *BMJ*, nº 122º, 1963, pp. 205-222.

—, *Obras Esparsas*, vol. III, Coimbra, Coimbra Editora, 1984.

CUNHA, Paulo, *Direito da Família* (lições coligidas por Raúl J. Rodrigues Ventura, R. L. Amaral Marques e Júlio M. Salcedas), vol. I, Lisboa, 1941.

DAUCHY, Pierre, "L'influence du droit civil sur le droit bancaire", *Revue trimestrielle de droit commercial et de droit économique*, tomo XXXIX, 1986, pp. 1-48.

DE FILIPPIS, Bruno, *Trattato Breve di Diritto di Famiglia*, Padova, Cedam, 2002.

DELHAY, Francis, "Les comptes bancaires de la femme mariée", in AAVV, *Quelques aspects de la nouvelle situation de la femme mariée*, Paris, Puf, 1968, pp. 43-70.

DE PAGE, Philippe/CATUYVELS, Benoît, "Les cessions de parts entre époux", in AAVV, *Les contrats entre époux*, sob a direção de Jean Louis Jeghers, Bruxelles, Bruylant, 1995, pp. 207-232.

DE PAOLA, Vincenzo, *Il diritto patrimoniale della famiglia coniugale. Il regime patrimoniale della famiglia*, vol. II, Milano, Giuffrè Editore, 1995.

DE PAOLA, Vincenzo/MACRI, Antonio, *Il nuovo regime patrimoniale della familia*, Milano, Giuffrè Editore, 1978.

DEPONDT, Axel, *Les sociétés civiles de famille dans la gestion de patrimoine*, Paris, Maxima, 1996.

DERRUPPÉ, Jean, "Régimes de communauté et droit des sociétés", *JCP* 1971.I.2403.

DIAS, Cristina M. A., *Compensações devidas pelo pagamento de dívidas do casal (da correção do regime atual)*, Coimbra, Coimbra Editora, 2003.

—, "Da acessão no âmbito da titularidade dos bens no regime de comunhão de adquiridos: bens adquiridos por virtude da titularidade de bens próprios", in AAVV, *Estudos em Comemoração do 10º Aniversário da Licenciatura em Direito da Universidade do Minho*, Coimbra, Almedina, 2004, pp. 229-249.

—, "Processo de inventário, administração e disposição de bens (conta bancária) e compensações no momento da partilha dos bens do casal – comentário ao acórdão da Relação de Évora, de 21-2-2002 (*Col. Jurisp.*, XXVII, I, 2002, p. 274)", *Lex Familiae – Revista Portuguesa de Direito da Família*, ano 1, nº 2, 2004, pp. 111-122.

—, "Algumas reflexões em torno da cessão de quotas entre cônjuges", in AAVV, *Estudos em homenagem ao Prof. Doutor Manuel Henrique Mesquita*, vol. I, Coimbra, Coimbra Editora, 2009, pp. 639-672.

—, *Do regime da responsabilidade por dívidas dos cônjuges – problemas, críticas e sugestões*, Coimbra, Coimbra Editora, 2009.

—, *Uma análise do novo regime jurídico do divórcio – Lei nº 61/2008, de 31 de outubro*, 2ª ed., Coimbra, Almedina, 2009.

Díaz-Ambrona Bardaji, Mª Dolores, "La responsabilidad de los cónyuges en el ejercicio de la potestad doméstica en el sistema del artículo 1319 del codigo civil", *Actualidad Civil*, 1, nº 11, 1988, pp. 641-658.

Díez-Picazo, Luis/Gullón, Antonio, *Sistema de Derecho Civil. Derecho de Familia. Derecho de Sucesiones*, vol. IV, 9ª ed., Madrid, Tecnos, 2004.

Dogliotti, Massimo, "Regime patrimoniale della famiglia", *Rivista di diritto civile*, ano XL, nº 2, 1994, pp. 129-137.

Dölle, Hans, *Familienrecht*, Band I, s.l., C. F. Müller, 1964.

Dupuis, Michel, "Une institution dérogeant aus régles des régimes matrimoniaux: le compte bancaire joint", *Recueil Dalloz Sirey*, VI, 1988, pp. 39-46.

Espín Cánovas, Diego, "La igualdad conyugal en la reforma del Código Civil (Leys de 13 Mayo y 7 Julio 1981)", in Aavv, *El nuevo derecho de familia español*, Madrid, Reus, 1982, pp. 3-30.

Fenaux, Henri, "Le changement de régime matrimonial et les droits des tiers", *RTDC*, tomo 65º, 1967, pp. 545-580.

Ferrandes, Jean-Pierre, "Le point de vue du notaire: pourquoi changer de régime matrimonial?", in Aavv, *Le régime matrimonial à l'épreuve du temps et des séparations conjugales*, sob a direção de Jacques Foyer/Catherine Labrusse-Riou, Paris, Economica, 1986, pp. 19-31.

Ferreira, Carmindo, "A sub-rogação real e os regimes matrimoniais", *Jornal do Fôro*, ano 9º, 1945, pp. 96-139, e ano 10º, 1946, pp. 110-150.

Ferreira, José Dias, *Código Civil Português Anotado*, vol. II, 2ª ed., Coimbra, Imprensa da Universidade, 1895.

Ferrero, Paola, "Società fra coniugi in regime di comunione legale: nel dubbio, prudenza...", *Giurisprudenza commerciale. Società e fallimento*, ano VII, nº 2, 1980, pp. 229-239.

Finocchiaro, Mario, "Del regime patrimoniale della famiglia", in Aavv, *Nuova rassegna di giurisprudenza sul codice civile*, sob a direção de Cesare Ruperto/Vittorio Sgroi, Milano, Giuffrè Editore, 1994, pp. 1329-1469.

Finocchiaro, A./Finocchiaro M., *Riforma del diritto di famiglia (commentario sistematico alla legge 19 maggio 1975, Nº 151)*, vol. I, Milano, Giuffrè Editore, 1975.

—, *Diritto di famiglia. Legislazione, dottrina e giurisprudenza*, vol. I, Milano, Giuffrè Editore, 1984.

Flour, Jacques/Champenois, Gérard, *Les régimes matrimoniaux*, Paris, Armand Colin, 1995.

Frejaville, Marcel, "Le compte de banque de la femme marieé dit "compte de ménage"", *JCP* 1943.I.364.

Furtado, J. Pinto, *Curso de Direito das Sociedades*, 2ª ed., Coimbra, Almedina, 1986.

—, *Código das Sociedades Comerciais*, 4ª ed., Lisboa, Livraria Petrony, 1991.

Fusaro, Andrea, *Il regime patrimoniale della famiglia*, Padova, Cedam, 1990.

Gabrielli, Giovanni/Cubeddu, Maria Giovanna, *Il regime patrimoniali dei coniugi*, Milano, Giuffrè Editore, 1997.

Galasso, Alfredo, *Regime patrimoniale della famiglia. Commentario del Codice Civile Scialoja-Branca*, sob a direção de Francesco Galgano, tomo I, Bologna, Zanichelli Editore, 2003.

Galgano, Francesco, *Diritto civile e commerciale*, vol. IV, 3ª ed., Padova, Cedam, 1999.

García Vicente, F., "Modificación del régimen económico del matrimonio: delito de alzamiento de bienes", in Aavv, sob a direção de J. R. San Román Moreno, *Regimén económico matrimonial y la protección de acreedores*, Madrid, Consejo General del Poder Judicial, 1995, pp. 391-425.

GARDEAZÁBAL DEL RÍO, Francisco Javier, "La sociedad de gananciales", in AAVV, *Instituciones de derecho privado. Familia*, sob a direção de Víctor M. Garrido de Palma, tomo IV, vol. 2, Madrid, Civitas, 2002, pp. 19-275.

GARRIDO DE PALMA, Victor, "El matrimonio y su regimen economico", in AAVV, *El nuevo derecho de familia español*, Madrid, Reus, 1982, pp. 163-240.

GAVIDIA SANCHEZ, Julio Vicente, *La atribución voluntaria de gananciabilidad*, Madrid, Editorial Montecorvo, SA, 1986.

GERNHUBER, Joachim/COESTER-WALTJEN, Dagmar, *Familienrecht*, 5ª ed., München, C. H. Beck, 2006.

GIESEN, Dieter, *Familienrecht*, 2ª ed., Tübingen, Mohr Siebeck, 1997.

GIMÉNEZ DUART, Tomás, "Los bienes privativos y gananciales tras la reforma de 13 de mayo de 1981", *Revista Critica de Derecho Inmobiliario*, ano LVIII, 1982, pp. 117-144.

GLENDON, Mary Ann, *The Transformation of Family Law. State, Law, and Family in the United States and Western Europe*, Chicago/London, The University of Chicago Press, 1989.

GOMES, Júlio Manuel Vieira, "Modificação do regime matrimonial: algumas observações de direito comparado", *Revista do Notariado*, nº 3 (julho/setembro), 1987, pp. 321-393, e nº 4 (outubro/dezembro), 1987, pp. 475-555.

GONÇALVES, Luiz da Cunha, *Comentário ao Código Comercial Português*, vol. I, Lisboa, Empresa Editora J. B., 1914.

—, *Tratado de Direito Civil em comentário ao Código Civil Português*, vol. VI, Coimbra, Coimbra Editora, 1932.

—, *Tratado de Direito Civil, em comentário ao Código Civil Português*, vol. VII, Coimbra, Coimbra Editora, 1933.

GRIMALDI, Michel, *et allii*, *Droit patrimonial de la famille*, Paris, Dalloz, 1998.

GUGGENHEIM, Martin, "Family Law", in AAVV, *Fundamentals of American Law*, sob a direção de Alan B. Morrison, New York University School of Law, Oxford University Press, 1996, pp. 397-424.

HÉMARD, M. Jean, "Les contrats a titre onéreux entre époux", *RTDC*, nº 37, 1938, pp. 671-734.

HENRIQUES, Sofia, *Estatuto patrimonial dos cônjuges. Reflexos da atipicidade do regime de bens*, Coimbra, Coimbra Editora, 2009.

HERRERO GARCÍA, Mª José, *Contratos onerosos entre cónyuges*, Salamanca, Publicaciones del Departamento de Derecho Civil 2ª Catedra, 1976.

HÖRSTER, Heinrich Ewald, *A Parte Geral do Código Civil Português, Teoria Geral do Direito Civil*, 2ª ed., reimpressão, Coimbra, Almedina, 2000.

—, "A responsabilidade civil entre os cônjuges", in AAVV, *E foram felizes para sempre...? Uma análise crítica do novo regime jurídico do divórcio*, Coimbra, Coimbra Editora/Wolters Kluwer, 2010, pp. 91--112.

JULIEN, Pierre, *Les contrats entre époux*, Paris, LGDJ, 1962.

LACRUZ BERDEJO, José Luis, "La reforma del régimen económico del matrimonio", *Anuario de Derecho Civil*, tomo XXXII, nº 1, 1979, pp. 343-369.

LACRUZ BERDEJO, José Luis/SANCHO REBULLIDA, *et allii*, *Elementos de Derecho Civil. Familia*, vol. IV, 2ª ed., Madrid, Dykinson, 2005.

LANGENFELD, Gerrit, *Handbuch der Eheverträge und Scheidungsvereinbarungen*, 4ª ed., München, C. H. Beck, 2000.

LA ROSA, Antonio Pavone, "Comunione coniugale e participazioni sociali", *Rivista delle società*, ano 24º, 1979, pp. 1--38.

LEROY, Jacques, "Perspetives sur le devenir du régime de la séparation de biens", *RTDC*, 1983, pp. 31-80.

LIEB, Manfred, *Die Ehegattenmitarbeit im Spannungsfeld zwischen Rechtsgeschäft, Bereicherungsausgleich und gesetzlichem Güterstand*, Tübingen, J.C.B. Mohr (Paul Siebeck), 1970.

LIGUORI, Bruno/DISTASO, Nicola/SANTOSUOSSO, Fernando, *Commentario del Codice Civile. Disposizioni sulla legge in generale. Delle persone e della famiglia*, vol. I, tomo 1, Torino, Utet, 1966.

LIMA, Pires de, "Anotação ao ac. da RP, de 29 de abril de 1966", *RLJ*, ano 99º, 1966/67, pp. 165-175.

LIMA, Pires de/CRUZ, Braga da, *Direitos de Família*, vol. II, 3ª ed., Coimbra, Coimbra Editora, 1953.

LIMA, Pires de/VARELA, João de Matos Antunes, *Noções fundamentais de Direito Civil*, vol. I, 6ª ed., Coimbra, Coimbra Editora, 1973.

—, *Código Civil Anotado*, vol. I, 4ª ed., Coimbra, Coimbra Editora, 1987.

—, *Código Civil Anotado*, vol. IV, 2ª ed., Coimbra, Coimbra Editora, 1992.

LIPP, Martin, *Examens-Repetitorium, Familienrecht*, Heidelberg, C.F. Müller, 2001.

LLEDÓ YAGÜE, Francisco, *et allii, Compendio de Derecho Civil. Familia*, Madrid, Dykinson, 2004.

LÓPEZ, A./MONTÉS, V.L./ROCA, E., *et allii, Derecho de Familia*, sob a direcçção de E. Roca i Trías, 3ª ed., Valencia, Tirant lo blanch, 1997.

LOURENÇO, Santos, *Das sociedades por cotas. Comentário à lei de 11 de abril de 1901*, Lisboa, 1926.

LUCET, Frédéric/VAREILLE, Bernard, *Droit civil. Régimes matrimoniaux, libéralités, successions*, 2ª ed., Paris, Dalloz, 1997.

LÜDERITZ, Alexander/DETHLOFF, Nina, *Familienrecht*, 28ª ed., München, C. H. Beck, 2007.

LUPETTI, Marcello Claudio, "Rifiuto del coacquisto: è il tramouto di un'epoca", *Rivista del Notariado*, vol. LVII, nº 2 (Março-Abril), 2003, pp. 416-428.

MACHADO, J. Batista, *Lições de Direito Internacional Privado*, 3ª ed., Coimbra, Almedina, 1992.

—, *Introdução ao Direito e ao Discurso Legitimador*, 6ª reimpressão, Coimbra, Almedina, 1993.

MAGARIÑOS BLANCO, Victorio, "Cambio de régimen económico matrimonial de gananciales por el de separación y los derechos de los acreedores", *in* AAVV, *La reforma del Derecho de Familia. Matrimonio, separación, divorcio, régimen económico matrimonial, filiación y patria potestad*, Jornadas hispalenses sobre la reforma del Derecho de Familia, Sevilla, Imprenta Sevillana, 1982, pp. 47-115.

MALAURIE, Philippe/AYNÉS, Laurent, *Les régimes matrimoniaux*, Paris, Defrénois, 2004.

MARASÀ, Giorgio, "Società in nome collettivo tra coniugi e comunione legale", *in* AAVV, *Questioni di diritto patrimoniale della famiglia (discusse da vari giuristi e dedicate ad Alberto Trabucchi)*, Padova, Cedam, 1989, pp. 237-256.

MARCHETTI, Piergaetano, "Sui rapporti tra "impresa coniugale" e disciplina societaria", *Quadrimestre – Rivista di diritto privato*, nº 3, 1986, pp. 572-595.

MARIANI, E., "L'impresa familiare", *in* AAVV, *Manuale del nuovo Diritto di Famiglia*, sob a direção de G. Cassano, 2ª ed., Piacenza, Casa Editrice La Tribuna, 2003, pp. 769-797.

MARMO, Lucia Giaccardi, "La participazione in società di persone nel sistema della comunione legale tra coniugi", *Giurisprudenza commerciale. Società e fallimento*, ano VII, nº 1, 1980, pp. 618--658.

MARTIN, Didier, *Le conjoint de l'artisan ou du commerçant (Statu professionnel, fiscal, social, matrimonial et successoral)*, Paris, Sirey, 1984.

—, "La portée de l'indépendance bancaire des époux", in AAVV, *Indépendance financière et communauté de vie*, Actes des journées d'études des 15 et 16 décembre 1988, Paris, LJDJ, 1989, pp. 41-54.

MARTÍNEZ-CALCERRADA, Luis, *El nuevo derecho de familia (Filiación, patria potestad y régimen económico del matrimonio)*, tomo I, 3ª ed., Madrid, 1983.

MARTÍNEZ CORTÉS, "El régimen económico de separación de bienes", in AAVV, *Instituciones de Derecho Privado, Familia*, sob a direção de Víctor M. Garrido de Palma, tomo IV, vol. 2, Madrid, Civitas, 2002, pp. 277-421.

MARTY, Gabriel/RAYNAUD, Pierre, *Droit Civil. Les régimes matrimoniaux*, 2ª ed., Paris, Sirey, 1986.

MAS BADÍA, Mª Dolores, *La tercería de dominio ante el embargo de bienes gananciales*, Valencia, Tirant lo blanch, 1999.

MAZEAUD, Henri, *et allii*, *Leçons de Droit Civil. Régimes matrimoniaux*, vol. I, tomo IV, 5ª ed., Paris, Montchrestien, 1982.

—, *Leçons de Droit Civil. La famille*, vol. III, tomo I, 7ª ed., Paris, Montchrestien, 1995.

MEALHA, Esperança Pereira, *Acordos conjugais para partilha dos bens comuns*, Coimbra, Almedina, 2004.

MENDES, João de Castro, *Direito da Família*, Lisboa, AAFDL, 1997.

MERÊA, Paulo, *Evolução dos Regimes Matrimoniais*, vols. I e II, Coimbra, Imprensa da Universidade, 1913.

MESQUITA, António Pedro Pinto de, "Sociedades de cônjuges", *Revista da Ordem dos Advogados*, ano 3º, 1943, pp. 217-221.

MICHEL, Hubert, "Le statut des parts et actions de société au regard des régimes matrimoniaux", in AAVV, *Les sociétés et le patrimoine familial – convergences et confrontations*, Bruxelles, Bruylant, 1996, pp. 59-100.

MONFORT FERRERO, María Jesús, *La Responsabilidad de los Cónyuges ante las Necesidades Ordinarias de la Familia*, Navarra, Aranzadi, 2004.

MORA MATEO, J. E., "Publicidad de las capitulaciones de cambio del régimen económico matrimonial", in AAVV, *Regimén económico matrimonial y la protección de acreedores*, sob a direção de J. R. San Román Moreno, Madrid, Consejo General del Poder Judicial, 1995, pp. 213--276.

MORANO, Alberto/MORELLI, Mario, "Partecipazione di coniugi a società di persone e compatibilità con il regime della comunione legale", *Rivista del Notariado*, ano XL, I, 1986, pp. 642-660.

MORELLI, Mario Rosario, *Il nuovo regime patrimoniale della famiglia*, Padova, Cedam, 1996.

Münchener Kommentar zum Bürgerlichen Gesetzbuch. Familienrecht, sob a direção de Kurt Rebmann/Franz Jürgen Säcker, vol. 7, I, 3ª ed., München, C. H. Beck, 1993.

MUÑOZ-PLANAS, José María, *Cuentas bancarias con varios titulares*, Madrid, Civitas, 1993.

NASCIMENTO, José Augusto do, *Lições de Direito Civil. Relações de Família e Sucessões*, de acordo com as lições de Pires de Lima, Coimbra, Casa do Castelo, 1931.

NAUROIS, Louis de, "Les sociétés entre concubins", *Revue Critique de Législation et de Jurisprudence*, ano LXXVII, tomo LVII, 1937, pp. 657-716.

NICOD, Marc/VAREILLE, Bernard/REVEL, Janine/BRÉMOND, Vincent, "Droit patrimonial de la famille", *Recueil Dalloz*, ano 177º, nº 36, 2001, pp. 2932-2943.

OLIVEIRA, Guilherme de, "Sobre o contrato-promessa de partilha dos bens comuns – anotação ao ac. da RC, de 28 de novembro de 1995", *RLJ*, ano 129º, 1996/1997, pp. 274-288.

—, "A Reforma do Direito da Família de Macau", *RLJ*, ano 132º, 1999, pp. 103-109.

—, "Um direito da família europeu? (Play it again, and again... Europe!)", *RLJ*, ano 133º, 2000, pp. 105-111.

—, *Temas de Direito da Família*, 2ª ed., Coimbra, Coimbra Editora, 2001.

—, "Bem adquirido num sorteio; comunhão de adquiridos, separação de facto e divórcio – anotação ao ac. da RL, de 9 de janeiro de 2000", *RLJ*, ano 133º, 2002, pp. 348-351.

OLIVEIRA, Nuno Manuel Pinto, *Direito das Obrigações*, vol. I, Coimbra, Almedina, 2005.

OPPO, Giorgio, "Responsabilità patrimoniale e nuovo diritto di famiglia", *Rivista di Diritto Civile*, ano XXII, I, 1976, pp. 105-128.

—, "Dell'impresa familiare", in AAVV, *Commentario alla riforma del diritto di famiglia*, sob a direção de Carraro/Oppo/Trabucchi, vol. I, tomo I, Padova, Cedam, 1977, pp. 489-521.

NETO, Abílio, *Código Comercial. Código das Sociedades Comerciais. Legislação complementar – anotados*, 11ª ed., Lisboa, Livraria Petrony, 1993.

PAIVA, Adriano, "Regimes de bens", in AAVV, *Comemorações dos 35 anos do Código Civil e dos 25 anos da Reforma de 1977. Direito da Família e das Sucessões*, Coimbra, Coimbra Editora, 2004, pp. 381-397.

PALADINI, M., "La comunione convenzionale", in AAVV, *Trattato di Diritto Privato. Il Diritto di famiglia*, sob a direção de Mario Bessone, vol. IV, tomo II, Torino, G. Giappichelli Editore, 1999, pp. 459-475.

PEDRO, Rute Teixeira, "A partilha do património comum do casal em caso de divórcio. Reflexões sobre a nova redacção do art. 1790º do Código Civil", in AAVV, *Estudos em homenagem ao Professor Doutor Carlos Ferreira de Almeida*, vol. III, Coimbra, Almedina, 2011, pp. 429-474.

PEREIRA, Joel Timóteo Ramos, "Contrato de abertura de conta – constitui título executivo?", in http//www.verbojuridico.com, consultado a 27 de julho de 2007.

PEREIRA, Manuel Gonçalves, "Regimes convencionais. Anteprojeto para o novo Código Civil", *BMJ*, nº 122º, 1963, pp. 223-372.

PIANU, Francesco, "La società tra coniugi in regime di comunione legale dei beni: aspetti di interesse notariale", in AAVV, *La comunione legale – Problematiche e questioni a venticinque anni dalla riforma*, Milano, Giuffrè Editore, 2003, pp. 169-177.

PICCALUGA, Federico, "*Favor communionis* ed acquisto di beni con denaro personale*", *Il Diritto di Famiglia e delle Persone*, ano XXXI, n.s 2-3, 2002, pp. 340-342.

PIMENTA, Alberto, *Sociedades entre cônjuges*, Coimbra, Coimbra Editora, 1953.

PINHEIRO, Jorge Duarte, *O Direito da Família contemporâneo*, 2ª ed., Lisboa, AAFDL, 2009.

PINTO, Carlos Alberto da Mota, *Teoria Geral do Direito Civil*, 3ª ed., 8ª reimpressão, Coimbra, Coimbra Editora, 1993.

PLANIOL, Marcel/RIPERT, Georges, *Traité pratique de Droit Civil français. Régimes matrimoniaux*, vol. VIII, parte I, Paris, LGDJ, 1925.

—, *Traité élémentaire de Droit Civil*, tomo III, 10ª ed., Paris, LGDJ, 1927.

QUADRI, Enrico, "Della comunione convenzionale", in AAVV, *Commentario al diritto italiano della famiglia*, sob a direção de Cian/Oppo/Trabucchi, vol. III, Padova, Cedam, 1992, pp. 390-415.

RAMS ALBESA, Joaquín J., *La sociedad de gananciales*, Madrid, Tecnos, 1992.

RAUCENT, Léon, *Droit patrimonial de la famille. Les régimes matrimoniaux*, 3ª ed., Louvain-La-Neuve, Cabay, Libraire--éditeur, 1986.

REVEL, Janine, "Droit des sociétés et régime matrimonial: préséance et discrétion", *Recueil Dalloz Sirey*, V, 1993, pp. 33-38.

RIBERA PONT, Mª Consuelo, "La atribución de gananciadad del artículo 1.355 del Código Civil", *Revista Critica de Derecho Inmobiliario*, ano LVI, 1983, pp. 1413--1434.

RIEG, Alfred/LOTZ, François, *Technique des régimes matrimoniaux*, 2ª ed., Paris, Litec, 1984.

RIPERT, Georges/ROBLOT, René, *Traité élémentaire de Droit Commercial*, vol. I, 10ª ed., Paris, LGDJ, 1980.

ROCHA, Coelho da, *Instituições de Direito Civil Portuguez*, 8ª ed., tomo I, Lisboa, Livraria Clássica Editora, 1917.

RÓMAN GARCÍA, Antonio M., *El matrimonio y su economía (Régimen económico matrimonial legal y régimenes convencionales)*, Madrid, Centro de Estudios, Fundación Beneficentia et Peritia Juris, 2004.

ROPPO, Enzo, "Convenzioni matrimoniali", *Enciclopedia Giuridica*, Instituto della Enciclopedia Italiana, vol. IX, Roma, 1989, pp. 1-6.

ROTH, Günter H., "Die Ehegatten – GmbH in Recht und Praxis", *FamRZ*, ano 31º, nº 4, 1984, pp. 328-331.

ROTHEMUND, Christian, *Erklärungstatbestand und eherechtliche Schranken bei der Begründung einer Ehegatten-Innengesellschat*, München, VVF, 1987.

ROUSSEAU, Lorette, "Les cessions entre époux de parts sociales et d'actions", *in* AAVV, *Les sociétés et le patrimoine familial – convergences et confrontations*, Bruxelles, Bruylant, 1996, pp. 103-127.

RUSSO, Ennio, *Le convenzioni matrimoniali ed altri saggi sul nuovo Diritto di Famiglia*, Milano, Giuffrè Editore, 1983.

—, *Il Codice Civile Commentario – artt. 177-179. L'oggeto della comunione legale e i beni personali*, sob a direção de P. Schlesinger, Milano, Giuffrè Editore, 1999.

SACCO, Rodolfo, "Regime patrimoniale della famiglia", *in* AAVV, *Commentario alla riforma del diritto di famiglia*, sob a direção de Carraro/Oppo/Trabucchi, vol. I, tomo I, Padova, Cedam, 1977, pp. 315-342.

—, "Del regime patrimoniale della famiglia", *in* AAVV, *Commentario al diritto italiano della famiglia*, sob a direção de Cian/Oppo/Trabucchi, vol. III, Padova, Cedam, 1992, pp. 3-42.

SAIZ GARCÍA, Concepción, *Acreedores de los Cónyuges y Régimen Económico Matrimonial de Gananciales*, Navarra, Aranzadi, 2006.

SALANITRO, Niccolò, "I diritti del coniuge superstite sui depositi pecuniari del defunto", *Banca borsa e titoli di credito*, ano XLVI, 1983, pp. 386-391.

SANCIÑENA ASURMENDI, Camino, *Régimen económico matrimonial del comerciante*, Madrid, Dykinson, 1996.

SAN ROMÁN MORENO, J. R., "Planteamiento general", *in* AAVV, *Regimén económico matrimonial y la protección de acreedores*, sob a direção de J. R. San Román Moreno, Madrid, Consejo General del Poder Judicial, 1995, pp. 9-77.

SANTIAGO, Rodrigo, *Dois estudos sobre o Código das Sociedades Comerciais*, Coimbra, Almedina, 1987.

SANTO, João Espírito, "Sociedades e Cônjuges", *in* AAVV, *Estudos em memória do Professor Doutor João de Castro Mendes*, Lisboa, Lex, 1995, pp. 375-423.

SANTOSUOSSO, Fernando, *Beni ed attività economica della famiglia*, Torino, Utet, 1995.

Saujot, Colette, *La pénétration des idées séparatistes dans les régimes communautaires*, Paris, LGDJ, 1956.

—, "Le fondement des récompenses", *RTDC*, ano 68º, 1970, pp. 684-706.

Savatier, René, "De la portée et de la valeur du principe de l'immutabilité des conventions matrimoniales", *RTDC*, ano 20º, 1921, pp. 93-121.

Schlesinger, P., "Della comunione", in AAVV, *Commentario alla riforma del diritto di famiglia*, sob a direção de Carraro/ /Oppo/Trabucchi, vol. I, tomo I, Padova, Cedam, 1977, pp. 361-451.

—, "Del regime patrimoniale della famiglia. Della comunione legale", in AAVV, *Commentario al diritto italiano della famiglia*, sob a direção de Cian/Oppo/Trabucchi, vol. III, Padova, Cedam, 1992, pp. 69-196.

Schlüter, Wielfried, *BGB – Familienrecht*, 11ª ed., Heidelberg, C. F. Müller, 2005.

Schröder/Bergschneider, *Familienvermögensrecht*, Bielefeld, Ernst und Werner Gieseking, 2003.

Schwab, Dieter, *Familienrecht*, 14ª ed., München, C. H. Beck, 2006.

Seoane Prado, Javier, "Cuestiones procesuales que plantea la defensa de terceros y acreedores en situaciones de cambio convencional de régimen económico matrimonial. Medidas cautelares", in AAVV, *Regimén económico matrimonial y la protección de acreedores*, sob a direção de J. R. San Román Moreno, Madrid, Consejo General del Poder Judicial, 1995, pp. 343-389.

Serra, Antonio, "Azienda coniugale e società", in AAVV, *La comunione legale – Problematiche e questioni a venticinque anni dalla riforma*, Milano, Giuffrè Editore, 2003, pp. 11-25.

Serra, Vaz, "Cessão de créditos ou de outros direitos", Número especial do *BMJ*, 1955, pp. 5 e segs.

—, "Anotação ao ac. do STJ, de 21 de outubro de 1969", *RLJ*, ano 103º, 1970/71, pp. 517-525.

Simler, Philippe, "Le conflit des présomptions en régime de communauté (Contribution à l'étude du rôle de la présumption de communauté après la loi du 13 juillet 1965)", *RTDC*, ano 68º, 1970, pp. 478-525.

Simler, Philippe, *et allii*, "Régimes matrimoniaux", *JCP* 2005.I.128.

Solchaga Loitegui, J. J., "Negocios jurídicos entre cónyuges", in AAVV, *Regimén económico matrimonial y la protección de acreedores*, sob a direcção de J.R. San Román Moreno, Madrid, Consejo General del Poder Judicial, 1995, pp. 121- -156.

Staudinger, J. Von, *BGB – Kommentar zum Bürgerlichen Gesetzbuch mit Einführungsgesetzt und Nebengesetzen. Familienrecht*, vol. 4, §§ 1363º-1563º, 13ª ed., Berlin, Sellier de Gruyter, 1994.

Tavares, José, *Sociedades e empresas comerciais*, 2ª ed., Coimbra, Coimbra Editora, 1924.

Tedeschi, Guido, *Trattato di Diritto Civile Italiano. Il matrimonio. Il regime patrimoniale della famiglia*, sob a direção de F. Vassalli, vol. III, tomo 1, 2ª ed., Torino, Utet, 1950.

Terré, François/Fenouillet, Dominique, *Droit Civil. Les personnes, la famille, les incapacités*, 6ª ed., Paris, Dalloz, 1996.

Terré, François/Simler, Philippe, *Droit Civil. Les régimes matrimoniaux*, 2ª ed., Paris, Dalloz, 1994.

Trevisan, Lucio, "Tutela dei creditori personali dei coniugi in regime di comunione legale o convenzionale", *Rivista del diritto commerciale e del diritto generale delle obbligazioni*, ano LXXX, parte 1, 1982, pp. 395-420.

VAREILLE, Bernard, "Régimes matrimoniaux", *RTDC*, nº 2, 2006, pp. 355-365.
VARELA, João de Matos Antunes, *Direito da Família*, 5ª ed., Lisboa, Livraria Petrony, 1999.
VÁSQUEZ IRUZUBIETA, Carlos, *Administración y liquidación del régimen económico del matrimonio*, Madrid, Dijusa, 2004.
VASSEUR, Michel/MARIN, Xavier, *Les comptes en banque*, tomo I, Paris, 1966.
VENTURA, Raúl, "Compropriedade da quota", *Scientia Iuridica*, vol. XV, 1966, pp. 283-305.
—, "Cessão de Quotas", Separata da *Revista da Faculdade de Direito da Universidade de Lisboa. Volume de homenagem ao Professor Doutor Abel de Andrade*, vol. XXI, 1967.
—, "Sociedades por quotas – cessão de quota a meeiro de sócio", *Col. Jurisp.*, tomo IV, 1989, pp. 37-45.
—, *Comentário ao Código das Sociedades Comerciais. Sociedades por Quotas*, vol. I, 2ª ed. (reimpressão), Coimbra, Almedina, 1993.
WEYLAND, Michel, "L'indispensable dissociation des alinéas 1 et 2 de l'article 1414 du Code Civil (à propos de l'article 48 du décret n. 92-755 du 31 juillet 1992)", *JCP* 1993.I.3712.
XAVIER, M. ª Rita A. G. Lobo, "Reflexões sobre a posição do cônjuge meeiro em sociedades por quotas", Separata do *Boletim da Faculdade de Direito da Universidade de Coimbra*, ano XXXVIII, Coimbra, 1993.
—, "Sociedades entre cônjuges. Sociedades de capitais. Responsabilidade por dívidas sociais. Código das Sociedades Comerciais. Lei interpretativa.", Separata da *RDES*, ano XXXV, nºs 1-2-3-4, Janeiro-Dezembro, 1993.
—, "Contrato-promessa de partilha dos bens do casal celebrado na pendência da ação de divórcio (comentário ao acórdão do Supremo Tribunal de Justiça de 26 de maio de 1993)", Separata da *RDES*, ano XXXVI, nºs 1-2-3, Janeiro-Setembro, 1994.
—, "Ação cambiária. Proveito comum do casal. Ónus da prova. Conta bancária comum", Separata da *RDES*, ano XXXVII, nºs 1-2-3, Janeiro-Setembro, 1995.
—, "A sub-rogação real indirecta de bens próprios nos regimes de comunhão", Separata da *RDES*, ano XXXIX, nºs 1-2-3, Janeiro-Setembro, 1997.
—, *Limites à autonomia privada na disciplina das relações patrimoniais entre os cônjuges*, Coimbra, Almedina, 2000.
—, "Qualificação de um bem adquirido a título gratuito por cônjuge casado no regime da comunhão de adquiridos – anotação ao ac. do TRC, de 21.01.2003", *Cadernos de Direito Privado*, nº 5 (janeiro//março), 2004, pp. 24-36.
—, "Bem adquirido por cônjuge casado no regime de comunhão de adquiridos em cumprimento de contrato-promessa de compra e venda celebrado antes do casamento", *Lex Familiae – Revista Portuguesa de Direito da Família*, ano 1, nº 2, 2004, pp. 5-16.
—, "Das relações entre o direito comum e o direito matrimonial – a propósito das atribuições patrimoniais entre cônjuges", *in* AAVV, *Comemorações dos 35 anos do Código Civil e dos 25 anos da Reforma de 1977, Direito da Família e das Sucessões*, vol. I, Coimbra, Coimbra Editora, 2004, pp. 487-500.
—, "A relação especificada de bens comuns: relevância jurídica da sua apresentação no divórcio por mútuo consentimento", *Julgar*, nº 8, 2009, pp. 11-26.
—, *Recentes alterações ao regime jurídico do divórcio e das responsabilidades parentais –*

Lei nº 61/2008, de 31 de outubro, Coimbra, Almedina, 2009.

XAVIER, Vasco da Gama Lobo/COELHO, Mª Ângela, "Ónus da impugnação especificada; sociedade de dois cônjuges e validade das transmissões de partes sociais a ela conducentes", *Revista de Direito e Economia*, anos X/XI, 1984/85, pp. 305-328.

YÁÑEZ VIVERO, Fátima, *Las capitulaciones matrimoniales en perjuicio de acreedores y la anotación de embargo sobre bienes ex-gananciales*, Madrid, Fundación Beneficentia et Peritia Iuris, Colegio de Registradores de la Propriedad y Mercantiles de España, 2003.

ÍNDICE

PRINCIPAIS ABREVIATURAS	7
I. INTRODUÇÃO	9
A contração de dívidas e a proibição de os cônjuges alterarem o seu estatuto patrimonial e o princípio da imutabilidade	9
II. DO REGIME DA RESPONSABILIDADE POR DÍVIDAS NOS DIFERENTES REGIMES DE BENS	13
1. A proteção dos credores no regime da responsabilidade por dívidas dos cônjuges	13
2. A responsabilidade por dívidas nos regimes de comunhão	19
3. A responsabilidade por dívidas no regime de separação de bens	31
4. A regulamentação legal portuguesa e o direito comparado	36
III. FUNDAMENTO E CONTEÚDO DO PRINCÍPIO DA IMUTABILIDADE	51
IV. RECUO DO PRINCÍPIO DA IMUTABILIDADE E DIREITO COMPARADO	63
V. NECESSIDADE DE ALARGAMENTO DO ÂMBITO DE AUTORREGULAMENTAÇÃO DAS RELAÇÕES PATRIMONIAIS ENTRE OS CÔNJUGES	81
VI. ALTERAÇÃO DO ESTATUTO PATRIMONIAL DOS CÔNJUGES POR TRANSFERÊNCIAS ENCOBERTAS E REGIME DA RESPONSABILIDADE POR DÍVIDAS (O CASO ESPECIAL DAS SOCIEDADES E CONTAS BANCÁRIAS)	93
1. Contrato de sociedade	94
O princípio da imutabilidade e a cessão de quotas entre cônjuges	113
2. Contas bancárias	128

VII. OUTROS MECANISMOS RESTABELECEDORES DO EQUILÍBRIO PATRIMONIAL
    ENTRE OS CÔNJUGES 151

VIII. REFLEXOS DA MUTABILIDADE NO REGIME DA RESPONSABILIDADE
    POR DÍVIDAS 169

IX. CONCLUSÕES 179

BIBLIOGRAFIA CITADA 185
ÍNDICE 199